KB047298

그건 부당합니다

그건

부당합니다

Z세대 공정의
기준에 대한
탐구

———

임홍택 지음

" 우리가 이상한 게 아니라
그냥 시대가 변한 겁니다 "

와이즈베리
WISEBERRY

2020년대 대한민국의
시대정신으로 부상한 공정

공정이라는 단어는 2020년 전후를 기점으로 한국 사회를 가장 뜨겁게 달군 키워드가 됐다. 언론과 방송 같은 주류 미디어를 비롯해 수많은 인터넷 커뮤니티와 SNS에서 공정과 관련한 이야기들이 주를 이뤘다. 2022년에 치러진 제20대 대통령 선거와 같은 굵직한 정치 이벤트 등을 거치면서 공정은 2020년대 한국을 대표하는 일종의 시대정신으로 일컬어지고 있다.

하지만 공정이라는 단어는 21세기에 갑자기 등장한 신조어가 아니다. 공정이 2020년대의 시대정신으로 급부상한 이유를 먼저 명확히 짚고 넘어갈 필요가 있다.

현시대의 공정은 흔히 상식과 함께 어깨를 나란히 하며 '공정과 상식'이라는 관용적 표현으로 쓰인다. 우리나라를 비롯한 어느 사회에서나 공정은 기본 상식이자, 사회를 지탱하는 근본 가치라고 말할 수 있다. 하지만 공정이라는 키워드가 갑자기 급부상한 것은 공정 이슈가 젊은 세대라는 키워드와 결합해 논란이 됐기 때문이다.

여기서 한 가지 특이점이 발견된다. 2018년을 기점으로 불거진 젊은 세대들이 반발하는 공정 논란은 그 자체로 논란이 됐다. 기존 세대의 통념으로는 젊은 세대들의 반발을 이해하지 못했기 때문이다.

일례로 2018년 평창동계올림픽에서 여자 아이스하키 남북단일팀이 추진됐을 당시 공정성 논란이 불거졌다. 특히 20대를 중심으로 한 젊은 세대들이 극렬하게 반발했다. 기성 정치권에서는 이 같은 반발을 이상하게 생각했다. 젊은 세대들은 진보적일 것이다라는 기존의 통념으로 생각하면 통일이라는 민족적인 대의에 맞춘 역사적이고 평화로운 이벤트에 반대할 리가 없기 때문이다.

당시 젊은 세대들이 살아온 시대를 생각해보면 반발의 근본적인 이유가 국가대표가 되기 위해 노력해온 선수들의 노력이 외력에 의해 물거품이 될 수 있다는 우려에서 나왔다는 점을 알 수 있었을 것이다. 하지만 기성 정치권은 이를 제대로 교육을 받지 못한 어리숙한 세대가 내뱉은 치기 섞인 불만 정도로 생각하거나 젊은 세대가 보수화됐다라고 단순하게 결론 내렸다.

이후 정치사회적으로 비슷한 특정 사건이 벌어질 때마다 공정성 논란에 대처하는 모습은 비슷한 순서대로 전개되곤 했다. 1차적으로는 세대와 남녀를 나눠 '기성세대 vs. MZ세대'와 '이대남

vs. 이대녀'의 갈라치기 프레임을 씌우고 "젊은 세대들이 문제다"라는 식의 손쉬운 일반화로 접근했다. 이차적으로는 공정이라는 단어 자체를 거론하며 "당신들이 이야기하는 공정이 진짜 공정인가요?"라는 문제 제기로 이어졌다.

문제에 대한 원인을 제대로 파악하지 못하면 제대로 해결을 하지 못한다는 점을 굳이 말할 필요도 없을 것이다. 우리 사회의 공정과 관련된 문제점이 무엇인지 정확하게 파악하지 못하는 사이, 세대와 공정의 문제는 특정 사건 혹은 사태에만 국한되지 않고, 학교와 회사 등을 포함한 전반적인 조직 관리와 관련한 사항뿐만 아니라 주식, 부동산 등 경제 전반에 걸친 모든 사항에 걸쳐 확산됐다.

공정이라는 시대적 키워드가 부상하자 이를 새로운 세대와 결부시킨 분석이 여기저기서 쏟아졌다. 정치사회 부문 도서는 물론 주류 언론들도 심층 보도를 통해 다양한 분석을 내놓았다. 공정이라는 키워드가 이미 한국 사회를 한 차례 휩쓸고 간 지금의 시점에 또다시 공정 혹은 그와 관련된 이야기를 꺼내는 것은 이미 존재하는 것에 필요 없는 것을 보태는 옥상옥屋上屋을 만드는 상황처럼 보일 수 있겠다.

그런 의미에서 내가 앞으로 전개할 여러 논의들과 기존의 담론들의 차이점을 먼저 밝히자면, 나는 "지금의 젊은 세대들이 요구했던 것이 사실은 공정公正이 아니었다"라는 점을 주로 서술할 예정이다. 물론 그들이 "공정하지 않다"고 외친 것도 사실이다. 그 과정에서 이 사회에 공정이란 단어를 상기시키기도 했다. 하지만 그들의 표면적 외침과는 별개로, 그 이면에는 '이것은 이치에 맞지 않고 정당하지 않다'라는 의미를 가진 '부당不當'에 대한 담론이 존재하고 있었음을 생각해보아야 한다.

이 주장을 뒷받침하기 위해 우선 궁극적으로 공정이라는 단어 자체에 대한 문제 제기를 하고자 한다. 우리가 미디어를 통해 자주 접하고, 실생활에도 밀접한 관계를 맺고 있는 '공정'이라는 단어는 그것이 어떤 의미인지 직관적으로 쉽게 유추할 수 있다. 하지만 의외로 복잡하고 어려운 뜻을 가진 단어이기도 하다. 우리 사회는 '공정한 것은 좋은 것'이며 그 반대로 '공정하지 않은 것은 나쁜 것'이라는 선악 구도 안에서 공정의 개념을 정의한다. 그래서 언제나 자신들이 옳다고 믿는 방향으로 남용될 수밖에 없는 구조적 문제를 안게 된다.

이 책에서는 기존 공정 논의에서 다뤘던 틀, 즉 '지금 젊은 세대가 가지고 있는 공정의 기준이 과연 옳은 것인가?'를 논쟁하는 관점에서 조금 벗어나보려 한다. 그보다는 공정이란 단어 자체를 어떻게 바라봐야 하는지에 대해 생각해볼 것이다. 또 지금의 젊은 세대를 소위 MZ세대라는 넓은 범위로 특정해 '이들의 생각은 이상하고 옳지 않다'라는 전제로 세대의 변화에 집중하는 것을 지양할 것이다. 그보다는 그 안에 숨어 있는 시대 변화에 방점을 찍고, 특정 세대가 아닌 우리 사회 전체의 부당함에 대해서 꼬집고자 한다.

차례

PART 3
왜 유독 더 부당함을 느끼는가?

PART 4
부당하지 않은 세상의 기본 원칙

PART 5
새로운 세대와 시대의 균형점

PART 1

공정함을 바라는
세대라는 착각

당신들의 공정이
진짜 공정인가요?

〈이상한 변호사 우영우〉에서 나온 공정 이슈

공정은 언뜻 보기에 간단해 보이지만, 실상은 복잡한 단어다. 이를 논하기 위해 2022년에 큰 인기를 끈 드라마 하나를 소환해보자.

2022년은 JTBC의 〈나의 해방일지〉와 tvN의 〈스물다섯 스물하나〉와 같은 인기 드라마가 많이 방영된 해이기도 했다. 그중 2022년 최고의 화제작을 뽑자면 단연 ENA의 〈이상한 변호사 우영우〉다.

〈이상한 변호사 우영우〉는 천재적인 두뇌와 자폐 스펙트럼 장애를 동시에 가진 신입 변호사 우영우의 대형 로펌 생존기를 다룬 드라마다. 신생 케이블 예능 채널에서 예상 외의 시청률을 기록한 것을 넘어 자폐 스펙트럼 장애에 대한 기존과 다른 관점의 관심을 불러일으키기도 했다.

드라마의 주인공인 (똑바로 읽어도 거꾸로 읽어도) 우영우는 자폐 스펙트럼 장애를 가지고 있지만, IQ 164라는 높은 지능 지수, 엄청난 양의 법조문과 판례를 정확하게 외우는 기억력을 가진 천재이기도 하다. 서울대학교 경제학부를 수석으로 조기 졸업하고, 서울대학교 로스쿨도 수석으로 졸업했을 뿐만 아니라 변호사 시험에서도 만점에 가까운 점수를 획득할 정도로 스펙 면에서도 나무랄 데가 없다. 하지만 자폐 스펙트럼 장애를 갖고 있다는 이유로 어떤 로펌으로부터도 부름을 받지 못한다. 그러던 중 기존에 입사 서류를 넣었다가 탈락했던 대형 로펌 한바다로부터 뜻밖에 특채(특별채용) 합격 소식을 듣고, 본격적으로 변호사로서 근무하게 된다.

우영우는 한바다에서 두 명의 동기 변호사와 함께 일을 해나간다. 그중 한 명은 서울대 로스쿨 시절의 동문인 최수연이다. 그녀는 로스쿨 시절부터 우영우보다 성적이 뒤처졌지만 악감정을 가지고 괴롭히기는커녕, 항상 알게 모르게 도움을 줬다고 한다. 우영우가 장애를 가졌다는 이유로 사회적 차별과 괴롭힘을 당하는 모습을 보며 주인공을 대신해 분노를 표출하는 열정 넘치고 정의로운 성격의 소유자다.

또 한 명의 동기인 권민우는 최수연과 대비되는 존재다. 주인공과 힘을 합쳐 사건을 해결해야 하는 동료이자 정규직 변호사라는 제한된 자리를 두고 싸워야 하는 경쟁자의 시각을 함께 갖고 있다. 그는 우영우가 자폐 스펙트럼 장애를 가지고 있다는 사실을 알고 있지만, 그 사실을 언급하며 인신공격을 하지도 않고, 특별히 동정적인 선의를 베풀려고 하지도 않는다. 그는 장애인과 일반인 모두 똑같은 룰에 의해 경쟁하고, 평등하게 대우받아야 한다고 생각한다.

드라마 초반에는 권민우의 모습이 오히려 진짜 장애인에 대한 차별과 편견이 없는 모습을 보여준다고 평가되기도 했다. 하지만 극 중반 이후 그가 함께 맡은 사건의 자료를 경쟁자인 우영우에게 공유하지 않는 반칙 행위를 일삼고, 장애인에게 편한 이동권을 보장하는 것에 대해 불편함을 느끼는 모습이 그려진다. 급기야 주인공의 아버지가 대표 사무실에서 나오는 것을 목격하고서, 이를 사내 게시판에 폭로함으로써 전형적인 악인으로 전락해버리고 만다.

그가 평등을 그토록 강조해온 이유는 오로지 자신만의 이익을 위해서였으며, 실상은 페어플레이 따위에는 관심조차 없고 약자에 대한 배려심도 존재하지 않는 편협하고 비인간적인 인물이었다는 평가가 주를 이뤘다. 그래서 시청자들은 극중에서 언급된 '권모술수 권민우'라는 별명과 함께 그를 조직에서 쫓아내야 한다는 의미로 '권고사직 권민우'라는 또 하나의 별명을 붙이기도 했다.

그래서 당신들의 공정은 equality인가요? equity인가요?

〈이상한 변호사 우영우〉를 통해 다시 한번 공정 이슈가 공론화되면서 권민우가 말하는 공정은 진짜 공정이 아니라 기계적인 평등 혹은 공평에 불과하다는 평가가 등장했다. 더불어 드라마의 작가가 권민우를 등장시켜 가짜 공정이 아니라 진정한 공정을 다시금 상기시키려 했다는 글이 인터넷 커뮤니티와 SNS에 퍼지기 시작했다.

해당 글의 글쓴이는 "요즘 우리 사회는 장애인뿐만 아니라 경제적 약자나 복지 사각지대에 놓인 계층을 위한 복지마저 역차별이라고 발작하는 저열한 생각을 가진 사람들이 많고, 그렇게 사회성과 지능이 떨어지는 사람들을 집대성한 캐릭터가 권민우일 것이다. 우영우를 볼 때마다 권민우라는 캐릭터가 말하는 공평을 보고 공평과 공정에 대해 착각하지 않는 게 얼마나 중요한지 생각하게 된다"는 의도의 말을 하고 있다. 그러면서 '공평 vs. 공정'을 상징하는 그림을 제시한다.

외국 신문의 만평 같은 느낌의 그림은 두 개의 상반된 상황을 보여준다. 서로 키가 다른 세 명(어른-소아-유아)이 담장 바깥에서 야구 경기를 관람하고 있다. 왼쪽의 세 명은 각자 하나의 나무상자에 올라가 있다. 그러다 보니 가장 키가 작은 어린이는 야구 경기를 보지 못한다. 하지만 오른쪽 그림에서는 키가 큰 어른이 자신의 몫으로 보이는 나무상자를 가장 키가 작은 아이에게 양보해

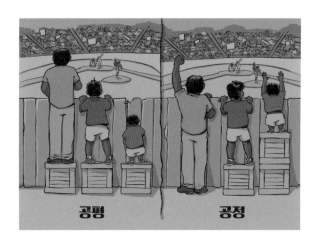

세 명 모두 야구 경기를 관람하고 있다.

위 그림은 공정론을 이야기할 때 숱하게 활용된다. 주로 그림의 제목으로는 "평등은 정의를 의미하지 않는다Equality doesn't mean justice", "평등과 공정의 차이"와 같은 문구들이 늘상 따라붙는다. 검색창에서 공정과 공평을 함께 입력했을 때 검색 결과로 나오는 대표적인 그림이기도 하다.

많은 사람이 두 그림을 대비시키면서 왼쪽과 같은 평등은 진짜 공정이 아니며, 오른쪽의 모습이 진짜 공정이라고 쉽게 말한다. 그런데 앞의 그림이 정말 우리나라 말에서 정의하는 공평과 공정을 명확하게 반영해 만들어진 것일까?

위 그림의 영문 버전을 찾아보면 옆의 그림처럼 'equality vs. equity'로 표현돼 있다. 사전을 찾아보면 equality는 '(명사) 평균, 균

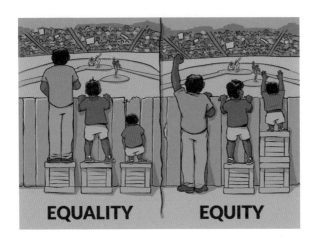

등'으로, equity는 '(명사) 공평, 공정(=fairness)'으로 정의하고 있다. 따라서 사전에 나와 있는 뜻을 그대로 가져와 equality와 equity를 '기계적인 평등 vs. 진정한 공정' 정도의 맥락으로 쓴 것으로 보인다.

하지만 이는 equality와 equity의 정확한 뜻을 이해하지 못한 데서 나오는 오류다. 이 중에서 equality는 '누구에게나 차별 없이 똑같은 질과 양을 나눠줘야 한다'는 의미의 '평등'을 뜻한다. 가령 대한민국의 성인이라면 내가 가진 재산이나 사회적 영향력의 크기에 관계없이 선거에 참여해 동일하게 한 표를 행사할 수 있는 선거권을 갖는다. 이때 우리는 이것을 평등 선거라고 부른다.

equity는 누구에게나 똑같은 보상이나 혜택을 주는 것이 아니라, '기여도'에 따라 차등적으로 분배나 보상을 하는 개념이다. 그래서 이를 한글로 번역하자면 '어느 쪽에 치우치지 않고 고르다'는 의미의 '공평'이라기보다는 '형평'이 더 적합할 것이다. 하지만 이것은 업적이나 노력에 비례해 보상해야 한다는 원칙을 이야기하는 것이므로, 키가 작은 아이에게 두 개의 상자를 몰아주는 그림과 매칭시키기에는 적합하지 않다.

이를 좀 더 제대로 이해하려면 앞서 소개한 그림이 표현하고자 했던 의도와 시대적 맥락을 확인해야 한다. 사실 앞의 그림이 처음 그려졌을 당시의 의도는 명확하게 'equality vs. equity'를 표현하려는 것이 아니었다.

옆의 그림은 처음부터 평등equality이라는 단어 하나만을 설명하기 위해 만들어졌다. 이 그림을 그린 크레이그 프로일Craig Froehle이 직접 밝힌 바에 따르면, 미국의 보수와 진보가 평등이라는 관점을 어떻게 다르게 보는지를 시각화한 것이라고 한다.[1] 원작자의 의도는 "보수주의자들이 말하는 '평등한 기회'만으로는 부족하기 때문에 우리는 어떻게든 결과의 평등을 고려해야 한다"는 것이었다.[2]

만약 미국의 진보주의자라면 원작자처럼 오른쪽의 그림을 보며 공정하다고 평가할 것이다. 하지만 내가 보수주의자라면 왼쪽의 그림을 보며 공정하다고 평가하고, 오른쪽의 그림을 보며 '저것은 결코 공정하지 않다'는 박한 평가를 내릴 것이다.

즉, 공정을 논할 때 위와 같은 그림을 가지고 어느 쪽이 진정한 공정이라고 주장하는 것은 자신의 신념 혹은 정치적인 당파성을

EQUALITY

to a conservative   to a liberal

보여줄 뿐이다. 진정한 공정이 무엇인지에 대한 중립적 정의를 내리는 데는 적합하지 않다. 사정이 그렇다면 진짜 공정은 도대체 무엇이란 말인가?

애초에 불가능한
완벽한 공정이라는 개념

그래서 '정의란 대체 무엇인가'에 대한 논의

'도대체 공정이란 무엇이냐?'라는 질문에 궁극적인 답을 내놓는 다는 것은 분명 내 능력을 한참 벗어난 일이다. 다만 내가 할 수 있 는 것은 공정에 대한 기존의 대표적인 학설들을 정리하고, 현재 우리 사회가 이를 어떻게 받아들이고 있는지 확인하는 것이다. 우 리 사회 안에서 공정이 어떤 방식으로 적용되고 있는지에 대한 흐 름 정도는 파악할 수 있으리라 믿는다. 단지 앞에서 살펴본 바와 같이 공정公正은 간단하게 정의하기 어려운 단어이므로 공정보다 는 정의正義, justice라는 관점에서 조금 단순화시키고자 한다.

먼저 대중에게 가장 잘 알려진 사례부터 이야기하는 것이 이해 를 돕는 방법이라고 생각한다. 정의론과 관련해 우리나라 사람들 에게 가장 널리 알려진 마이클 샌델Michael Sandel의 저서 《정의란 무엇인가 Justice: What's the right thing to do》로 이야기를 시작해보자. 우선 우리나라에서 이 책이 큰 성공을 거둔 배경에 주목해야 한다. 세계적인 석학으로 평가받는 하버드 로스쿨 교수가 저술한 철학 서적이라는 점도 주효했지만, 대중이 동양 철학의 의義와 동일한 개념으로 정의를 생각하면서 불의한 세상에서 진짜 정의로움을 찾고자 하는 변화의 열망이 반영된 결과이기도 하다. 그래서 당시 버스나 지하철 등의 공공장소에서 이 책을 옆구리에 끼고 다니는 사람들을 유독 많이 볼 수 있었다. tvN 〈책 읽어드립니다〉에서 MC 전현무는 "이 책은 '사놓고 읽지 않는 대표적인 책'이지만 동시에 내 책장을 빛내주는 책"이라고 표현하기도 했다.

하지만 책의 첫 장을 읽는 순간 독자들은 한 가지 사실을 깨닫는다. 바로 이 책이 '우리 사회에 진정한 정의가 중요하다'라는 점을 설파하는 윤리적인 책이 아니라 '정의가 대체 무엇이냐?'를 묻는 책이라는 점이다. 즉, 정의를 정의定義, definition하는 철학 서적이라는 것이다.

이 책에서 등장하는 가장 대표적인 '기차 사례'를 한번 살펴보고자 한다.

당신은 한 기차를 운전하고 있는 기장이다. 현재 이 기차는 시속 100킬로미터로 달리고 있다. 그런데 문제가 하나 발생한다. 바로 기차의 브레이크가 고장 난 것이다. 불행하게도 당신의 눈앞에 놓인 선로에 인부 다섯 명이 서 있다. 브레이크는 이미 고장 난 상태이므로 이대로라면 선량

한 인부 다섯 명이 모두 죽고 만다. 이때 당신은 또 다른 선로를 발견한다. 당신은 기차의 진로를 변경할 수 있지만, 거기에도 인부 한 명이 있다. 과연 당신은 어떠한 선택을 할 것인가?

이 사례는《정의란 무엇인가》에 나와 유명세를 떨쳤지만, 사실 1967년 철학자 필리파 풋Philippa Foot이 제기한 트롤리 딜레마Trolley dilemma다. 윤리학에서 가정하는 사고 실험 중 하나로 제동 장치가 고장 나 정지할 수 없는 탄광 수레trolley가 소수 또는 다수의 사람을 희생시킬 수밖에 없을 경우 어느 쪽을 선택해야 하는가에 대한 질문이다.

트롤리 딜레마는 소수를 위해 다수를 희생하는 문제에 대해, 혹은 다수를 위해 소수를 희생하는 문제에 대해 윤리학 관점에서 올바른 선택을 내릴 수 있는가에 관한 논점을 제시한다.[3]

고전적인 규범 윤리 중 하나인 공리주의적 관점에서는 인부 다섯 명을 살리는 길이 옳다고 본다. 공리주의는 기본적으로 가장 많은 사람에게 이익을 가져다주는 방향의 결정을 도덕적으로 옳다고 보는 사상이다. 공리주의는 이렇듯 '최대 다수의 최대 행복'이라는 단순 명쾌한 법칙으로 알려져 있다. 하지만 행복을 도덕의 유일한 기준으로 보고 평등한 분배와 기타 천부인권에 대한 도덕적 가치를 인정하지 않기 때문에 이를 현실적으로 실행하는 데 있어 수많은 논란을 만들어낼 수 있는 복잡한 윤리 이론이기도 하다. 하지만 적어도 우리가 사는 사회에서는 공리주의가 절대적인 기준이 되지 않는다는 것은 알 수 있다. 만약 최대 다수의 행복을 절대선으로 가진 사회라면, 전국장애인연합회 시위와 같은 소수자들의 권리 투쟁은 국가에 의해 저지당했을 것이다.

20세기를 대표하는 정치철학자 중 한 명인 존 보들리 롤스John Bordley Rawls는 전통적 공리주의가 제시하는 정의론의 문제점을 지적하면서 공정으로서의 정의justice as fairness를 주장한다.

롤스는 이 '공정으로서의 정의'에서 서로가 서로에게 무관심한 상황을 전제로 평등한 자유와 차등의 원칙에 따른 기회 균등이라는 두 가지 원칙을 제시한다.[4] 이는 누구나 동일한 출발선에서 시작할 수 있음을 보장하면서 자신의 노력과 능력에 따라 부자가 될 수 있다는 것을 말한다. 또한 능력주의의 경쟁을 통해 만들어진 새로운 사회 불평등은 다시 기회의 평등을 위협하므로 사회의 빈자(최소수혜자)들이 그들의 시작 단계에서 자신보다 부를 더 가진 사람들과 동등한 기회의 평등을 가질 수 있도록 사회 공동의 세금으로 지원하는 분배 정의관에 입각한 개념이다.

즉, 롤스는 개인의 기본적 자유를 보장하면서도 복지 정책과 같은 재분배 장치를 통해 사회 정의를 구현해야 한다고 주장한다. 분배 정의를 중요시한 롤스의 분배론적 정의관은 평등주의적 자유주의liberal egalitarianism라고 불린다.

자유(지상)주의 측면에서 롤스와 가장 대비되는 주장을 펼쳤던 것은 로버트 노직Robert Nozick이다. 그는 재화의 취득 과정이나 이전 과정이 정당하기만 하면 개인이 절대적인 소유권을 가진다고 본다. 또한 국가가 앞장서서 사회적 약자에게 분배해야 한다고 주장한 롤스의 차등의 원칙에 반대한다. 그에 따르면 국가는 강압, 절도, 사기, 강제 계약의 발생을 막는 일 이상의 역할을 해서는 안 된다. 또 국가가 나서서 재화의 분배에 관여하기보다 최대한 개인의 자유에 맡겨야 한다고 주장한다.

이러한 내용을 바탕으로 1970년대 롤스와 노직은 각각 평등주의적 자유주의와 자유지상주의 편에 서서 '국가가 구성원 간 부의 분배에 나서야 하는가?'를 쟁점으로 논쟁을 벌이기도 했다. 보통 정의는 크게 교정적 정의retributive justice와 분배적 정의distributive justice로 나눌 수 있는데, 이 논쟁에서 중요하게 다뤄진 것은 분배적 정의였다. 롤스와 노직 두 사상가 모두 소수의 희생을 정당화하는 공리주의적 정의관에 반대했지만, 롤스는 여기에 평등주의적 요소를 도입하고, 노직은 자유주의를 강조한 것이 특징이라고 할 수 있다.

그렇다면, 21세기 대한민국 사회에서 '분배의 정의'는 이 둘 중 어느 사상가의 생각에 가까울까? 명확하게 편을 나누기는 힘들겠지만, 나는 우리 사회의 분배관이 점차 롤스의 생각을 닮아가고 있다고 생각한다. 비록 우리나라가 자유민주주의를 표방하며 복지 지출 규모 또한 다른 OECD 국가에 비해 상대적으로 적은 편에 속하긴 하지만, 2010년대 들어 세계 10대 대국 수준의 경제 규모에 이르면서 지속적으로 다양한 복지 확대를 꾀하고 있기 때문이다. 이와 같은 방향은 적어도 국가가 재화의 분배에 관여하는 것을 반대한 노직의 생각과는 거리가 멀다고 볼 수 있다.

하지만 마이클 샌델을 비롯한 공동체주의자들은 앞에서 언급한 모든 수준의 분배적 정의를 비판한다. 특히 샌델은 트롤리 딜레마를 통해 공리주의를 비판했고, 장기 거래와 대리모 출산의 문제점을 예로 들며 자유지상주의자들이 주장하는 선택의 자유를 확보하는 것만으로는 정의로운 사회를 이룰 수 없다고 단언한다. 또한 그는 자신의 사상과 엇비슷하게 느껴지는 롤스의 평등주의적 자유주의도 똑같이 비판했다. 그 이유는 롤스 또한 '공정으로서의 정의'의 1원칙으로 '평등한 자유'를 내세움으로써 결국 능력주의의 함정에서 벗어나지 못했다는 것이다.

여기서 '능력주의'란 영국의 사회학자 마이클 영이 1958년 출간한 저서 《능력주의The Rise of the Meritocracy》에서 처음 등장했다. 이 메리토크라시meritocracy는 라틴어 'meritum'에서 유래한 'merit'와 그리스어 어근 '-kratia'에서 유래한 '-cracy'를 결합해 만든 신조어로 그의 책이 일본어로 출판할 때 '능력주의能力主義'로 번역됐고, 한국에서 이 한자 그대로 번역되면서 우리에게 '능력주의'로 알려지게 됐다. 이미 많은 이에게 알려진 바와 같이 이 책은 능력주의의 위대한 면이 아닌 비관적인 면을 조망한 디스토피아적 미래를 담은 소설이다. 모두에게 공평한 기회를 주고 능력에 따라 보상이 주어진다는 논리는 얼핏 공정해 보이지만, 이것이 점차 승자 독식과 약육강식의 논리가 지배하는 무자비한 세상을 만들고 위계질서의 상단을 차지한 엘리트 계급이 모든 권력을 손에 쥔 채

자녀들에게 지위를 세습한다는 내용이다.

마이클 샌델은《공정하다는 착각The Tyranny of Merit: What's Become of the Common Good?》에서 능력주의 신화를 통해 승자는 출세하지 못한 사람을 깔보는 오만한 버릇을 가지게 됐으며, 패자는 열등하다는 낙인이 찍힌 채 스스로 노력이 부족했다는 자책을 하게 됐다고 지적한다. 샌델은 롤스와 마찬가지로 자신만의 노력과 능력으로 높은 성취를 얻었다고 믿는 자들에게 과연 그 능력이 오롯이 자신의 것이 맞느냐고 반문한다. 즉, 부모의 재력이나 그들로부터 물려받은 DNA 혹은 타고난 운이 아니었냐는 것이다.

지금 우리 사회에서 논쟁의 화두로 떠오른 것이 바로 이 능력주의다. 최근 몇 년 사이 젊은 세대가 외치는 공정 또한 결국 여러 문제점을 내포한 능력주의와 깊이 연계돼 있으며, 그들이 말하는 공정도 결국 인서울 대학 출신 소수의 상위권 화이트칼라의 목소리와 합치하지 않느냐는 것이다. 또 그들 역시 진정한 능력을 갖추었다기보다 단지 시험 문제를 빠르고 정확하게 푸는 능력만을 가진 '시험능력주의자'에 불과한 것이 아니냐는 비판도 있다. 여기에 더해 우리 사회의 능력주의가 단순한 구조적 불평을 넘어 다양한 차별과 혐오를 담고 있다는 비판 또한 제기되고 있는 실정이다.

결국 현재 우리 사회의 공정 이슈에 있어서 가장 먼저 확인해야할 문제는 각 구성원들이 원하는 정의로운 사회가 어떤 것인지를 확인하는 것에 있다. 여기서 중요한 것은 지금의 젊은 세대들이 요구하는 것이 진실된 공정이냐 거짓된 공정이냐를 판정하는 것이 아니라 그들이 공정이란 단어를 꺼내게 된 이유를 먼저 파악하는 것이다.

그들은 과연 세간의 비판처럼 자신만의 이기적 승리를 위해 거짓된 공정을 꺼내드는 것일까? 아니면 그보다 단순한 의도에서였을까?

공정은 두 가지 뜻이 함께 들어 있다

공정公正이라는 단어에 대해 한번 생각해보자. 사전적으로 공정은 '공평하고 올바름'을 뜻한다고 간략하게 서술돼 있다. 공평할 '공公'자와 바를 '정正'자를 쓰는 합성어다.[5] 공정하다는 말이 성립하려면 공평하면서도(①) 정의로워야 한다(②)는 두 가지 의미를 동시에 충족해야 한다.

지금 우리 사회에서 공정 문제를 논할 때에도 공정이라는 단어가 하나의 의미가 아닌 두 가지 의미를 합친 합성어라는 데서 출발해야 한다. 가끔 공정이라는 단어가 '하는 일이나 태도가 사사로움이나 그릇됨 없이 아주 정당하고 떳떳함'을 의미하는 공명정대公明正大의 준말이라는 주장이 제기되기도 하지만, 국립국어원 표준국어대사전 어디에도 이를 증명할 만한 증거는 발견되지 않는다. 물론 공명정대와 공정이 직관적으로 엇비슷한 의미를 가지고 있다고 생각할 수 있다. 하지만 공명정대라는 사자성어는 '떳떳한 태도'에 방점이 찍혀 있다는 점에서 이를 곧 지금 우리 사회에서 통용되는 공정과 연결시키기 어렵다.

물론 우리는 언어의 기원을 탐구하는 것이 목적이 아니기 때문에, 이러한 뜻풀이가 핵심이 될 수는 없겠다. 우리가 진정으로 중요하게 물어봐야 할 질문은 다음과 같다. "과연 공평하면서도 정의로운 것이 존재할 수 있을까?" 예를 들어 대학 입시에서 수학능력시험을 통해 정시로 입시를 치르는 것이 공정한가? 아니면 학생부종합전형(학종)으로 대표되는 수시로 입시를 치르는 것이 합당한가?

혹자는 수시 전형이 공정에 더 가깝다고 말한다. 공정에 포함된 정의롭다라는 뜻은 올바르다라는 의미이기도 하며, 올바름 속에는 약자나 소수자에 대한 배려가 포함돼 있다는 것이다. 학종과 같은 수시는 채점 방식과 복잡한 서식 등으로 인해 수능처럼 평가자를 한 줄로 세우는 방식보다 객관성과 공평성이 다소 떨어질 수 있지만, 학생별, 지역별로 서로 다른 환경과 기회, 성장 배경의 차이를 고려해 교육적 약자를 지원할 수 있는 전형이라는 점에서 정의로운 관점이므로 공정하다고 볼 수 있다고 주장한다.[6]

하지만 수능이 공정의 관점에 더 부합하다고 말하는 사람도 있다. 그들은 수능이 부의 편차와 지역성을 반영하지 못해 정의롭지 못하다는 의견도 있지만 타인의 주관성이 평가에 반영되지 않고 오직 실력만을 기준으로 순위를 나눌 수 있다는 점에서 공평하고 정의로운 관점에 합당하다고 말한다. 또한 그들은 학종과 관련된 비리들을 언급하면서 수능은 그러한 부정이 일어날 수 없다고 강변한다.

이처럼 특정 사안이 관점에 따라 공정한가, 아니면 공정하지 않은가로 나뉠 수 있다는 것이 바로 공정성 논란이 일어날 수밖에 없는 구조적인 이유다. 더불어 선택적 공정 논란도 함께 나올 수밖에 없다.

우리 사회에서 공정이라는 단어는 명확한 개념을 설명하기보다 '옳다right'라는 감정적인 개념으로 널리 사용돼 왔다. 공정이 항상 좌/우 정치권에 관계없이 사용돼도 좋은 언어로 통한 것도 그 때문이다.

우리 사회에서 공정은 곧 옳은 방향으로 해석됐기 때문에, 오히려 정확히 어떤 상황에서 이 공정이란 단어를 사용해야 되는지 확실해지지 않는 맹점이 생겼다. 이러한 한계 때문에 공정이 정확히 어떤 의미인지에 대한 사회적 합의가 이뤄지지 않은 상태로 남용되는 문제점이 발생했다. 사람들은 공정을 각자 자신이 옳다고 생각하는 모든 곳에 사용한다. 즉, 코에 걸면 코걸이 귀에 걸면 귀걸이가 되는 일종의 마법의 언어가 돼버린 것이다.

이러한 연유로 우리 사회에서는 공정과 공정이 싸운다. 대표적인 것이 '기회의 공정'과 '결과의 공정'의 싸움이다. 이 싸움은 승자와 패자가 쉽게 갈리지 않는 것이 특징이다. 왜냐하면 모두 자신이 생각하는 공정이 옳다고 생각하기 때문이다.

하지만 적어도 '기회의 공정'과 '결과의 공정'이 싸울 때는 누가 아군이고 적군인지를 비교적 쉽게 구별할 수 있다. 왜냐하면 앞서 미국 보수주의자와 진보주의자의 사례에서 살펴봤듯 관련 논쟁이 펼쳐졌을 때는 나름대로 서로 다른 색의 유니폼을 맞춰 입고 경기장에 나타나기 때문이다.

그러나 진짜 문제는 엇비슷한 주장이 맞붙었을 때 발생한다. 가령 '기회의 공정'과 '기회의 공정'이 서로 맞붙었을 때와 같이 말이다. 같은 기회의 공정끼리 다툼이 벌어졌을 때는 모두 같은 경기장 위에 서 있지만 서로 같은 색의 옷을 입고 있기 때문에 이 둘을 구분하기가 어려워진다. 그야말로 혼돈의 멀티버스가 펼쳐지는 것이다.

한 예로 2022년 행정안전부 내 경찰 관련 지원 조직인 경찰국 신설 문제가 대표적이다. 정부와 경찰이 대립할 당시 공정이라는 단어가 여지없이 논란의 중심에 있었다. 이 논란과 관련해 내가 특정 의견을 내는 것은 적절하지도 않거니와 책의 주제와도 맞지 않는다. 하지만 공정성 논란과 관련해서는 다뤄볼 여지가 있다고 생각한다.

경찰국 신설에 반발하는 일부 경찰서장은 집단행동의 조짐을 보였다. 이에 경찰국의 주무부처인 행정안전부의 장관은 집단행동을 주도한 서장들이 주로 경찰대 출신임을 거론했다. 덧붙여 "경찰대의 가장 큰 문제는 졸업 자체만으로 6급에 상당하는 공무원에 자동으로 임용된다는 것"이며 이것이 바로 "요즘 말하는 불공정의 시작"이라고 비판했다. 그러면서 "우선 출발선은 맞춰야 공정한 사회의 출발이라고 생각한다"며 경찰대 개혁의 추진을 시

사했다.[7]

"우선 출발선을 맞춰야 공정한 사회의 출발"이라는 말에 비추어 보면 행안부 장관이 말한 "요즘 말하는 공정"의 기준은 기회의 공정에 해당한다. 행안부 장관이 따진 핵심은 경찰대 출신은 졸업 후에 바로 6급에 해당하는 경찰 공무원인 경위로 임용되기 때문에 9급의 순경으로 출발하는 경찰관들과 비교해 입직 후 고위직으로 진출할 수 있는 확률이 확연하게 높다는 점이었다. 그는 기회의 공정이 이뤄져야 하는 시점을 경찰에 임용됐을 때로 본 것이다.

경찰대는 1981년에 엘리트 경찰 간부 양성을 목적으로 설립됐다. 당시 대학 진학률 자체가 낮긴 했지만, 대다수 경찰관이 고졸 출신이었다. 하지만 최근에는 순경 공채 합격자 중 대다수가 4년제 대학 출신이다. 최고 명문대 출신도 다수 포진해 있다. 행안부 장관의 비판은 현재 모두가 공평한 기준의 시험을 치르지 않고 경찰대 출신이라는 별개의 기준을 통과한 이들만 계속 엘리트 경찰 코스를 밟게 하는 것이 공정하지 않다고 본 것에서 비롯한다.[8]

이러한 비판에 대해 경찰대 출신 A경감은 한 언론 인터뷰에서 "공정은 기회의 평등이다. 경찰대학은 누구나 들어올 수 있는 곳이다. 육군사관학교랑 공군사관학교는 가만두고 왜 경찰대만 불공정이라고 하는가?"라며 반박했다. 그는 행안부 장관과 똑같이 공정은 기회의 평등이라는 공정의 정의를 내세우고 있지만 그 시점이 상이하다. A경감은 모든 수험생에게 공정한 수험의 기회를 줬기 때문에 경찰대 졸업을 통해 경위로 경찰생활을 시작하는 것은 문제가 되지 않는다고 말한 것이다. 게다가 경찰대와 똑같은 방식을 적용하는 육사나 공사 같은 곳들도 있는데 유독 경찰대만 비판하는 이유를 지적하고 있다. 오히려 그러한 인식 자체가 불공정하다는 논지를 펼치고 있는 것이다.

A경감의 말처럼 졸업과 동시에 공무원 임용 혜택을 주는 곳은 경찰대만이 아니다. 육·해·공군사관학교의 졸업생 전원도 7급 공무원에 준하는 소위로 임관된다. 고려대 사이버국방학과처럼 군과 계약을 맺은 일반 4년제 대학의 특정 학과 출신도 졸업 후에 초급 장교로 바로 임용되는 경우가 있다.

한편 공무원 시험 등의 국가고시 출신 공무원보다 높은 직급으로 인정받고 시작하는 검사나 법관 같은 공무원들에 대한 문제 지적도 있다. 변호사 시험에 합격해 임용된 초임 평검사·판사는 3~4급 공무원에 상응하는 대우를 받기 때문이다. 이 같은 현실에 대해 경찰대 출신 B경정은 "검사와 함께 근무하는 수사관이 검사의 급수를 평생 따라가지 못한다고 불공정하다는 의견이 제기된 적은 없었다"며 볼멘소리를 내기도 했다. 결과론만 생각한다면 공무원을 5급, 7급, 그리고 9급으로 나눠서 뽑는 일 또한 불공정한 일에 해당한다는 것이다.

여기서 논쟁의 양극단에 서 있는 두 사람 모두 공통적으로 "공정은 기회의 평등이다"라는 생각을 공유하고 있다. 누군가는 "이런 식으로 공정을 바라보는 것은 완전하지 않다"고 비판할 수 있겠지만, 적어도 이 논쟁에서 양쪽은 같은 논리를 취하고 있다. 하지만 양쪽에서 똑같은 기회의 평등이라는 개념을 사용하더라도 각자 주장하는 세부적인 시점과 주장의 요지에 따라 공정이라는 단어는 언제든 "당신의 주장은 공정하지 않습니다"는 공격 포인트로 활용될 수 있다는 걸 확인할 수 있다.

정권마다 공정 논란이 일어나는 근본적인 이유

"힘이 아닌 공정한 법이 실현되는 사회, 사회적 약자에게 정의로운 방패가 돼주는 사회"

"기회는 평등하고 과정은 공정하며 결과는 정의로울 것입니다."

"우리 사회 모든 영역에서 공정한 사회라는 원칙이 확고히 준수되도록"

"자유, 인권, 공정, 연대의 가치를 기반으로 국민이 진정한 주인인 나라"

"원칙과 신뢰, 공정과 투명, 대화와 타협, 분권과 자율을 새 정부 국정 운영의 원리로 삼고자 한다."

대한민국을 공정한 국가로 만들겠다고 약속한 대통령의 연설에서 발췌한 내용들이다. 그런데 놀랍게도 위와 같이 공정을 강조한 연설문의 주인공이 한 명의 대통령이 아니다. 21세기에 취임했던 대통령 다섯 명의 연설에서 각각 가져온 것이다.[9]

즉, 모든 정부가 우리 사회를 공정하게 만들고자 했다는 것을 의미한다. 각 정권마다 지지하는 세력과 정부의 세부 성격은 달라도 하나같이 정부의 수장이 공정을 강조하고 있다. 단순히 국민이 듣기 좋은 립서비스의 차원에서 공정을 거론하지는 않았을 것이다. 하지만 정부의 의지와는 반대로 21세기에 출범한 모든 정부에서 공정 논란이 빠짐없이 일어났다. 그만큼 공정한 사회를 만드는 일이 얼마나 어려운 것인지 알 수 있는 대목이다.

당파성에 몰입한 혹자는 자신이 지지하지 않는 정부가 유독 불공정했다고 핏대를 세우며 외칠지 모를 일이다. 애초에 완벽한 공정은 불가능하다는 명제를 기준으로 생각하면 오히려 공정한 사회를 만들겠다고 유독 강조한 정권일수록 공정의 역풍을 강하게 맞는다는 역설적 등식이 성립하리라 생각한다.

그런 의미에서 문재인 정권은 "기회는 평등하고 과정은 공정하며 결과는 정의로울 것입니다"라는 연설을 통해 정권 초기부터 마지막까지 공정이라는 끈을 놓지 않았지만 가장 많은 반격을 받기도 했다. 특히 대통령 취임 연설을 했던 2017년보다 훨씬 이전인 2012년부터 해당 문장을 핵심 캐치프레이즈로 사용해왔다는 점에서 반격들이 더 뼈아프게 다가올 것이다.

공정이 공평과 정의의 합성어라는 관점에서 보면 위 문장은 다음과 같이 바꿀 수 있다. "기회는 공정하고 과정은 공정하며 결과는 공정할 것입니다." 하지만 정치인 문재인은 어디에 붙여도 호불호가 갈리지 않고(공정한 것을 원하지 않는다고 말할 사람은 어디에도 없을 것이다) 정치인으로서 금과옥조로 여겨도 부족함 없는 공정이라는 단어가 자신의 발목을 잡으리라는 것을 집권 초기에 깨닫지 못했음이 분명하다.

문재인 전 대통령이 공정에 대한 열망과 각오가 부족했거나 거짓과 위선을 저질렀다는 말이 아니다. 단지 어디에 붙여도 완벽해 보이는 공정이 실은 논쟁거리로 가득한 단어였다는 사실에 주목하지 않았을 뿐이다. 그리고 기회가 평등하면서 결과가 정의롭다는 등식이 성립되지 않는다는 것을 청년들의 반발을 통해 마주하게 됐을 것이다.

특히 2018년 평창 동계올림픽 여자 아이스하키 남북단일팀 문제와 2019년 인천국제공항 비정규직 문제 등을 통해 그가 말한 공정에 한계가 있음을 분명히 깨달았던 것 같다. 일종의 각성이었다. 청년의 날 연설에서 그는 "때로는 하나의 공정이 다른 불공정을 초래하기도 했습니다. 정규직과 비정규직 사이의 차별을 해소하는 일이 한편에서는 기회의 문을 닫는 것처럼 여겨졌습니다. 공정을 바라보는 눈이 다를 수 있다는 사실이 공정에 대해 더 성찰할 수 있는 계기가 됐습니다"라고 말했다.[10] 남북 간의 화해 모드 조성을 위한 희생이 누군가에게는 평생 일궈놓은 일을 포기해야하는 일이 되고, 비정규직 차별 해소를 위한 노력이 정규직을 준비하는 누군가에게는 정의롭게 보이지 않는다는 사실을 꼽은 것이다.

제1회 청년의 날 행사에서 문재인 전 대통령은 공정이라는 단어를 무려 37회나 언급하며 앞으로 정부에서 반드시 공정의 가치를 세울 것이라는 점을 반복해 강조했다. 공정을 더 높은 차원에서 이룰 것이라는 결기가 드러나는 대목이다. 하지만 그는 공정 사회를 반드시 이루겠다고 강하게 다짐했지만 결국 공정에 숨어 있는 핵심의 이중성을 간파하지 못했다. 여기서 문재인 정부의 공정과 관련한 실책을 논하려는 것은 아니다. 공정이 겉으로는 완벽해 보이지만, 실상은 언제든 다방면에서 공격을 받을 수 있는 태생적인 약점을 지닌 단어라는 것이다.

이 말은 곧, 앞으로 공정이라는 가치를 앞세워 등장할지 모르는 다른 정권들 또한 실패의 쓴 잔을 들이킬 가능성이 크다는 예언이기도 하다. 이는 공평하고 정의롭다는 핵심 가치를 버리라는 뜻이 아니다. 단지 공정이라는 이름으로 기회나 결과의 양 끝단을 누르면 한쪽이 튀어나오는 특성을 제대로 인지하지 못한 채 공정의 '옳은 개념'만을 앞세워 무턱대고 사용한다면 분명 더 큰 반발을 불러일으킬 것이라는 점을 기억해야 한다.

그들의 언어는 단지 '부당하다'는 것이다

주류 언론에서는 2010년대 중후반부터 발생한 특정 문제에 대해 젊은 세대가 반발할 때마다 '젊은 층의 공정에 대한 갈망이 극에 달했다'와 같은 헤드라인을 썼다. 기사는 그들의 반발이 다른 세대와 비교해 유달리 특이하다는 식으로 보도됐다. 이후 '젊은 세대가 공정이라는 이름으로 반발한다'는 식의 뉴스가 반복되면서 기성세대들은 자연스럽게 "그런데 당신들이 말하는 공정이 진짜 공정에 해당하나요?"와 같은 질문을 던졌다.

하지만 현재의 젊은 세대가 가진 공정성에 대해 공격적인 질문을 가하기 전에 먼저 '다른 세대보다 지금의 젊은 세대들이 공정성에 더 민감하다'는 믿음이 진실인지부터 확인해야 한다.

다수의 미디어에서는 '젊은 세대가 공정성에 민감하다'는 것을 기정사실화하고 있다. 하지만 그와 다른 의견들 또한 존재한다.

먼저 서울대 경영학과 신재용 교수는 본인의 저서 《공정한 보상》에서 젊은 MZ세대 중에서도 화이트칼라 MZ세대가 가진 공정성의 민감도에 주목한다. 화이트칼라 MZ세대가 더 공정성에 민감한 이유는 그들이 어렸을 때부터 길고 첨예한 토너먼트 경쟁을 겪어왔기 때문이며, 평등을 기반으로 한 시스템의 공정성이 그들의 내면에 자리잡게 됐다고 말한다. 반면 《K를 생각한다》의 저자 임명묵은 (90년대생인 자신의 개인적인 경험에 의하면) 90년대생이 이전 세대보다 유달리 공정에 민감한 건 아니라고 주장한다. 단지 90년대생은 심리적 압박감과 불안감을 가지고 있으며, 그렇기에 노력과 보상이 비례하는 시험 기반 능력주의 시스템의 '예측가능성'을 선호한다. 이들은 단지 이 시스템의 교란을 경계할 뿐이라는 것이다.

나는 이 두 저자가 각기 다른 주장을 하고 있다고 생각하지 않는다. 단지 '공정'이라는 단어의 해석에 있어 약간의 이견을 가지고 있을 뿐이다. 공통적으로 지금의 젊은 세대는 각박한 성장 현실 속 유일하게 믿을 수 있는 것이 '시스템 안에서의 원칙'이며, 이 생존 원칙을 위배하거나 저해하는 행위를 배격한다는 것이다.

이 말은 결국 "젊은 세대들이 공정성에 민감한가?"라는 질문을 "젊은 세대들이 정당하지 않은 반칙을 당했을 때 민감하게 반응하는가?" 정도로 바꾼다면, 모두에게 동일한 답변을 들을 수 있는 말이 된다. 실제로 기성세대의 믿음과는 다르게, 지금의 젊은 세대들은 딱히 공정이라는 단어에 목매지 않는다. 평소에 공정 문제를 머릿속에 특별히 각인시켜두지도 않는다. 단지 공기업 비정규직 정규화 논란이나 평창 동계올림픽 여자 아이스하키 남북단일팀 논란, 그리고 유력 정치인의 불법 진학 논란 등이 공통적으로 기성세대보다 젊은 세대에 더 깊이 연관돼 있었을 뿐이다. 그들이 해당 문제가 발생한 대학에 진학하거나 취업을 앞둔 동일 연령대였기 때문이다. 그러다 보니 직접적인 당사자가 아니라도 공정성 논란으로 분류된 굵직한 사건들이 남의 이야기처럼 들리지 않은 것이다.

그들은 자신의 입장에서 이해가 되지 않는 부분에 대해 반발했고 공정하지 않다고 목소리를 높였다. 하지만 그들이 체계적이고 분석적인 사고를 통해 공정이라는 단어를 꺼내든 것은 아니었다. 그들은 일련의 사건에서 드러난 옳지 못하고 부당한 행위를 지적하고 싶었을 뿐이다. 단지 그 표현에 있어 가장 효율적인 '공정하지 않습니다' 혹은 '불공정합니다'란 말을 사용했을 뿐이다.

따라서 공정성 논란은 조금만 깊이 들어가면 드러나는 맹점, 즉 진짜 공정을 정의하기 어렵다는 점을 빌미로 너무 쉽게 공격을 받았다. 기성 언론들은 이 같은 논란에 대한 분석 기사를 통해 남/녀라는 대립점을 추가해 젊은 세대를 이대남 혹은 이대녀로 나누고 이대남 논란 등을 만들어내기 시작했다. 하지만 이러한 양상은 젊은 세대의 분노를 애초에 공정이라는 논쟁적인 언어로 규정했기 때문에 발생한 것이다.

부당不當은 불공정과 똑같이 unfair 혹은 unjust로 번역되지만 핵심은 이치에 맞지 않는다는 것이다. 이처럼 '공정에 대한 외침'을 '정당함에 대한 요구'로 바꿔서 보면, 지금까지 공정성 이슈를 제기한 젊은 세대의 주장이 단순하고 명쾌해진다. 그들은 특별한 대우나 철학적인 깨달음을 요구한 것이 아니라, 그저 살면서 DNA 안에 축적해온 '정당한 것을 요구하라'는 감정 반응을 자연스럽게 드러냈을 뿐이다. 그저 '반칙을 하지 말라'는 것이다.

하지만 수많은 언론들은 부당함을 거부하는 현세대의 요구를 '삐딱한 공정성을 요구하는 세대'로 포장해 여론을 이끌고 있다. 만약 우리 사회가 이러한 중대한 차이점을 제대로 인지하지 못한다면 앞으로도 계속 미디어에서 쏟아내는 공정 담론에 휩쓸리게 될 것이다.

권모술수 권민우를 위한 변명

다시 한번 드라마 〈이상한 변호사 우영우〉의 에피소드를 들여다보자. 공정성과 관련해 시청자에게 가장 많은 질타를 받은 대상은 권모술수 권민우였다. 하지만 '공정하지 못하다'라는 대사를 내뱉은 사람은 주인공 우영우나 최수연이 아니라 권민우였다.

권민우는 "우영우 변호사가 매번 우리를 앞서나가는 상황에서, 정작 우리가 우영우 변호사를 공격하는 것은 허용되지 않고, 오히려 (약자인 우리가) 자폐인이라는 이유로 그를 배려하고 도와야 한다"면서 "이 게임은 공정하지가 않다"고 주장한다.

하지만 시청자들은 권민우가 입으로는 공정을 외치면서 정작 본인은 정직하지 않는 행위를 일삼는 비열한 자라고 비난했다. 한편 권민우라는 캐릭터가 정확한 사실관계 확인도 없이 익명 게시판에 글이나 올리는 선택적 분노를 하고 있다는 분석 기사들도 등장했다.

권민우라는 캐릭터가 공정fair이라는 이름에 걸맞지 않은 캐릭터인 것만은 분명하다. 이 인물을 창조한 작가의 인터뷰를 종합해보자면 근본적으로 악한 인물을 만들 의도는 아니었던 것 같다. 하지만 적어도 극 중반 이후에 페어플레이fair play에는 관심이 없고 자신의 출세와 영달에 눈이 멀어 정당하지 못한 방법으로 동료에게 피해를 입히는 비열한 면모를 가진 인물로 변화하는 건 사실이다. 그렇기 때문에 이 캐릭터에 대한 시청자들의 전반적인 비판은 타당해 보인다.

하지만 권민우가 처음부터 이러한 권모술수를 사용하는 캐릭터는 아니었다는 점에 주목할 필요가 있다. 그는 애초에 주인공 우영우에 대한 큰 관심이 없었던 편이지만, 극 초반 (권민우 입장에서) 부당하다고 느낄 수 있는 두 가지 사건을 경험하면서 심적 변화를 일으키게 된다.

권민우가 최초로 주인공 우영우에 대해 공개적인 반감을 나타내게 된 것은, 우영우가 자신이 자폐인으로서 회사에 도움이 되지 못한다는 생각에 회사에 사직서를 제출했다가 나중에 이를 번복(사직 철회)하는 과정에서 회사 측으로부터 아무런 처벌을 받지 않은 데서 비롯된다. 우영우가 사직서를 제출하게 된 이면에는 자폐를 비롯한 장애에 대한 우리 사회의 인식이 아직까지 너무나 미흡하다는 현실이 깔려 있다. 그렇다고 할지라도 우영우가 성인으로서 한 조직에 근무하는 이상 사직이라는 자신의 의사를 밝힌 것이다. 이후 우영우가 출근하지 않았던 것을 그의 상사 정명석 변호사는 "무단결근 정도로 봐준다"라면서 넘어간다.

권민우는 정명석의 말을 듣고 반발한 것이다. 무단결근은 근로계약 관계의 본질적인 목적인 근로제공 의무를 이행하지 않는다는 점에서 노사 간에 신뢰를 깨트리는 행위다. 채무불이행의 책임을 지는 행위이자, 복무규율을 위반함으로써 직장 질서를 훼손하는 행위이므로 징계사유가 될 수 있다.[11]

물론 단순히 무단결근 일수만으로 해고를 진행하는 경우 부당해고의 판례도 있지만, 통상적으로 기업의 취업규칙상에 무단결근(무단결근은 통상적인 징계사유에도 포함)에 대한 징계 절차를 규정하고 있기 때문에 절차적인 사항을 준수해야 할 의무가 있다.[12]

하지만 수일간 무단결근을 한 우영우에게 내려진 처분은 기존의 연차를 사용하지 못하는 것이었다. 아무리 드라마라고 해도 법적으로 주어진 연차를 미리 소진하는 것으로 무단결근을 무마하는 것은 실제적으로 아무런 처분을 받지 않은 것과 마찬가지였다. 우영우가 사직서를 던진 응분의 사유를 정명석이 고려했다고 해도 동료들 앞에서 무단결근이라는 명백한 행위를 고지한 만큼 남들과 똑같은 절차를 따랐어야 한다. 만약 그의 상사인 정명석 변호사가 주인공이 갑자기 사표를 던진 것에 대해 특별한 사정을 감안했다 한다면, 적어도 경쟁 관계에 서 있는 같은 팀 동기들에게 적절한 사유를 설명하고 양해를 구했어야 한다. 그러한 최소한의 소통 행위를 거치지 않은 상황에서 권민우가 회사의 원칙대로 진행해달라고 요구한 것은 딱히 옳지 않은 행동이라고 말할 수 없다. 이러한 점을 감안했을 때 권민우는 정해진 원칙을 준수해달라고 정당히 요구했다는 점을 확인할 수 있다. 이것이 바로 권민우가 느낀 첫 번째 부당함이다.

권민우가 두 번째로 느끼게 된 부정적 감정은 우영우가 부정한 방법으로 회사에 입사했다는 심증을 가지게 된 사건에서 비롯되었다.

이 드라마를 보지 못한 독자들을 위해 간단히 설명하자면, 주인공 우영우 변호사는 비록 천재적인 두뇌와 화려한 스펙을 가졌지만, 자폐라는 장애를 가지고 있었기에 공채를 통해 로펌에 입사하지 못했다. 하지만 주인공의 아버지 우광호와 대학 선후배 관계이자 법무법인 한바다의 대표였던 한선영은 자신의 사적 복수를 위해 우영우를 특채 형태로 채용한다. 우영우가 비록 뛰어난 능력을 가지고 있었지만 해당 채용은 경력채용이 아니었기에 주인공은 자신의 능력으로 채용된 것이 아니었다. 부정 취업까지는 아니지만 이러한 사실이 누군가에 의해 알려진다면 낙하산 취업이라는 비난을 피할 수 없는 상황이었다.[13]

이런 배경을 모르는 권민우는 동료 변호사의 아버지가 대표의 사무실에서 나오는 것을 목격했고, 한바다의 대표와 대학 선후배

관계라는 것을 알게 됐다. 이런 상황에서 권민우는 우영우가 아버지의 황금 인맥을 통해서 부정 취업을 했다는 심증을 품고 사내 익명 게시판을 통해 공개 저격하게 된다. 물론 익명으로 폭로한 사실이 문제가 됐긴 하지만 익명 게시판은 상사에 대한 문제 제기를 공식적으로 하기 어려운 한국의 조직 문화를 고려할 때 순기능의 역할을 어느 정도 한다고 본다. 그리고 공개적으로 제기된 사안에 대해서는 분명한 해명이 있었어야 한다.

이에 피고발 당사자인 대표 한선영은 권민우가 올린 글을 의식했는지 신입 변호사들이 모여 있는 정명석의 사무실을 찾아간다. 그리고 재판 진행 상황에 대해 들은 후 조언을 하는 과정에서 블라인드 게시글에 대해 근거 없는 카더라 소문이라며 대놓고 슬쩍 언급한다.

블라인드 게시판에 글을 올린 당사자가 권민우라는 사실을 한선영이 알고 있었는지는 해명 과정에서 정확히 확인되지 않는다.[14] 비록 익명 게시판일지라도 자신과 관련해 제기된 문제에 대한 공식적인 해명 없이 단순하게 근거 없는 카더라 소문이라는 말로 일축시키는 태도는 옳은 행동이라고 평가받을 수 없다. 정명석과 최수연도 블라인드 게시판의 글을 올렸다고 추측되는 권민우의 행동 자체를 문제 삼지만, 권민우는 전혀 근거 없는 문제를 제기한 것이 아니다. 자신의 눈으로 우영우의 아버지가 한선영의 사무실에서 나오는 것을 보고 우영우에게 우광호가 아버지라는 증언을 확인한 후, 그 나름대로 내부 고발자로서 익명으로 글을 올린 것이다. 이런 상황으로 볼 때 정명석과 최수연은 문제를 제기한 사람의 태도를 문제 삼는 전형적인 인신공격의 오류[15]를 범하고 있다.

또한 권민우가 최수연에게 우영우가 아버지의 백으로 부정 취업을 했다는 이야기를 최초로 건네며 설전을 벌인 에피소드 이후 권민우에 대한 부정적인 평가 두 가지가 등장한다. 첫 번째, 장애인이 차별을 받는 현실을 외면하고 평등만을 따진다는 것. 두 번째, 법무법인 대표 같은 강자에게는 아무 말도 못 하고 약자인 주인공만을 괴롭힌다는 것.

장애인이 취업 문제로 정당하지 못한 차별을 받는 것은 일종의 절차적 하자로서 사회적 문제에 해당하지만 우영우가 특혜를 받은 것은 개인의 문제다. 우영우가 특혜를 받은 것 자체를 공격하는 권민우가 정작 우영우에게 특혜를 준 계기인 절차의 하자는 외면하고 있다는 비판은 현실적이지 못하다. 이것은 사회구조적인 문제를 권민우라는 개인에게 지우는 태도다.

PART 2

부당함의 관점으로
다시 읽는 공정 이슈

현세대가 공무원과 중소기업을 원하지 않는 공통의 이유

공무원의 인기가 시들해졌다고 말하는 이유

2018년 《90년생이 온다》를 출간하기에 앞서 브런치에 연재할 당시 제목은 〈9급 공무원 세대〉였다. 2010년대에 20대 시절을 보낸 90년대생 사이에서는 공무원의 인기가 폭발적이었다. 하지만 《90년생이 온다》가 출간된 지 만 5년이 되지 않은 현재, 9급 공무원에 대한 인기가 이전만 못 하다는 말이 나오고 있다.

인사혁신처에 따르면 2022년 9급 국가직 공무원 경쟁률은 29.2 대 1을 기록했다. 9급 국가직 공무원 경쟁률은 2011년에 93 대 1을 기록한 이래 매년 하락세를 이어왔다. 결국 30년 만에 가장 낮은 수치를 기록한 것이다. 9급 국가공무원 시험의 평균 경쟁률이 30 대 1 이하로 내려간 것 또한 1992년 19.3 대 1을 기록한 이후 처음이다. 또한 2022년 7급 국가직 공무원 경쟁률 또한

42.7 대 1로 집계됐다. 이는 1979년에 경쟁률 23.5 대 1을 기록한 이후 43년 만에 최저 수준이다.

그런데 공무원 지원 경쟁률이 떨어진 주요한 이유로 인구 감소를 꼽는다. 채용 인원이 가장 많아 최고의 인기를 구가했던 9급 공채 시험의 경쟁률이 낮아지고 있는 현상에 대해 20, 30대 인구 자체가 줄어들고 있기 때문이라고 분석하는 시각이 지배적이다. 인사혁신처가 공개한 자료에 따르면 20대 이하와 30대 지원자가 전체의 92퍼센트를 차지한다. 2017년부터 2021년까지 20, 30대 인구는 5.6퍼센트 감소했다. 앞으로도 감소 추세는 이어질 것으로 보인다. 국가통계포털에 따르면 6~21세 인구를 뜻하는 학령인구는 2000년 1,138만 명에서 2020년 789만 명으로 줄어들었다. 2030년과 2040년에는 각각 594만 명과 447만 명을 기록할 것으로 예상된다.[16]

하지만 단순히 공무원 경쟁률이 낮아졌다는 통계를 바탕으로 섣불리 '더 이상 젊은 층이 공무원이 되기를 원하지 않는다'라는 결론을 내기는 힘들어 보인다. 경쟁률은 그 자체로 상대적인 지표이기 때문에, 경쟁률이 떨어진 것은 앞서 언급했듯 지원 인구수가 급감한 것이 원인이 될 수도 있고, 선발 인원의 변화가 있었을 수도 있으며, 허수 지원이 감소했기 때문일 수도 있다. 그렇기 때문에 단순 경쟁률을 볼 것이 아니라 공무원 선호 지표를 추가로 확인할 필요가 있다.

2009년부터 2019년까지 청년층이 가장 선호하는 직업 1위는 공무원이었다. 당시 한국은 전체 실업자 중 20대 후반이 차지하는 비중이 경제협력개발기구OECD 국가 중에서 가장 높았다. 통계청 자료에 따르면 2015년 청년층 비경제활동 인구인 취업준비생 중 34.9퍼센트가 일반직 공무원 임용 시험을 준비했다.

그러나 통계청이 발표한 2021년 사회조사 결과에 따르면 지난해 청년층이 가장 선호하는 직장으로 국가기관이 아닌 대기업이 처음으로 뽑혔다.[17] 국가기관은 공기업에도 밀려 3위를 차지했다. 2019년의 조사 때만 해도 선호 직장 1위는 국가기관(22.8퍼센트)이 차지했었고 대기업은 공기업(21.7퍼센트)에 밀려 3위에 자리했다. 2017년 조사 때도 국가기관이 25.4퍼센트로 1위에 자리했었다.[18]

공무원(국가기관)에 대한 선호도가 예전에 비해 낮아진 이유는 무엇보다 보수가 적다는 것이다.

2022년 대통령실에 근무하는 행정요원이 여권 유력 정치인의 사적인 추천 과정으로 임용됐다는 보도가 논란이 되자 해당 정치인은 이에 대해 "높은 자리도 아니고 행정요원 9급으로 들어갔다"라고 해명하면서 "최저임금보다 조금 더, 한 10만원 더 받는다. 내가 미안하더라. 최저임금 받고 서울에서 어떻게 사나, 강릉 촌놈이"라고 덧붙였다. 이에 대해 많은 공시생과 네티즌이 불공정 채용 문제를 넘어서 정말로 9급 공무원의 급여가 최저임금 수준인지를 두고 갑론을박을 벌였다.

대통령령인 공무원 보수 규정에서 정한 2022년 9급 공무원의 초임(1호봉) 월 기본급은 168만 6,500원이다. 2022년 최저임금인 9,160원을 월급으로 환산하면 191만 4,440원이므로 기본급만 놓고 보면 확실히 낮아 보인다.[19] 하지만 많은 사람이 익히 알고 있듯이 공무원은 기본급이 적은 편이지만 각종 수당이 따라붙는다.

9급 공무원이 실제로 받는 임금을 심층 조사한 기획기사를 참고해보자.[20] 2022년 임용된 9급 공무원 1호봉의 경우 기본급과 공통으로 지급되는 네 가지 기본수당(직급보조비, 정액급식비, 명절휴가비, 시간외수당 정액분)을 포함해 평균치로 계산하면 최저임금보다 월 33만 원이 많은 224만 1,750원의 기본급을 받는다고 한다. 또 군필인 3호봉의 경우 최저임금보다 월 42만 원이 많은 233만 8,868원이라고 분석했다. 물론 이는 추가로 지급될 수 있는 기타 수당과 혜택은 포함되지 않은 수치다. 게다가 임용 2년째부터는 매년 일정하게 지급되는 성과상여금 대상이 되기 때문에, 9급 공무원의 연봉은 최소 3,000만 원 이상이 된다고 지적했다.

결론적으로, 9급 공무원의 임금이 최저임금보다 기껏 10만 원 높다는 것은 사실에 부합하지 않는 주장이다. 간혹 인터넷 커뮤니티에 2022년 9급 공무원 실수령액이 160만 원 수준에 불과하다는 인증글이 올라오기도 했지만, 이는 20만 원 수준의 '공무원연금 기여금'이 제외된 수치며 매년 두 차례 기본급의 60퍼센트 수준으로 지급되는 명절휴가비 등이 제외돼 있음을 명확하게 바라볼 필요가 있다.

물론 이것이 "9급 공무원들이 받는 임금이 높다"라는 말로 이어질 수는 없다. 자고로 임금은 절대적인 것이 아니라 상대적인 것이기 때문이다. 2016년부터 2021년까지 지난 5년간 누적 최저임금 인상률이 44.6퍼센트에 이르는 동안 공무원의 월급 인상률은 실질 물가 상승률보다 낮은 수준을 기록했다는 점에서 최저임금과 공무원 월급 간의 격차가 실질적으로 줄어들었다는 사실이 중요하다. 또한 그동안 부동산과 주식 등의 자산 가격이 상승하면서 200만 원 수준의 초임 월급이 상대적으로 낮은 가치로 인식되는 것은 부정할 수 없다.

하지만 그렇다고 하더라도 애초에 공무원 시험을 준비하는 이들이 기본적으로 높은 임금을 받을 수 있다는 기대를 가지고 있는 경우는 많지 않다. 공무원의 핵심 이익이 높은 임금이었던 적은 없다. 공무원을 준비하는 사람이 생각하는 핵심 이익이란 국가가 사라지지 않는 한 월급 떼일 위험이 없고, 정년이 법적으로 보장된다는 것이다. 게다가 2010년 초중반까지만 해도 9급 공무원에 합격했다는 것의 의미는 월급도 얼마 되지 않는 자리를 겨우 얻은 것이 아니라 피나는 노력을 해서 국가공무원에 입직했다는 이미지가 강했기 때문에, 일정 수준 이상의 사회적 신분을 획득한다는 것도 추가적인 이익에 해당했다.

공무원연금 개혁으로 공무원으로 퇴직한 이후에도 예전처럼 제대로 된 노후 생활을 영위할 수 없다는 주장도 있다. 21세기 들어 이뤄진 두 차례 공무원연금 개혁으로 인해 연금지급률이 인하되었고, 수익률 측면에서 공무원연금이 국민연금보다 더 불리하다는 불만이 존재하는 것도 사실이다.[21] 하지만 공무원연금 개혁이 이뤄진 시기는 2016년이기 때문에 공무원을 준비하는 이들이 연금에 대한 유불리를 이제 와서 따진다는 것은 선후가 맞지 않는다.

결국 최근 공무원 세계의 낮은 임금과 과거에 비해 불리해진 연금 수익률은 사전에 충분한 예측이 가능했다는 의미다. 그렇기 때문에 이와 같이 적은 보상은 오랫동안 준비한 공무원을 시험을 포기하거나 어렵게 준비해서 들어온 공무원을 포기해야 하는 핵심 이유가 되지 못한다. 그보다는 공무원 임금 인상과 처우 개선을 요구하는 이유가 된다라고 분석하는 것이 더 합당해 보인다. 2022년 20~30대 젊은 공무원들이 상복을 입은 채 "나의 월급이 떠났다"라고 적힌 영정사진을 들고 시위를 벌이는 이유가 바로 이것이다.

진짜 문제는 공직 생활에서 겪는 부당성

지금의 청년들이 공무원을 선호하지 않는 진짜 이유를 파악하려면 공무원 지원 경쟁률과 같은 입사 기준의 정보보다 현직 공무원의 퇴직률 같은 근무 유지 관련 정보를 파악하는 것이 더 효과적이다.

인사혁신처가 국회에 제출한 〈5년 미만 공무원 퇴직률 통계 (2016~2020년)〉[22]에 따르면, 2020년 퇴직한 5년 미만 공무원 수는 9,258명으로 2017년 5,181명보다 약 1.8배 늘어났다. 비율로 따졌을 때 2017년 퇴직률이 0.46퍼센트였던 반면 2020년의 퇴직률은 0.76퍼센트에 달한다. 하지만 이 퇴직률 통계에는 해임과 파면 같은 비자발적 퇴직률이 함께 속해 있어 이것만으로 젊은 세대의 퇴직 사유를 알기는 힘들다. 단지 2017년 이후 퇴직이 상대적으로 높아졌다는 사실 정도를 확인할 수 있다.

실제 퇴직 사유를 알기 위해서는 한국행정원에서 2012년부터 매년 조사해 국가승인통계 공표용 보고서로 활용하고 있는 〈공직생활실태조사〉를 확인할 필요가 있다. 2022년 발표한 〈2021년 공직생활실태조사〉[23]에 따르면, 공무원이 업무 수행 과정에서 느끼는 흥미, 열정, 성취감을 측정하는 '직무만족인식'에서 재직년수 5년 이하 공무원이 최하위를 기록했다.

그 밖에 조직 몰입도나 공직 만족도를 느끼는지에 대한 인식에서도 가장 낮은 수치를 기록했다. 이직 의향 또한 재직 기간이 짧고, 직급이 낮을수록 높았는데 그 결과 가장 높은 이직 의향을 가진 계층은 재직 기간이 5년 이하로서 8~9급에 해당하는 20대였다. 이는 공교롭게도 실제 퇴직률이 높은 계층과 일치한다는 결과가 나왔다.

젊은 공무원의 퇴직 이유는 각기 다르다. 과중한 업무로 인한 스트레스, 민원인의 시달림, 주변의 괴롭힘, '공직 사회의 관행'이라는 이름으로 남아 있는 비리 혹은 조직 문화에 대한 불만 등이다. 보수를 제외한 부분에서 공통된 문제점을 뽑아보면 결국 '부당함이 서려 있는 공무원 생활'이라는 말로 귀결된다.

2020년 tvN의 〈유퀴즈온더블럭〉에 출연한 한 최연소 7급 공무원이 "(공무원의 장점은) 직장에서 잘리지 않는 점이다. 하지만 상대방도 평생 잘리지 않는다"고 언급해 큰 화제가 된 적이 있다. 이는 결코 특별한 말이 아니다. 그는 단지 공직 사회를 설명하는 대표적인 밈을 전달했을 뿐이다. 자신뿐만 아니라 ×× 같은 상사도 잘리지 않는다는 사실은 현시대의 젊은 공무원에게 공직 사회의 메리트merit보다 디메리트demerit를 더 강조하는 일부일 뿐이다.

젊은 공무원들을 힘들게 하는 것은 단순히 적은 월급이 아니다. 그들을 더 힘들게 하는 것은 하위직들에게 유독 일이 더 몰리는 현실 때문이다. 공무원을 준비하던 시절에 들어왔던 '일과 삶의 균형을 유지할 수 있는 공무원 생활'도 지금의 현실과 동떨어져 있다는 사실을 깨닫게 된다. 열심히 일해서 성과를 내도 돌아오는 것은 파격적인 보상과 승진이 아닌 더 많은 일이다. 이 와중에 (나와 같이) 절대로 잘리지 않는 선배들의 지시는 쉽게 거부하지도 못한다. 게다가 '국가에 헌신하고 국민에게 봉사해야 한다'는 믿음 때문인지, 민원인들의 부당한 요구나 과격한 행동에도 정작 공무원인 나를 지켜줄 수 있는 시스템은 구현돼 있지 않다. 요즘엔 일반 음식점에서도 (조금 과장되긴 했지만) "반말로 주문하시면 반말로 주문받습니다"와 같은, 자신의 종업원을 지키겠다는 문구를 종종 볼 수 있지만, 이는 공무원 사회에서 쉽게 이뤄낼 수 없는 일이다.

결국 남은 선택은 그곳에서 벗어나는 방법밖에 없다. 보통 사기업이라면 회사의 불공정한 문화를 마주하거나 불합리한 지시를 통해 부당함을 느끼면 회사를 옮기거나 회사를 관두는 것을 선택한다. 물론 외국보다 유연하지는 않지만 일반 회사원들은 다른 직장과 비슷한 직무를 찾으면 되므로 언제나 차선책이 있기 마련이다.

반면 공무원 사회는 사기업처럼 직무의 연속성이 연결돼 있지 않다. 사기업이라면 평범하게 이뤄지는 통상적인 탈출 방식을 기본 옵션으로 선택하지 못한다. 그래서 공무원 의원면직으로 자발적으로 조직을 떠나지 못한 이들이 간혹 최악의 결과를 맞이하곤 한다. 세상을 떠나는 자살의 방식을 택하는 것이다.

앞서 언급한 최연소 7급 공무원도 극단적인 선택을 했다. 경찰은 그녀의 자살을 조사한 이후 "현장·통신 수사, 가족·지인·동료 등 주변인 수사 등을 진행했으며 그동안의 수사 사항을 종합해볼 때 타살 정황이나 사인에 의문을 제기할 만한 사항은 확인되지 않았다"고 발표했다. 또한 "사망 원인이나 극단적 선택의 동기 등은 고인과 유족의 명예 및 프라이버시 보호를 위해 밝힐 수 없음을 양해해달라"고 덧붙였다. 하지만 그녀가 살아 있을 당시 업무 배분표가 퍼지면서 많은 사람이 그녀의 자살 이유로 과도한 업무 분담과 직장 내 괴롭힘 등을 제기했다.

진짜 문제는 그녀처럼 세상을 등지는 젊은 공무원이 많다는 것이다. 2021년 순직공무원 통계를 보면 자살이 16.1퍼센트에 달한다. 2022년에는 세종시에서 근무하던 공무원 세 명이 극단적인 선택을 하는 일이 발생했다. 비극적 사건이 연달아 발생한 이유를 조사한 결과, '업무 과중'이 가장 큰 원인이라는 진단이 나왔다. 하지만 당시 이들 중 한 명의 상사였던 세종시의 한 과장 직원은 한 언론 인터뷰에서 "…본인이 관리해요. 시간외근무 일정을, 그렇기 때문에 본인이 힘들면 안 해도 돼요"라고 말했다. 이는 불난 곳에 기름을 부은 격이었다. 해당 발언에 충격을 받은 세종시 젊은 공무원들은 "과장님 감사합니다. 일은 안 할 수 있었군요. 앞으로는 절대 시간외근무는 하지 않겠습니다"라는 반응을 보였다.

지금 이 시대에 복종을 해야 하는 조직

2020년 정부 행정안전부 소속(+관련 TF) 공무원들이 저술한 《90년생 공무원이 왔다》라는 비매품 도서에 대한 추천사 요청이 있어서 남들보다 일찍 읽어볼 기회가 있었다. 물론 추천사는 최대한 문제가 되지 않도록 얌전하게 적긴 했지만, 당시 이 책을 읽으면서 적잖은 충격에 빠졌던 기억이 난다. 왜냐하면 그 안에 담긴 공직 사회에서 벌어지는 부조리한 일들이 오늘날 일반 사기업과 비교하기 힘들 정도로 많았기 때문이다.

그중 하나는 공무원 의전 문화와 관련된 에피소드였다. 젊은 공무원들이 바라보는 현재 공직사회의 의전은 단순히 예를 행하는 절차가 아니라, '윗사람의 심기를 건드리지 않고 상하 관계를 분명하게 드러내는 기준과 절차' 같은 것이었다.

그처럼 생각하는 이유가 무엇일지 책을 살펴봤다. 부처 국장이 이동할 경우에 차량 문을 열어주거나 가방을 들어주는 것은 예사였다. 심지어 식사 후에는 단체로 도열해 인사를 하는 모습도 그려져 있다. 어떤 부처의 팀장은 항상 저녁을 먹으면서 반주를 즐기고, 매번 직속 후임 주무관에게 대리운전을 요구했다고 한다. 물론 직접적으로 요구한 것은 아니지만 "내 차는 아무한테나 못 맡기겠어"라며 은근슬쩍 속내를 내비쳤다고 한다.

요즘 같은 시대에 일반 대기업에서 부하 직원에게 대리운전을 맡기는 일이 일상적으로 일어날 리도 없겠지만, 만약 팀장이 그런 요구를 한다면 바로 징계를 받거나 회사를 그만두게 됐을 것이다. 물론 불과 10여 년 전에 그런 일들이 흔하지 않았냐고 물으면 확답을 할 수 없지만 최근 몇 년 사이에도 그런 일이 발생하는 조직이 있다는 사실을 믿기 어려울 정도다.

《90년생 공무원이 왔다》에서 또 하나 인상적인 대목이 있다. 한 젊은 사무관이 새로운 부서로 발령받은 상황이다. 부서를 담당하는 과장은 새로 온 사무관이 젊은 마인드를 가지고 있을 테니 참신하고 새로운 아이디어를 많이 내고 문제점을 확실하게 지적하라고 독려한다. 하지만 실제로 새로운 아이디어를 가져가면 "당신이 책임질 수 있나?"는 말로 반려하기 일쑤고, 작은 문제점이라도 발견해 보고하면 "시키면 시키는 대로 하지 무슨 토를 달아?"라며 면박 주는 일이 계속된다. 이렇게 억울한 일들이 계속 반복되지만, 해당 사무관은 이를 받아들일 수밖에 없다고 생각한다. 그것은 바로 공무원 사회에 법령으로 남아 있는 복종의 의무 때문이었다.

복종服從의 사전적 의미는 '남의 명령이나 의사를 그대로 따라서 좋음'이다. 앞서 소개한 사무관의 말처럼 실제로 국가공무원법 제57조와 지방공무원법 제49조는 동일하게 '공무원은 직무를 수행할 때 소속 상관의 직무상 명령에 복종하여야 한다'라는 복종의 의무 규정을 담고 있다.[24] 공무원 법령에 이러한 복종의 의무가 담겨 있는 것은 국가를 경영하고 구성원들을 효율적으로 통제하기 위해 관련 지시와 명령을 관장하는 법령이 필요하기 때문일 것이다.

하지만 현시대를 사는 사람들의 입장에서 봤을 때, 지시와 명령이 아닌 복종이라는 단어 자체가 근시대적으로 보이는 것은 당연하다. 또한 이러한 복종의 의무가 민주공화국인 대한민국이라는 나라의 민주적 통치에 적합한지에 대해서도 의문이다.

복종이라는 단어 자체에 이미 '무조건적 따름'이라는 의미의 '그대로 따라서 좋음'이라는 내용이 내재해 있으니 여기에 '문제가 있으면 이견을 제시할 수 있다'라는 식의 '조건을 따지는 복종'이 존재할 자리는 애초에 있을 수 없다. 그렇기 때문에, 법령의 해석에 따라서는 앞선 사례에서 "시키면 시키는 것만 해. 왜 토를 달고 그래?"라며 민주적인 토론을 원천봉쇄한 과장의 태도가 관련 법을 잘 지키는 공무원 자세라고 주장할 수 있을 것이다. 그렇다면 법치국가답게 해당 법령을 적용해 공무원 사회를 해석할 수도 있지 않을까? "대한민국은 민주공화국이 맞지만, 우리 공무원 사회는 민주주의를 이야기할 수 없다"고 말이다.

이와 같은 가상의 주장이 현실성이 없는 것도 아니다. 실제로 관련 법을 지키는 것이 공무원의 숙명이라고 생각하는 공무원들이 적지 않기 때문이다. 실제로 2022년 국회 운영위원회 전체 회의에 나온 한 정무직 공무원은 "공무원들은 위에서 시키는 대로 할 수밖에 없습니다. 그게 공무원들의 숙명입니다"라고 발언하기도 했다.[25]

그렇다면 공무원들이 '숙명'과 같이 받들고 있는 복종의 의무는 어디서 연유한 것일까?《행정판례연구》제24집 제1호에 수록된 중앙대 로스쿨 김중권 교수의 연구에 따르면, 우리나라 공무원과 군인의 복종 의무의 원형은 1882년에 만들어진 일본의〈군인칙유軍人勅諭〉와 1887년에 만들어진 일본의〈관리복무기율官吏服務紀律〉이라고 할 수 있다.[26]

1882년(메이지 15년)에 일왕(천황) 자신이 군인의 대원수大元帥임을 전제로 하는 다섯 개 항의 행동강령을 과거 우리 육군 복무신조의 원형인 군인칙유의 이름으로 정했다. 그 내용 중 하나가 "군인은 예의가 발라야 한다"는 것이다. 구체적으로 "하급자가 상관으로부터 명령을 받는 것은, 바로 짐(천황)으로부터 명령을 받은 것임을 명심해야 한다"고 규정하고 있다. 일본 군국주의는 일왕을 정점으로 그 뜻을 전하는 관리, 그리고 복종의 대상인 신민臣民으로 구성된 일종의 가부장적 국가 체제다. 즉, 상관의 명령에 대한 불복종은 바로 일왕에 대한 불복종이다. 조건을 달 수 없는 무조건적 절대 복종만을 강요한다. 또한 1887년(메이지 20년)에 만들어진 〈관리복무기율〉 제2조는 "관리는 장관의 명령을 준수하여야 하고, 단 그 명령에 대해 의견을 말할 수 있다"라고 규정하고 있다.

따라서 복종이라는 개념은 일본제국주의 이하 식민통치 시대에 시작된 것이라는 결론에 이른다. 애초에 복종이라는 단어는 법치국가에 어울리는 것이 아니다. 오늘날의 민주적 법치국가에서 과연 무조건적 복종을 공무원에게 요구할 수 있는지에 대해서 의문을 가져야 한다. 복종이라는 단어 자체가 봉건적일 뿐만 아니라 민주적 법치국가와 성격과 배치되기 때문이다.

다시 말해 공무원의 복종 의무는 당연하고 자연스러운 게 아니다. 일제시대의 잔재이자 법치주의 국가의 법령에 어울리지 않는 봉건적 표현일 뿐이다. 이러한 표현은 그대로 둔 채 '창의적이고 젊은 아이디어를 가진 인재가 입사할 것'이라고 기대하는 것은 오만이지 않겠는가.

만약 일반 사기업에서 복종의 의무를 근로계약서에 적용해 기입한다면 어떻게 될까. 실제로 기업 평판 조회 사이트인 잡플래닛에 올라온 한 기업의 리뷰 중에 "시대가 어느 시대인데 근로계약서에 '상관에게 복종한다'라는 문구를 쓰는지?"라는 내용이 올라온 적이 있다. 해당 기업의 대표가 국가기관 출신인지는 정확히 알려지지 않았다. 하지만 우리나라 국가공무원법에 있는 복종의 의무 항목을 참조해 신속하고 효율적인 상명하복에 따른 지시이행이 조직에서 이뤄지기를 바란 듯싶다.

물론 근로계약서에 '상관에게 복종한다'와 같은 문구가 있어도 그 자체로 문제 되지는 않을 것이다. 한 변호사는 "복종이라는 용어 때문에 거부감이 들기는 하지만, 이 문구의 존재 자체를 문제 삼기는 어려워 보인다"고 판단하기도 했다.[27] 사용자 입장에서는 고용한 직원에게 업무 지시를 내릴 수 있고, 고용된 근로자는 이를 따를 의무가 있으니 말이다.

하지만 그와 같은 의무를 내세우는 조직에서 일하는 사람이나 해당 리뷰를 보고 기업에 지원하는 사람들이 과연 그 회사의 조직문화를 어떻게 생각하고 있을까? 과연 복종을 근로계약서에 써야만 하는 조직에 자신의 미래를 맡기고 싶은 누군가가 있을까?

전작 《90년생이 온다》에서 나는 90년대생들이 노량진으로 향하는 이유를 유일하게 남은 공정함 때문이라고 설명했다. 공무원 시험 공채 방식에 의한 선발의 공정성은 여전히 유효하다. 하지만 공정한 선발을 거쳐 들어간 회사에서 직장인들은 부당함을 외치고 퇴직을 한다. 공정 때문에 들어갔다가 공정 때문에 나오는 역설적인 상황이 펼쳐지고 있는 것이다.

문제는 또 있다. 퇴사 이유를 묻는 보통의 질문에 공무원들은 현실의 부당성을 솔직하게 이야기하지 않는다는 것이다. 그들은 퇴사의 이유를 단지 '임금이 적어서'라고 밝힌다. 물론 거짓말이 아니다. 하지만 그 뒤에 숨은 말을 읽어내야 한다. '할많하않'. 여전히 우리는 적은 임금만을 주목한다.

〈좋좋소〉가 드라마가 아니라 다큐멘터리라고 불리는 이유

우리나라의 기업 현황을 이야기할 때 '9983'이라는 표현을 자주 사용하곤 한다. 우리나라의 전체 기업 중 99퍼센트가 중소기업이고, 전체 기업체 종사자 중 중소기업에 다니는 사람의 비중은 전체의 83퍼센트라는 뜻이다. 실제로 중소벤처기업부가 2018년 말 기준으로 발표한 국가 공식 통계에 따르면, 우리나라 경제에서 중소기업이 차지하는 비중을 의미하는 '9983'이 그대로 확인되기도 했다.

중소기업이 오늘날 우리나라 산업의 중추를 맡고 있는 건 사실이지만, 개별 중소기업들이 가지고 있는 위상은 그에 크게 못 미친다. 중소기업에 새로운 힘을 불어넣어야 할 젊은 구직자들이 중소기업 취업을 외면하고 있기 때문이다. 물론 청년들의 중소기업 기피 현상은 어제오늘 일이 아니다. 문제는 그 현상이 갈수록 더욱 심화되고 있다는 것이다.

한국산업기술진흥원KIAT이 매년 발표하는 '2021년 산업기술인력 수급실태조사'에 따르면, 사업체 규모별 부족률이 500인 이상 대규모 사업체는 0.4퍼센트(1,931명)로 낮은 수치를 기록했다. 반면 300~499인 수준 중견 규모 사업체의 부족률은 0.8퍼센트(867명)로 두 배 높았고 300인 미만 중소규모 사업체의 부족률은 3.0퍼센트(3만 3,651명)에 달했다.

특히 중소규모 사업체 중에서 규모가 작으면 작을수록 인력이 부족한 것으로 나타났다. 100~299인 규모의 중소 사업체에서는 1.6퍼센트의 부족률을 보인 반면, 10~29인 규모의 소규모 사업체에서는 무려 4.1퍼센트의 부족률을 나타냈다.

우리는 젊은 구직자들이 중소기업을 선호하지 않는 이유를 이미 예전부터 알고 있었다. 가장 대표적인 이유로는 대기업 대비 낮은 임금 수준을 지목한다. 문재인 정권에서 청와대 정책실장을 맡으며 소득주도성장(일명 소주성)을 주도했던 장하성 교수는 2015년 고려대 재직 시절에 쓴《왜 분노해야 하는가》에서 대기업과 중소기업의 격차를 설명하며 대기업 인력과 중소기업 인력 간의 임금 격차가 현재 청년들이 중소기업에 가지 않는 가장 큰 이유라고 단정해 주장했다.

그가 제시한 고용노동부 통계에 따르면 1980년대 대기업 임금 비율을 100퍼센트로 설정했을 때 제조업 중소기업은 대기업 대비 91.0퍼센트 수준, 전산업은 96.7퍼센트 수준으로 그리 큰 차이가 없다. 1990년대로 접어들어 중소기업 임금이 대기업 대비 75~80퍼센트 수준으로 떨어지면서 그 격차는 극악으로 벌어지기 시작한다. 2015년에는 제조업 중소기업의 경우 대기업 대비 54.1퍼센트 수준, 전산업 중소기업의 경우 60.6퍼센트 수준으로 거의 반 토막이 났다.

장하성이 지목한 대로, 1997년 외환위기 이후 국민총소득 중 가계소득 비중은 줄어들고 기업소득 비중이 늘어났다는 사실에 대해서는 어느 누구도 부인할 수 없다. 또 대기업 내에서의 임금 격차, 대기업 간의 임금 격차, 대기업과 중소기업 간의 임금 격차가 커졌다는 사실에 대해서도 이의를 제기할 사람은 없을 것이다. 정규직과 비정규직 간 임금 격차도 한국 사회의 심각한 문제로 부각되고 있다.

하지만 그것이 지금 사회의 젊은 구직자들이 중소기업에 가지 않는 가장 중대하고도 유일무이한 이유라고 판단할 수 있는 근거가 될 수 있을까?

일례로 고용노동통계조사에 따르면 300인 이상 기업 정규직 근로자 대비 300인 미만 기업 정규직 근로자의 시간당 임금 수준은 2015년 49.7퍼센트에서 2019년 57퍼센트까지 상승했다. 또한 2018년부터는 중소기업 정규직 근로자로 취업한 청년들의 자산 형성을 지원하기 위한 청년내일채움공제라는 청년취업지원사업이 시행됐다. 이 사업의 취지는 미취업 청년을 위해 중소기업 정규직 일자리 취업을 촉진하고 장기근속을 유도하는 것이다.

과연 정부의 청년취업지원 정책은 중소기업과 대기업의 격차를 줄이고 청년들의 중소기업 선호도를 유의미하게 증가시켰을까? 취업전문기업 인크루트에서는 대학생들이 가장 가고 싶어 하는 기업 TOP10, 취업하고 싶은 기업 규모 등을 조사해 '대학생이 뽑은 일하고 싶은 기업'을 2004년부터 매년 발표하고 있다. 2020년 조사 결과에 따르면 2014년까지만 하더라도 17.1퍼센트에 달하던 중소기업 선호도가 3.9퍼센트 수준으로 하락했다. 인크루트 서미영 대표는 "올해 조사의 가장 큰 특징은 중소기업 입사 선호도가 크게 떨어진 점, 반대로 대기업과 공공기관의 인기는 작년보다 늘어난 점일 것"이라며 "코로나 여파로 인해 고용 안정성과 미래 성장 개발성이 대두되며 대기업과 공공기관 채용에 기대감이 오른 것으로 보인다"고 분석했다.[28]

과거와 비교하면 중소기업과 대기업의 임금 격차는 줄어들었다. 정부도 국가 세금 제원을 특별 투입해 중소기업에 대한 지원을 아끼지 않는 상황이다. 그럼에도 불구하고 중소기업에 대한 선호도는 왜 점차 낮아지고 있는 걸까?

중소기업 기피 현상은 단순히 돈과 규모만의 문제는 아니었다. 시간을 돌이켜 2003년에 전파를 탄 박카스 광고를 잠시 떠올려 보자. 한 청년이 아침부터 어디론가 가며 동네 사람들에게 "저 오늘 첫 출근 합니다"라고 호기롭게 외친다. 청년의 말을 들은 동네 구멍가게 사장은 "오~ 그래? 어떤 회사야?"라고 묻는다. 청년이 머리를 긁적이며 "그냥 조그만 회사예요"라고 답하자 사장은 "크기가 뭔 상관이야! 가서 크게 키워"라고 조언한다. 청년은 거수경례를 날리며, 희망찬 첫 출근을 맞이한다.

20여 년 후 현재 중소기업에는 별칭이 하나 생겼다. 바로 '좆소'다. '뭣도 아니다'라는 의미의 속어인 '좆'과 중소기업의 '소'를 합성해 만든 굴욕적인 멸칭은 현재 젊은 세대 사이에서 중소기업을 부르는 대표적인 애칭이 됐다. 애칭을 넘어 아예 고유명사가 돼버린 듯하다. 심지어 2021년에는 이와 같은 표현을 차용한 〈좆좆소)라는 제목의 웹드라마까지 등장했다.

〈좋좋소〉를 본 사람들은 왜 사람들이 중소기업에 가지 않는지를 알려면 책상에 앉아 공부를 시작하기 전에 반드시 드라마를 보라고 말한다. 〈좋좋소〉는 '좋소 좋소 좋소기업'의 줄임말이다. 중소기업의 멸칭이자 애칭인 '좆소'가 욕설에 가깝기 때문에 그대로 차용하지 않았을 뿐, 지금 시대의 젊은이라면 의미를 그대로 알 수 있다.

〈좋좋소〉는 직원 다섯 명의 소규모 무역회사 '정승 네트워크'에 29세 백수 조충범이 입사하면서 벌어지는 이야기를 다룬다. 하지만 드라마의 내용은 소소하고 가족적인 감동 스토리가 아니다. 중소기업에서 일하면서 당할 수 있는 '부당한 일'에 방점을 찍는다. 대부분 이미 중소기업을 다녔거나 다니고 있는 사람들이 한 번쯤 당했을 부당한 일들이다. 〈좋좋소〉와 관련된 댓글에 "드라마를 보다 PTSD(외상 후 스트레스 장애)가 올 것 같다"와 같은 반응이 넘쳐나는 이유도 바로 그 때문이다.

〈좋좋소〉가 그리는 중소기업의 부당성은 가장 기본적인 부분에서부터 발생한다. 대한민국 근로기준법에 따르면 근로자가 근무를 시작하기 전 사업장과 근로자가 근로계약을 맺는 것은 기본이자 표준으로 정해져 있다. 아르바이트로 잠시 일할 때도 근로계약서 작성이 '국룰'이 된 지 오래다. 하지만 정승 네트워크에서는 근무를 시작한 지 한참 지나도 아무도 계약서를 언급하지 않는다. 결국 며칠 후에 근로자가 근로계약서를 쓰지 않느냐고 묻는다. 사장은 대뜸 "아이, 그런 건 믿음으로 가는 거야"라고 답한다. 법 없이 서로 믿고 간다는 20세기의 사고방식이 여전히 작용하고 있는 것이다. 연봉도 문제다. 채용공고를 통해 분명 연봉 2,500만 원을 제시했지만, 초기 3개월간은 인턴이라는 새로운 조건을 들먹이며 연봉을 200만 원 깎는다.

하지만 〈좋좋소〉가 인기를 끄는 이유는 부당성의 고발보다도 디테일함 때문이다. 신입 직원에게 비품을 제대로 제공하지 않아 개인 노트북으로 회사 업무를 봐야 하는 것은 기본이고, 회사가 비용을 이유로 MS오피스 정품을 사용하지 않아 모니터에는 정품 인증을 요청하는 메시지가 떠 있다. 게다가 업무 이외에 청소도 해야 한다. 이러한 상황에서 대기업에서나 제공할 법한 복지를 묻는 것은 반동 같은 행위일 뿐이다.

〈좋좋소〉를 기획한 여행 유튜버 '빠니보틀'은 한 인터뷰에서 "드라마 〈미생〉에서는 대기업의 일상을 다루는데, 생각해보면 우리 사회에 〈미생〉에서처럼 대기업을 다니는 사람은 그리 많지 않다. 현실에서는 대부분 중소기업을 다니는데, 그러한 중소기업 이야기는 없었다"라며 드라마 제작의 이유를 밝혔다. 그래서인지 많은 사람이 〈좋좋소〉를 보고서 '드라마 〈미생〉이 드라마라면, 이 드라마는 다큐'라는 댓글에 공감한다. 그리고 〈미생〉의 주인공 장그래는 판타지 속 인물에 불과하지만, 현실 속 직원은 바로 〈좋좋소〉의 조충범을 포함한 동료들일 것이라고 말한다.

드라마 〈좋좋소〉는 고용주가 가하는 부당성뿐만 아니라 중소기업 근로자가 겪는 후진적 인적 환경을 여실히 보여준다. 가령 중소기업 사장의 부당한 지시에 단 한마디도 항의하지 못하면서 술자리에서 "중소기업이란 것이 원래 이런 거야"라는 말만 되뇌는 중간 관리자, 사내에서 가장 높은 자리를 차지하고 있는 무능력한 사장의 가족, 작은 조직 안에서 에이스로 인정받고 있지만 객관적으로는 무능력자이면서 능력 개발 의지조차 없는 사수 등의 모습을 그리고 있다. 게다가 자신조차도 그들보다 더 낫다고 말할 수 없지만 그곳에서 함께 일할수록 더 나아질 가능성이 없다고 느낄 수밖에 없는 현실이 많은 이들의 공감을 불러일으킨다.

최근 5년간 유일하게 변하고 있는 기업군과의 격차

앞서 지금 시대의 청년들이 공무원과 중소기업을 선호하지 않게 된 이유를 살펴봤다. 공무원과 중소기업 근로자를 떠올리면 직관적으로 돈과 비선호도를 연결시키게 되지만 단순히 재정적인 문제가 전부는 아니라는 것과 그보다 더 중요한 부당함이 숨겨져 있다는 점을 이야기했다.

'애초에 구직자들이 대기업을 선호하는 것은 당연한 것이 아닌가? 당연한 말을 왜 이렇게 길게 늘어놨나?'라고 생각하는 독자들도 있을 것이다. '구직자들이 항상 대기업을 가장 선호해왔다'는 생각은 아마 우리가 가진 보편적인 믿음 중 하나일지 모른다. 하지만 2010년대 초중반에는 이와 같은 믿음에 약간은 반기를 드는 기류가 존재했다.

2014년 당시 인크루트가 대학생과 취준생 회원을 대상으로 '일하고 싶은 기업의 규모'를 묻는 설문조사에서 대기업보다 중견기업 입사를 더 선호한다는 결과가 나왔다. 중견기업을 가장 선호하는 비율은 49.4퍼센트였으며, 중소기업을 선호한다고 나온 비율도 17.1퍼센트에 달했다. 전체 응답 10명 중에서 7명은 대기업이 아닌 중견/중소/스타트업 기업을 희망한다고 답한 것이다.[29]

해당 설문에서 대기업을 선호하지 않는 이유로는 '군대 문화일 것 같아서(22.3퍼센트)'가 가장 높은 순위로 뽑혔으며, 그와 비등하게 '야근이 많을 것 같아서(21.9퍼센트)', '내 의견을 표현하기 어려울 것 같아서(21.0퍼센트)' 등이 뽑혔다.

2010년대 중반까지 대기업에 대한 인식을 살펴보면 몇 가지로 요약된다. 불안정한 고용 안정성, 워라밸이 붕괴된 조직, 낮은 수준의 조직 문화가 대표적이다. 대기업은 중소기업보다 돈을 많이 받을 수 있지만 오래 다닐 수 없다는 인식이 강한 편이었다. 또 조직 내 경쟁이 격심해 새벽까지 야근을 밥 먹듯이 하느라 몸까지 망가질 수 있다는 불만도 상당했다. 게다가 수직적인 조직 문화를 가지고 있어 자신이 원하는 일을 하는 것이 아니라 위에서 시키는 일을 그대로 받아서 해야 한다는 인식이 강했다.

이러한 불만족 요인들은 어느 것이 우위에 있다기보다 복합적으로 작용했다. 그리고 무엇보다 대기업에 근무하면서 마주하게 되는 가장 원초적인 공포는 '삼팔선'(38세 퇴직), '사오정'(45세 정년), '오륙도'(56세까지 일하면 도둑)라는 신조어로 대변되던 '이른 퇴직'에 대한 불안감에 기인했던 것이다.

2010년도 중반까지 90년대생을 비롯한 수많은 청년세대가 공무원을 준비했던 이유는 공무원이라는 직업 자체가 훌륭해서가 아니다. 대기업으로 대표되는 높은 급여의 사기업들이 결국 오래 다니지 못할 빛 좋은 개살구 취급을 받았기 때문이다.

더욱이 대기업 근로자의 조기 퇴직 가능성은 아직도 별반 나아지지 않았다. 2021년에도 많은 청년세대가 공공기관, 공기업에 지원한 이유를 살펴보면 낮은 인력 감축 위험, 즉 고용안전성(52.2퍼센트)이 가장 높은 비중을 차지한다.[30] 다만 고용안전성을 예전 수준의 절대적 공포 요인으로 인식하는 것은 아닌 듯하다. 그보다는 비선호의 요인 정도로 그 체감도가 다소 떨어졌다.

하지만 예전과 비슷한 수준으로 유지되는 고용안전성 문제를 제외한 나머지 요인인 워라밸과 조직 문화 문제와 관련해서는 지난 5년 사이 큰 변화가 있었다. 사실 워라밸과 조직문화 이슈는 대기업만의 문제가 아니었다. 이 문제는 우리나라 모든 직장이 안고 있었던 고질적 숙제였기에 많은 직장인들이 개선을 염원했던 문제다.

여기에 큰 변화의 물결을 일으킨 것은 2018년 시행된 주 52시간 근로제였다. 주 52시간 근로제의 시행은 단순히 직장인의 근무시간 단축을 넘어, 처음으로 직장인들에게 자신들의 근로시간이 무한하지 않다는 사실을 알려준 계기가 됐다. 그런데 이 제도가 단계적으로 시행되다 보니 500인 이상의 근로자가 근무하는 대기업 군에서 가장 먼저 변화의 바람을 경험하게 된다. 비록 조직에서는 원하지 않더라도 근로시간을 강제적으로 단축하면서 구성원들의 워라밸을 구현할 수 있게 됐다. 이로 인해 대기업에 다녀도 워라밸을 추구할 수 있다는 인식이 널리 퍼졌다.

강제성을 띤 제도가 불러온 변화는 기대 이상이었다. 최근 IT스타트업 기업과 대기업에서는 임금과 복지를 무한정 늘릴 수 없는 상황에서 워라밸 중심의 근무 형태 혁신을 시도하며 다른 기업들과의 경쟁에서 우위를 차지하기 위해 노력했다. 이는 곧 유능한 인재를 끌어들이기 위한 트리거로도 작용했다.

게다가 코로나19 팬데믹이 조직의 변화를 더욱 앞당겼다. 일부 대기업에서는 재택근무, 원격근무, 거점근무, 심지어 휴양지에게 최신식 설비를 통해 근무하고 퇴근 후에 레저까지 즐길 수 있는 워케이션(workation: 일을 의미하는 work와 방학을 의미하는 vacation의 합성어) 등의 근무 형태를 집중 도입하기 시작했다. 반면 시스템과 인력의 한계 등으로 재택근무가 불가능한 중소기업이나 조직 내 일사불란한 소통과 대민업무를 이유로 재택근무를 고려조차 해보지 못한 국가기관들은 근무 환경 면에서 대기업과 확연한 차이를 보였다.

재택근무를 포함한 최신식 원격근무 제도는 대기업 근로자에게는 하나의 뉴노멀로 정착했지만 중소기업이나 국가기관 근로자에게는 그림의 떡이나 마찬가지였다. 더구나 구직자나 경력자들은 코로나19가 종식되더라도 이 같은 근무의 격차가 줄어들기는커녕 더 심화될 것이라고 전망하고 있다.

　다음으로 조직 문화 면에서 변화의 격차는 조금 더 극적으로 벌어진다. 지난 5년간 기업형 익명 서비스인 블라인드 앱을 통해 알려진 조직의 문제점들을 따져보면 대부분 누구나 알 법한 대기업에서 벌어진 일이라는 사실에 주목해야 한다. 중소기업이라고 해서 보상 및 조직 문화와 관련된 문제가 적게 나타났다는 것도 아니다. 단지 사내 문제로 끝나는지 외부에서 주목하는 공통의 문제로 터져나왔는지의 차이일 뿐이다.

　대기업과 중소기업에서 비슷한 사건이 발생해도 블라인드 전체에 퍼지고 언론에 보도되는 쪽은 대기업 관련 문제뿐이다. 미디어에서는 사회적 여파를 기준으로 문제를 선별하기 때문이다. 가령 연예인 학폭 관련 사건도 유명 아이돌 혹은 배우가 당사자여야 뉴스로서 관심을 일으킨다. 이름을 들어봐도 도대체 누구인지 알수 없는 무명 배우 혹은 신인 가수는 이슈가 생겨도 조용히 묻히는 경우가 많다.

　따라서 기업 입장에서는 직간접적으로 자신들과 관련된 문제가 늘어나고 회사를 넘어 사회적 문제로 불거지는 사태를 대비할수밖에 없다. 예전 같으면 쉬쉬하고 넘어갈 만한 문제나 사내에서 공론화되지 않을 수 있었던 문제들이 언제 어디서 터질지 모르기 때문이다. 특히 기업의 오너나 최고경영자들은 자신의 기업이 사회적으로 부정적 문제에 휘말리기를 원하지 않을 것이다. 따라서 애초에 사내에서 불미스러운 일을 미연에 방지할 수 있도록 지시를 내릴 것이다. 이를 통해 조직은 전체 조직 문화를 제도적으로 개선할 수 있다.

또 그들은 사내 젊은 직원들의 불만사항에 대해 현실적인 대안을 고민하는 동시에 외부의 소통 전문가 혹은 제도 전문가들에게 자문을 구함으로써 (어찌 보면 최초로) 자신들의 조직 문화에 대한 근본적인 변화를 모색하거나 최소한 부정적 문제로 사회의 지탄을 받지 않는 수준으로 개선하기도 한다. 많은 대기업이 이러한 일련의 과정을 유연한 출퇴근, 연차의 자율적 사용, 육아휴직의 담보 공정성 등 다양한 문제와 관련한 개선책을 내놓는 기회로 활용했다.

중소기업은 사정이 조금 다르다. 대기업에서 일어난 것과 같은 일이 발생해도 사회적으로 큰 타격을 받지 않기 때문이다. 외부적으로 알려질 확률도 적어서 여전히 내부적 차원에서 처리가 가능하므로 굳이 문제를 수면 위에 올려 해결할 이유를 찾지 않는다. 그래서 결국 "요즘 것들은~"하는 정도로 마무리되는 것이다. 하지만 이런 상황을 단순히 중소기업 경영자의 게으름으로 치부할 수 없는 일이다. 사내에서 일어난 문제에 대해 그들이 스스로 나서서 진지하게 고민할 만한 여유가 없는 것이 현실이다. 그들은 하루하루 생사가 달려 있는 현장에서 허우적거리다 보니 조직 문화의 변화를 바라는 젊은 직원의 요청을 합리적으로 받아내기에 여러모로 어려운 시스템에 놓여 있을 뿐이다.

2019년 7월 16일에 시행된 직장 내 괴롭힘 금지법(근로기준법

제76의 2~3)의 경우도 한번 생각해보자. 해당 법이 널리 알려지고 관련된 신고가 활발해지면서 대기업 중심의 현장에서는 실질적으로 직장 내 괴롭힘이 줄어드는 선순환 효과가 나타나기 시작했다.

단, 전체 노동자 중 5인 미만의 사업장과 플랫폼, 특수고용, 프리랜서 등에 속한 노동자는 법의 보호를 받지 않는다. 법의 적용 범위에서 5인 미만 사업장을 제외한 것은 영세법인나 자영업자들이 겪는 경영의 어려움을 반영한 결과다. 하지만 아이러니하게도 소규모 사업장에 대한 배려가 오히려 노동자를 위한 최소한의 보호 장치도 없는 조직이라는 인식을 심어주기도 한다. 따라서 노동자들 입장에서 5인 미만 사업장에 입사하지 않겠다는 결정을 내리는 것은 당연한 결과다.

조직 안에서의 새로운 외침
'그것은 부당합니다'

최근 10년 사이 공정과 관련한 문제들이 가장 피부로 와닿게 느끼는 부분은 바로 회사라고 불리는 '기업형 조직 사회'였다.

사실 이전까지 기업에서는 '공평하고 올바름'이라는 뜻을 가진 공정公正보다 '일이 진척되는 과정이나 정도'를 뜻하는 공정工程이 더 익숙한 개념이었다. 하지만 회사 내부의 업무 처리와 관련 일들이 점차 공정公正이라는 가치와 함께 결부돼 문제로 등장하기 시작하면서, 조직 안의 공정은 더 많은 관심의 대상이 됐다.

회사에서의 공정을 이야기할 때, 대표적으로 등장하는 것이 '보상'과 관련한 문제다. 가장 대표적인 예시가 바로 2021년 1월에 등장한 SK하이닉스 성과급 사태다. 워낙 널리 알려진 문제이지만 간단하게 사건 내용을 축약해보면 다음과 같다.

2021년 1월 SK하이닉스는 매년 초 진행하는 성과급 지급을 발표했다. 연봉 20퍼센트 수준의 성과급 지급에 직원들이 집단으로 반발했고, 급기야 한 4년 차 직원이 대표이사를 포함해 2만 9,000명에 이르는 전 임직원에게 이메일을 보내 공개적으로 성과급 지급 규모와 불투명한 보상 기준에 대해 불만을 토로했다. 결국 그룹 오너와 대표이사가 이에 대한 해명과 개선 대책을 내놓은 후에야 사태가 일단락됐다.

SK하이닉스에서 성과급 문제가 터져나온 이후, 이에 대한 통상적인 평가가 두 가지로 이뤄졌다. 첫 번째, 보상에 대한 불만을 대표를 포함한 전 사원에게 보낸 MZ세대의 간 큰 당돌함으로 치부됐다. 두 번째, 보통 기업에서는 받아보지도 못할 연봉의 20퍼센트에 해당하는 성과급에도 불구하고 오히려 보상 기준을 알려달라는 태도를 보인 배부른 젊은 세대의 치기 정도로 여겼다.

전통적인 회사의 문법에 익숙한 조직원들에게는 두 가지 관점에서 모두 충격적이었을 것이다. 먼저 4년 차 정도 짬밥(?)을 먹은 직원이 회사에서 가장 높은 지위에 있는 대표에게 메일을 보냈다는 사실 자체를 믿을 수 없다고 말하는 기성세대가 많았다. 이전까지는 일개 사원이 전사에 메일을 보낸다는 것 자체가 일종의 금기시되는 일이었다. 자신의 목숨을 걸지 않고서는 절대로 할 수 없는 일이기에 당황스러움은 더 컸을 것이다. 다음으로 본급이 아니라 회사에서 특별히 지급하는 일종의 '꽁돈'으로 여겨지는 '보너스'라는 이름의 성과급에 문제를 제기하는 것 자체가 얼토당토

않다고 인식했을 것이다.

성과급 사태에 대한 기업의 대응을 기존의 회사 경영 상황과 현재의 회사 경영 상황으로 나눠 생각해보자. 먼저 10년 전이라면 한 사원이 성과급 보상 문제를 거론하며 당돌하게 전사에 이메일을 뿌린 행동은 애초에 '사태' 혹은 '논란'으로 번지지 못하고 사라졌을 것이다. 회사가 취할 수 있는 가장 손쉬운 대응은 IT 관리부서를 통해 이메일 계정을 회수하고, 해당 직원의 관리자를 호출해 사건을 무마시키는 것이다.

대부분 이처럼 손쉬운 처리 방법을 동원했을 것이다. 실제로 많은 기업에서 성과급 사태와 같이 불미스러운 내용을 이메일로 발송하지 못하도록 개인이 전사를 대상으로 이메일을 보내는 기능을 제한해뒀다. 이처럼 특정 문제를 전사로 이슈화하는 것 자체가 시스템적으로 불가하기도 했다. 이는 곧 회사의 내부 문제 등이 공정성이라는 날개를 달고 퍼져나가는 일 자체를 원천적으로 차단한다는 것을 의미한다. 하지만 조직 안에서 문제가 발생했을 때 그 상황이 외부로 새어나가지 못하도록 구멍을 틀어막는 방식은 더 이상 유효한 문제 해결법이 되지 못한다. 그 이유는 현 젊은 세대의 마인드가 바뀌어서가 아니라, 회사를 둘러싼 시스템이 큰 변화를 맞이했기 때문이다.

하지만 현재의 상황에서는 꼭 사내 인트라넷을 통하지 않더라도 사내 문제를 전사를 넘어 사회적 문제로 만들 수 있는 다양한 방법들이 존재한다. 소위 직장인의 대나무숲이라 불리는 블라인드 앱 같은 직장인 익명 커뮤니티에 문제를 제기하거나 잡플래닛처럼 해당 기업의 직원들이 기업 리뷰를 할 수 있는 기업 정보 서비스들이 넘쳐난다.

2021년 SK하이닉스 성과급 사태를 비롯해 기업의 보상과 관련한 공정성 문제의 이슈화가 가능했던 배경에는 이처럼 회사 내부 일을 둘러싼 외부 환경의 변화가 있었다. 일례로 SK하이닉스의 성과급 사태가 외부에 알려지고 언론의 취재를 통해 공론화가 가능했던 것도 단순히 인트라넷 메일 사건으로 그칠 수 있는 사건들을 외부로 알릴 수 있는 시스템이 구축돼 있었기 때문이다.

물론 기업 입장에서는 블라인드와 같은 기업형 익명 서비스 등의 등장에 대응하고자 특정 글이나 특정 사용자를 신고함으로써 방어할 수 있다고 생각할 것이다. 하지만 실제로 문제가 된 글이 일정 시간이 지나 삭제되더라도 그 글은 실시간 캡처 형태로 박제가 돼버린다. 따라서 기업형 익명 서비스에 올라오는 기업 내부 문제를 원천적으로 막아버리기는 불가능에 가깝다.

이처럼 효과적인 대응이 불가능한 상태에 이르자 기업들은 기업 내부 문제 제기를 원천적으로 차단하는 방식의 대응은 무의미하다고 판단하게 된다. 물론 일부 기업에서는 블라인드 신규 가입이 불가하도록 메일 계정을 차단한다. 또 직원들에게 사용 자제를 공지하고 앱 사용 여부를 확인하는 등의 감시 작전을 펼치기도 한다.[31] 하지만 블라인드 앱을 원천적으로 차단하지는 못하고 있다.

기업들은 기업 내부 문제 제기를 원천적으로 차단하는 방식이 불가해지자 드디어 회사 내부에서 일어나는 일 그 자체에 관심을 기울이기 시작했다. 물론 이 변화가 반강제적으로 이뤄진 면도 있지만 (예전과 다르게) 눈앞의 문제점을 덮고 넘어가지 않는 젊은 직원들의 목소리를 무시하지 않고 그에 대한 대응책을 고민하기 시작했다는 점에서 고무적인 일이다.

하지만 많은 기업이 공정성의 문제를 대처하는 과정에서 기초적인 실수를 범하는 모습을 보이곤 한다. 그 이유는 "이와 같은 일은 부당하다"며 회사의 공정을 문제 삼고 있는 직원들이 겉으로는 부당함을 외치고 있지만, 실제로는 그것을 핑계로 더 많은 외적 보상을 바라고 있다고 생각하기 때문이다.

일례로 2021년 SK하이닉스의 성과급 사태 때 직원들의 불만이 이어지자 SK그룹 최태원 회장은 지난해 자신이 받은 연봉을 모두 반납하겠다고 선언했다. 자신의 연봉을 직원들과 나누겠다는 취지였다. 하지만 그룹 오너의 파격적인 연봉 반납 선언은 사태를 해결하는 데 큰 도움을 주지 못했다. 오히려 불난 집에 기름을 붓는 격이 돼버리고 말았다.

2019년 기준으로 30억 원 수준이던 최 회장의 연봉을 SK하이닉스 임직원 2만 8,000여 명에게 나눠봤자 1인당 10만 원 정도가 돌아갈 뿐이었다. 물론 이 보상책이 실질적으로 직원들 살림에 도움이 되지 못하는 미미한 수준이었다는 데도 문제가 있지만, 더 큰 문제는 불만의 핵심을 제대로 짚지 못한 데 있었다. 직원들이 가진 불만의 핵심은 단순히 성과급 금액의 문제가 아니었다. 직원들은 성과급을 어떤 식으로 설정하고 이를 그 규정에 맞춰서 투명하게 나누었는지를 묻고 있었다. 이러한 물음을 제대로 파악하지 못한 것이 기업 경영진의 패착이었다.

실제로 전사에 메일을 보낸 직원이 주장하는 핵심 내용은 세 가지로 요약할 수 있다. 첫째는 성과급 지급의 기준이 되고 있는 EVA(경제적 부가가치)의 산출 방식/계산법을 공개하는 것이다("내가 받는 성과급의 기준이 정말 제대로 된 기준에서 산출됐는지 밝혀달라"). 둘째는 특정 임원이 PS(초과이익배분금)를 EVA 기준이 아니라 자의적으로 줄이라고 지시했는지에 대한 사실을 확인해달라는 것이다. 셋째는 입사 시 경쟁사인 삼성전자만큼 임금과 성과급을 맞출수 있다고 구두 약속한 부분에 대한 약속 이행이 되는지를 확인해달라는 것이다.

자신이 받는 성과급이 어떠한 기준으로 지급됐는지를 물었을 뿐인데, 회사에서는 그 기준을 전혀 제시하지 않았다. 다만 EVA의 초과이익분을 지급한다는 기준은 있지만 그 계산법이 어떻게 되는지는 기업의 대외비라는 원론적인 답변만을 내놓았다. 또한 2019년에 직원 격려금 명목으로 지급한 성과급과 2020년 EVA 산식을 기준으로 지급한 성과급의 지급 규모가 같았던 것이 단순히 우연의 일치였다고만 말하고, 어떻게 이런 우연이 발생했는지에 대한 상세한 해명을 내놓지는 못했다.

결국 SK하이닉스는 성과급인 PS지급기준을 (대외비라서 세부 산정기준을 알 수 없는) EVA에서 (상대적으로 산출기준을 명확하게 파악할 수 있는) 영업이익 기준으로 변경하기로 했다. 동시에 영업이익의 10퍼센트를 성과급 재원으로 삼아 경쟁사 삼성전자의 OPI(초과이익성과금)의 지급 수준으로 알려진 영업이익의 6~9퍼센트 수준을 넘어서면서 구성원이 느낀 상대적 박탈감도 어느 정도 해소할 수 있게 됐다. 이와 같은 한 회사의 진통을 통해 얻을 수 있는 교훈은, 높은 보상과 대우도 중요하지만 그 핵심에는 먼저 회사가 정한 보상 기준과 절차를 투명하게 공개하고 그 기준에 어긋나지 않는 행동을 보이는 것이 무엇보다도 중요하다는 것이다. 만약 대외비로 진행될 것이 있다면, 사전에 그것이 대외비인 사유를 명확히 알리고 공개할 수 있는 선을 정해 최대한 그에 맞춘 투명성을 갖춰야 할 것이다.

하지만 현재 시점에서 기업의 직원들이 회사의 공정성에 대해 반발하는 대상은 앞서 언급한 보상 차원의 문제에만 그치지 않는다. 이는 기업 입장에서는 해결되지 않은 숙제라 할 수 있다.

몇 년 전, 한 IT대기업의 일어난 사례를 살펴보자.

2019년 서울에 본사를 둔 한 IT대기업은 신입 대졸 직원으로 200명의 사원을 뽑았다. 회사는 그룹의 기준에 따라서 4주간의 '그룹 공통 연수'를 마치고, 추가적으로 2주간 본사에서 '사측 연수'를 진행하기로 돼 있었다. 이 회사는 최근 서울 변두리에 위치한 오래된 구사옥에서 서울 도심 지역에 위치한 신사옥으로 이사를 방금 완료한 상태였다.

그런데 예년에 비해서 많은 수의 신입 사원을 뽑자, 한 가지 문제점이 발생했다. 그것은 바로 신사옥에 200명을 함께 수용해 교육할 공간이 부족하다는 것이었다. 이 신사옥에서 동시에 교육할 수 있는 인원은 100여 명에 불과했다. 이러한 상황에서 200명의 신입 사원 중 절반인 100명의 신입 사원들은 불가피하게 기존 구사옥에서 2주간 교육을 받을 수밖에 없었다.

회사의 교육팀 담당자들은 이 이슈와 관련해 인원을 어떻게 나눠서 보내야 할지 고민에 빠졌다. 예전 같으면 어떻게 처리를 해도 크게 문제가 없는 상황이었지만, 지금은 자칫 잘못하면 공정 이슈에 휘말릴 수도 있는 상황이었기 때문이다.

이 회사는 IT기업답게 근무 신상 데이터를 기준으로 사원을 나누기로 했다. 데이터를 살펴보니, 200명의 신입 사원 중에서 약 100명은 앞으로도 서울 신사옥에서 근무를 할 직원이었고, 나머지 100명은 교육이 끝나면 전국에 위치한 지방 사무소에서 근무를 해야 하는 직원인 것으로 확인됐다.

그래서 회사는 어차피 신사옥에서 일할 100명에게 구사옥에서 교육을 받아야 한다고 양해를 구하고, 지방에서 일할 나머지 100명은 신사옥에서 교육을 받을 수 있도록 조치했다.

이 회사는 차후 근무 데이터에 기반해 공평한 선택을 한 것이었다. 하지만 결과는 어떻게 됐을까? 예측 밖의 상황이 벌어졌다. 구사옥에서 근무를 하게 된 젊은 직원들 다수가 블라인드에 교육 인원을 구분한 것은 공정한 방식이 아니라며 불만을 터트리기 시작했다. 그중에서 몇 명은 그룹 CEO에게 직접 메일을 보내 "이게 진짜 우리 회사가 말하는 공정이었나요?"라며 직접 항의하는 일이 벌어지기도 했다. 결국 이 회사에서는 한 달간의 그룹 공통 연수 성적을 기반으로, 사측 연수를 받을 수 있는 기회를 차등 제공하는 것으로 제도를 변경했다.

이처럼 현시대의 젊은 신입 사원들은 단순히 월급과 성과급에 해당하는 현금적 보상에 대한 문제만을 제기하지 않는다. 근무 전 부문에 해당하는 분야에 대해서도 기존 조직의 상식이나 문법을 따르지 않고 현재 벌어지고 있는 상황이 오늘날 시대의 공정이라는 잣대에 맞느냐는 의문을 제기하고 있다.

4장에서 더 자세하게 살펴보겠지만, 현시대의 젊은 세대들이 문제를 제기하는 분야는 굉장히 다양하다. 또 그 모든 분야에서 제기되는 문제들이 기존에 제기된 적 없는 새로운 문제들이기에 직관적인 해결책을 찾기도 쉽지 않다.

그렇기 때문에 조직에서 젊은 세대들이 "공정하지 않다"고 문제를 제기할 때는 가장 먼저 그들이 말하는 공정이 정확히 어떤 것을 의미하는지 명확하게 판단할 필요가 있다. 그들의 언어는 비록 '공정'이라는 외피를 쓰고 있지만, 실제로는 정해진 원칙대로 진행되지 않는 '절차의 부당성'을 내포하고 있을 수도 있고, 그 원칙 자체가 잘못됐다는 '기준의 부당성'을 이야기하고 있을 수도 있다.

이처럼 진짜 속마음을 파악하는 것이 회사 조직 전체를 기준으로 봤을 때 가장 중요한 일이지만, 각 팀을 관장하는 리더급 역시 해당 세대의 제대로 된 니즈를 판단하는 것이 필수적이다. 그렇지 않으면 결국 "이거 또 골치 아픈 MZ세대가 등장했네"와 같은 '그 놈의 MZ타령'의 굴레로 언제든 돌아갈지 모른다.

왜 담배만 피는 부장님이 저보다 더 받나요?

직장인의 익명 커뮤니티 블라인드에는 "왜 담배만 피고 일도 안 하는 우리 팀 부장님의 월급이 그렇게 높은지 이해가 안 간다"는 글이 올라온 적 있다. 글쓴이는 오랜 기간 일해서 월급을 많이 받는다고 하더라도 실제로 무슨 일을 하는지도 잘 모르겠고 하루 종일 담배만 열 번씩 피고 오는 팀장님이 나보다 몇 배 더 많은 월급을 받는 게 공정하지 않다는 글을 남겼다. 이 글에 공감하는 다른 회사 사원급 직원들이 댓글창에 많은 공감의 글을 남겼다.

통계청이 발표한 〈대기업 근로자 월 평균 소득〉(2019년 기준) 자료에 따르면 20대가 291만 원, 30대가 488만 원, 40대가 643만 원, 50대가 676만 원이었다. 특히 근속 기간이 길수록 평균 임금도 증가하는 경향을 보였다. 20년 이상 근속한 경우는 월 평균 소득이 748만 원으로 가장 높았다.

통계로만 본다면 보직이 없는 50대가 점점 늘어나고 있는 추세다. 더구나 젊은 직원들은 50대를 "월급은 많이 받으면서 일은 하지 않고 떠넘겨 나에게 피해를 주는 사람", "팀장도 '선배님 여기까지만 해주세요…'라며 눈치를 보는 사람", "회사에서 제도적으로 패널티를 부여해야 하는 사람" 등으로 치부할 뿐만 아니라 조직 내에서도 50대에 대한 불만과 비우호적인 시각이 증가하고 있다는 기사도 등장하고 있다.[32] 이러한 부정적 영향이 젊은 직원에게 상대적 박탈감을 느끼게 하고 일할 의욕을 저하시켜 조직의 활력을 떨어뜨리고 있다.

특히 최근에는 상대적으로 높은 임금, 합리적인 보상 체계를 갖췄다고 평가되던 게임 업계에서도 최초로 파업이 일어나면서 산업계 전반에서 임금을 둘러싼 잡음이 끊이질 않고 있다.

사실 이러한 불만은 우리나라가 가진 임금 체계의 이중성에서 비롯한다. 우리나라 대부분의 기업에서는 연봉제를 채택하고 있다. 연봉제는 1년간 본인이 받아야 할 급여를 회사와 약정하는 제도다. 매년 직원들이 개인의 성과를 반영해 회사와 계약을 맺는 방식이다. 반면 호봉제는 입사 당시의 경력과 자격증 등의 조건을 고려해 호봉을 정한 후 해당 직장에서 근속 연수를 쌓으면 호봉이 올라가고 연간 급여까지 상승하는 구조다.

하지만 우리나라에서는 대부분의 조직에서 겉으로는 연봉제라는 임금 체계를 채택하고 있지만, 안을 들여다보면 연공성이 강한 성격을 띠고 있다. 즉, 말로는 연봉제를 외치지만 호봉제와 크게 다르지 않은 임금 체계를 채택하고 있는 것이다.

고용노동부에 따르면 우리나라의 임금 체계는 경제 개발이 본격화된 1960년대 초반 이후부터 1987년 민주화 운동까지(1기), 1987년부터 1998년 외환위기까지(2기), 외환위기 이후부터 현재

까지(3기) 크게 세 시기를 거치며 변화했다.[33]

이 3개 시기의 특징을 비교해보면, 1기(1960~1986년)는 연공급적 성격의 임금체계인 '호봉제'가 본격적으로 확산된 시기였으며, 2기(1987~1997년)는 산업 전반에 호봉제가 널리 적용됐으며, 특히 인사평가에 따라 임금이 차등 인상되는 방식이 대폭 축소되고 일률적 승급이 일반화된 것으로 알려졌다. 3기(1998년 이후)의 가장 큰 특징은 1997년 말 외환위기를 기점으로 기존 호봉제가 아닌 연봉제가 확대됐다는 데 있다. 사업체노동력조사에 따르면 100인 이상 사업체 중 연봉제를 도입한 곳의 비중이 1997년 3.6퍼센트에서 2015년 74.5퍼센트로 증가한 것으로 나타나기도 했다. 하지만 이러한 연봉제는 겉으로는 개개인의 성과에 따라 큰 편차를 보이는 연봉제가 아니라 기존 호봉제와 크게 다르지 않게, 여전히 근속연수에 따라 임금이 결정되는 연공급제의 성격을 가지고 있다는 것이 특징이다.

2022년 현재 기준으로 1,000명 이상이 근무하는 대기업과 공기업의 70.8퍼센트가 이러한 연공급제를 채택하고 있다. 이들은 공식적으로 호봉제가 아닌 연봉제를 채택하고 있다. 하지만 근속연수와 연령 등의 기준으로 급여를 산정하기 때문에 성과의 유무와는 크게 관련 없이 위로 올라갈수록 높은 급여를 받는 것이 특징이다.

문제는 우리나라의 근속 연수별 임금 격차가 유난히 크다는 것이다. 2021년 한국경영자총협회에서 발표한 〈한·일·EU 근속 연수별 임금 격차 국제 비교와 시사점〉이라는 보고서에 따르면 우리나라의 연공성은 세계에서 가장 높은 수준인 것으로 나타났다.

2020년 기준으로 우리나라에서 30년 이상 근속한 근로자의 월 임금 총액(초과 급여 제외) 평균은 697.1만 원이다. 이는 근속 1년 미만 근로자의 월 임금 총액 평균 236.5만 원보다 2.95배 높은 금액이다. 연공급 격차가 우리나라보다 심하다고 알려진 일본은 2.27배로 확인됐고, EU 평균은 2018년 기준 1.65배였다. EU 15개국 중 근속 연수에 따른 임금 격차가 작은 국가는 핀란드 (1.24배), 스웨덴(1.30배)이었다. 상대적으로 임금 격차가 큰 국가는 오스트리아(2.03배), 그리스(2.09배)로 나타났다.

우리나라의 근로자들은 연차가 쌓이면 쌓일수록 더 높은 비중으로 임금이 늘어나지만, 미국이나 일본 등 주요 선진국들은 그 반대로 지속적인 임금 체계 개편을 통해 임금의 연공급적 성격을 약화시키고 있다. 개인이 이뤄낸 성과를 임금에 더 큰 비중으로 반영시킨다거나 자신이 맡은 개별 직무에 따라 급여 구간을 정해 두는 식이다. 미국의 경우 현재 직무 중심의 임금 체계를 기반으로 하고 있으며, 개인 성과와 직무의 시장 가치 변동 등에 따른 기본급 인상은 이뤄지지만 근속 연수에 따른 임금 인상은 거의 없다. 대표적으로 '브로드밴딩' 방식이 주요 산업군에 적용돼 있다. 이는 직무 등급을 통폐합해 직무 등급의 수를 줄이고 임금 구간을 확대해 동일 직무 등급에서의 임금 차등을 두는 방식이다.

전통적으로 우리나라의 임금 체계와 가장 유사한 방식으로 운영되고 있다고 알려진 이웃나라 일본에서도 변화가 일어나고 있다. 일본 또한 전 세계적 변화의 바람에 맞춰 기존 연공급제를 고집하는 것이 아니라 개인의 수행 능력과 직무 내용에 따라 별로의 목표 기준을 설정하고 달성도에 따라 차등적 보상을 제공하는 방식을 점차 확대 도입하고 있다. 이러한 방식을 통해 자연스럽게 임금 체계의 연공성을 완화시키고 있는 것이다. 특히 과거 시간이 지나면 다음 직급으로 자동 승진하던 방식을 없애고 철저하게 개인 고과에 따라 승진을 평가하는 방식을 도입해 연차가 높은 직급이 무임승차하는 악습을 단계적으로 철폐시켜나가고 있다.

이것은 아직도 10개의 기업 중 7개 이상의 기업이 실질적 연공급제를 시행하고 있는 우리나라에 시사점을 주는 대목이다. 물론 연공급제가 무조건적으로 옳지 않고 성과에 따라 차등을 두는 임금제가 좋다는 뜻은 아니다. 이들 임금 제도는 각각의 장단점을 분명 가지고 있다. 또한 연공급제가 직장인의 생애주기에 맞춘 최소한의 안정적 임금을 제공한다는 점에서 무조건 적폐로 내모는 것은 옳지 않다. 하지만 조직 안에서 자신의 직급과 직무에 맞는 기본 능력과 성과를 담보하지 못하는 인물이 부당하게 임금을 받아간다는 믿음이 늘어나고 있다는 게 문제다. 연공급제의 대표 주자였던 일본조차 변화하고 있는 상황에서 우리 조직 사회의 변화 또한 필요해 보인다.

사람은 변화에 적응하는 동물이다. 만약 개인의 성과가 임금 체계와 연동되지 않고 단순 연차에 따라 임금이 결정되는 제도가 그대로 정착된다면, 그 안에 있는 조직원들 또한 그에 자연스레 적응하게 될 것이다. 그러면 조직에서 탁월한 성과를 내는 것에 골몰하는 것이 아닌, 자신의 영달을 위해 최소한의 의무만을 유지하는 직원들만 늘어날 것이다.

그들에겐 너무도 익숙한 '조별과제 잔혹사'

이번엔 앞서 언급한 '회사에서 놀고 먹는 부장님'과 반대되는 사례를 한번 살펴보자. 요즘 조직에서 오직 젊은 세대의 불만만이 존재하는 건 아니다. 그에 못지않게 조직 내 기성세대들이 젊은 세대의 업무 태도에 대해 불만을 가지고 있는 경우도 상당하다.

먼저 기성세대가 가지고 있는 불만의 핵심을 한 문장으로 정리하자면 "회사 안에서 권리만 찾으려 하고, 정작 자신의 의무는 다하지 않는 세대"라고 할 수 있다. 앞서 언급했던 것과 같은 보상 이슈나 원칙의 문제에 있어 (과거와 다르게) 자신에게 주어진 권리는 한 치의 양보 없이 주장하는 것에 반해, 정작 자신이 맡은 업무는 제대로 처리하지도 못한다는 것이다.

2022년 한 인터넷 커뮤니티에는 "요즘 사람들은 너무 1인분만 하려고 한다"라는 제목의 글이 올라오기도 했다. 이 글에는 요즘 회사 직원들이 공통적으로 자신이 맡은 기본 업무 외에 추가적인 업무를 맡으려 하지 않으며, 간혹 자신이 맡은 "1인분만 하겠다"고 직접적으로 말하는 직원들도 있다는 것이다. 선배인 자신이 보기에는 '어느 정도 일을 해야 1인분을 하는 것인지'에 대한 객관적 근거가 미약하고, 그 최소한의 1인분의 일 또한 제대로 수행하지 못하고 있다며 불만을 토로했다. 이와 관련해, 한 트렌드 연구소에서는 '1인분만 한다'는 말 속 '1인분'이라는 단어와 다른 단어와의 연관 키워드 분석을 실시한 적이 있다.[34] 해당 연구소에서는 조직과 같은 현실 세계에서 '1인분을 하라!'라는 비판적 용어가 게임 속에 쓰이는 '1인분'이란 개념과 연관지어 생성됐다고 분석했다.

〈리그 오브 레전드〉나 〈오버워치〉, 〈배틀그라운드〉 같은 팀 전략 게임을 하다 보면 한 사람이 팀원으로서 n분의 1 이상의 활약을 했음에도 불구하고 팀이 지는 경우가 발생한다. 이때 그 사람은 팀에서 자기 몫 이상의 활약을 하지 못한 사람에게 불만이 생기기 마련이다. 실제로 게임의 전적 사이트에서는 각 게임당 플레이어의 킬 수나 딜량 같은 여러 가지 활약 지표를 데이터화해 0.8인분 또는 1.3인분처럼 직관적으로 플레이어가 몇 인분을 했는지 적나라하게 보여준다.

이렇듯 1인분이라는 데이터를 곧 플레이어가 자기를 방어하는 기준의 의미로 활용하고 있는 것이다. 또한 게임 실적이 곧 철저한 관리 대상의 기준이 되고 있다. 연구소는 이러한 1인분이라는 개념이 MZ세대의 게임적 사고방식을 지배하며 현실 세계로 확장되고 있다고 분석한다.

물론 좋은 분석이라고 볼 수 있지만 실제로 현재 조직에서 1인분을 원하는 사람들의 심리가 게임적 사고방식을 현실 세계로 확장했다는 개념으로 보긴 과장된 면이 있다. 그보다는 하나하나를 따지는 미세한 사고방식이 게임과 현실 세계 모두에 영향을 미치는 것으로 보는 것이 좀 더 타당한 분석이라고 생각한다.

90년대생이나 00년대생 같은 지금의 청년세대는 꼭 승패가 결정되는 게임 속 세상이 아니더라도 개인의 시간과 노력이 세부적으로 평가받는 데 익숙해져 있다. 그러한 분석의 핵심으로 '팀플'이라는 키워드를 뽑을 수 있다. 팀플이라는 단어는 스포츠나 게임 등에서 두 명 이상의 팀원이 함께 경기를 하는 것을 의미하기도 하지만, '조별과제(group project 또는 team project)'라는 의미도 담고 있다.

조별과제는 대학교 학부, 중·고등학교에서 수행되는 과제의 일종으로, 두 명 이상의 학생이 모여 공동의 과제를 수행하는 것을 일컫는다. '팀과제', '조과제', '조모임' 등으로 불리기도 한다.

중·고등학교와 대학교 학부의 커리큘럼 안에 조별과제라는 교육 프로그램을 포함한 본래의 의도는 학생 간 토론 문화 정착 및 교육 수준 향상을 통해 학생 스스로 문제 해결에 대한 해답을 찾는 방향으로 지도하는 것이었다. 학생 혼자 해결하는 과제도 좋지만, 조별과제를 통해 서로 협력해 최선의 방안을 찾음으로써 협동심을 높인다는 취지로 도입됐다. 또 향후 사회로 진출해 한 조직의 팀으로 활동할 때 문제 해결 능력과 창의력을 합심해 발휘하는 연습이기도 하다. 주로 서유럽이나 영미권에서 활용하는 팀 프로젝트형 수업 방식을 한국의 학업 문화에 정착시킨 것이다.

하지만 본래의 의도와는 달리 실제 학창 시절에 조별과제를 주로 경험한 90년대생 이하 청년세대는 조별과제를 그리 긍정적으로 바라보지 않는다. 실제로 수업에서는 조별과제가 학점을 적당히 취득할 목적을 가진 학생에게는 무임승차를 위한 도구, 학점이 절실한 학생에게는 고생을 시키는 최악의 수행 방식으로 인식되고 있다. 이런 문제점으로 인해 조별과제 비중이 높은 강의는 수강신청 시 기피 대상으로 꼽히는 경우가 잦다. 특히, 일반적으로 문과에 속하는 학생들은 대학교 학부 생활 4년 내내 조별과제에 치여 살 정도다.

다음 그림은 조별과제라는 현실에 현타가 온 현세대의 애환을 잘 나타낸 그림이다. 보통 리더십을 이야기할 때 우리는 보스와 리더를 구분해 설명하곤 한다. 보스는 보통 잘 돌아가지 않는 조직을 상징한다. 그리고 주로 자신이 직접 나서지 않고, 팀원들에게 이리저리 방향만 지시하는 나쁜 예로 언급된다. 반면 리더는 잘 돌아가는 조직을 상징한다. 주로 솔선수범하는 자세로 자신이 직접 모두의 앞에 나서서 고된 일을 해내는 모습을 보인다. 보통 우리가 참된 지도자의 자질을 가진 사람의 예로 언급하는 것은 리더다.

조별과제에서는 조금 다른 양상으로 이야기가 전개된다. 조별과제 속 리더는 보스처럼 편한 자리에 앉아서 팀원들을 부리지 않고 참된 리더의 모습으로 앞장서서 고된 짐을 지고 앞으로 나아간다. 그런데 리더와 함께 일해야 할 조원들은 함께 수레를 끌지 않

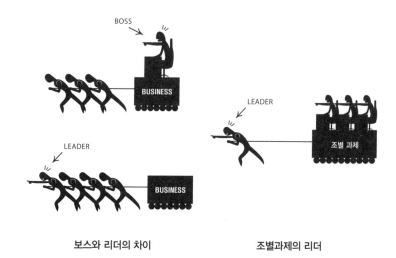

보스와 리더의 차이   조별과제의 리더

(일러스트 **김혜원**)

는다. 그들은 원래 보스가 있어야 할 편한 자리를 꿰차고 앉아 있
을 뿐이다. 그리고 오히려 편한 자리에 앉아서 리더에게 지시를
내린다. 이것이 바로 현대 사회를 반영하고 있는 모습이다. 특히
우리나라의 청년세대가 학창 시절에 경험한 조별과제의 비극을
잘 그리고 있다.

　학창 시절에 조별과제를 크게 경험하지 못한 선배라면 고작 팀
플 같은 걸로 호들갑을 떤다며 무시할지 모른다. 그러면서 오히려
사회에 나오면 매일같이 팀 단위로 생활을 해야 한다고 생각하기
쉽다. 하지만 그것은 90년대생 이하 청년세대가 경험한 조별과제
에 근거한 공포심을 잘 모르고 하는 소리다. 그들에게 조별과제는

학업의 과정상 어쩔 수 없이 해야 하지만 최대한 피하고 싶은 일이다. 그들은 조별과제를 수행하더라도 최대한 피해를 받지 않기 위해서 발버둥이라도 치고 싶은 심정을 경험한다고 한다. 결국 조별과제를 곧 공포감을 주는 존재로 인식하며 성장한다.

병맛더빙의 달인 유튜버 '장쁘쭈'가 만든 콘텐츠 중 레전드 에피소드로 뽑히는 '조별과제 편'은 현세대가 느끼는 조별과제의 공포를 잘 드러낸 수작이다. 해당 에피소드에서는 조원들이 조장을 애타게 찾는 장면부터 시작한다. 하지만 조장을 위해서가 아니라 내일 있을 조별 프레젠테이션 발표의 모든 준비를 조장이 혼자서 다 했기 때문이다.

조장은 조 발표 준비 과정을 전혀 도와주지 않은 채 과로(?)로 쓰러진 자신에게 마지막 발표마저 강요하는 조원들에게 육두문자를 날린다. 그러고는 "오늘부로 수강 취소하고 입원할 거야. 저 ××들 때문에 암 걸렸거든"이라는 말로 자포자기의 심정을 고백한다. 그런데 뜻밖에도 조별과제가 개인과제로 바뀌었다는 희소식이 들려온다. 조별발표 준비에 무임승차한 조원들로서는 낭패가 된 것이다.

해당 '조별과제 편'은 조별과제가 안고 있는 문제들을 (다소 과장되긴 했지만) 직관적으로 보여준다. 공동 과업을 수행하면서 각 개인의 노력이 얼마나 투여됐는지에 대한 평가가 제대로 이뤄지지 않은 채 평가를 동등하게 받다 보니, 자연스럽게 '프리라이더'라고 불리는 무임승차자가 발생하게 된다. 그러다 보니 조별과제를 주는 교수들도 동료 평가라는 방식을 통해서 최대한 무임승차자가 발생하지 않는 구조를 만드는 데 신경을 쓴다. 그럼에도 불구하고, 대다수 학생들이 한 번쯤은 조별과제의 악몽을 경험하곤 한다.

문제는 학창 시절 조별과제의 어두운 면을 집중적으로 경험한 세대 중 일부가 극도의 경계심을 유지한 채 사회로 진출한다는 것이다. 학창 시절에 경험하는 조별과제가 본래 의도한 교육 목표대로 타인과의 협동심을 증대시키고 서로의 강점을 살려 '1+1=2'가 아닌 '1+1=3' 이상의 결과를 내는 경험을 할 수 있다면, 또한 구성원들이 협업의 힘을 경험하고 그러한 순경험을 사회에 진출해 살린다면 최고의 결과일 것이다. 하지만 조별과제를 경험한 이들의 현실은 그 반대로 펼쳐지고 있다. 그러한 부작용 중 일부가 기성세대가 속한 조직과의 갈등으로 드러나고 있는 것이다.

가령 그러한 갈등은 회사에서 다른 팀과의 협업을 진행할 일이 생기거나 일시적으로 프로젝트 완수를 위해 구성된 CTF Cross-Task Force와 같은 협업 조직에 차출되거나 공통 업무를 위한 이벤트를 진행할 때 발생한다. 이때 학창시절 조별과제를 진행하면서 불쾌한 경험을 한 세대 입장에서는, 본래 자신이 맡고 있던 일의 범위를 넘어서는 새로운 일이 주어지는 것이 일종의 부당함으로 다가올 수 있다. 물론 통상적으로 1회성 관계에 그치는 조별과제와 계속해서 관계를 이어가야 하는 조직생활은 본질적인 차이가 있을 수 있다. 하지만 형평성 관점에서 정당한 사유 없이 나에게 보상

없는 일이 주어지는 것에 반감을 가지는 것은 인지상정이라고 볼 수 있다.

문제는 특정 세대를 비하하고 혐오한다고 해서 해결되는 것이 아니라는 점이다. 그보다 일의 크기와 성과에 비례한 합당한 보상을 해야 한다는 원칙을 모든 상황에 기본적으로 적용하는 것이 중요하다. 물론 모든 업무에 보상의 원칙을 적용할 수는 없을 것이다. 만약 그러한 경우라면 업무 처리 능력과 현재의 업무 부담 그리고 상황에 따라 추가적으로 들어오는 일을 합당하게 할당하는 노력을 할 수 있다. 그리고 그것조차 불가능한 상황이라면 기존처럼 독단으로 일을 강행하는 것이 아니라, 사전에 충분한 설명과 양해를 통해 갈등을 최소화할 수는 있을 것이다.

국가의 정책 차원까지 파고든 부당함의 외침

2018년 평창동계올림픽 남북단일팀 논란의 핵심

2018년 평창동계올림픽은 우리나라 입장에서는 올림픽 유치 삼수 만에 거둔 큰 국제 대회 이벤트였다. 우리나라가 분단국가라는 한계를 딛고 세계적 선진국의 반열에 올랐다는 것을 전 세계에 알리는 좋은 기회가 됐다. 하지만 남북 분단이라는 비극을 안고 있는 나라에서 열리는 평화의 축제인 만큼 위기와 기회의 포인트를 각각 하나씩 가지고 있었다.

먼저 위기 포인트는 세계 각국의 정상과 선수들이 참가하는 기간 동안 북한이 도발 행위를 할 수 있다는 것이었다. 실제로 북한은 88서울올림픽과 2002년 한일월드컵 기간 중에 무력 도발을 일으킨 적이 있었다. 반대로 기회 포인트는 스포츠 이벤트를 통해서로 대립하고 있는 양국이 긴장을 완화시킬 수 있다는 것이었다.

실제로 평화적 이벤트의 상징인 올림픽 정신에 따라 개회식 공동 입장이나 남북 단일팀 구성으로 대회에 출전하는 등의 화해와 평화의 무드를 만들어낼 수 있다는 논의가 이뤄졌다.

실제로 이러한 배경 속에서 2018년 평창동계올림픽 당시 여자 아이스하키팀은 남북단일팀으로 구성돼 대회에 참가했다. 하지만 남북단일팀은 올림픽 정신과 화해라는 큰 틀에서 남북 분단의 특수 상황을 이용한 논리로 진행됐을 뿐이다. 4년이라는 기간 동안 준비해 올림픽이라는 큰 대회에 참여하고자 한 개개인의 권리를 전혀 생각하지 않았다. 어쩌면 '2018년 평창 동계올림픽 여자 아이스하키팀 남북단일팀 논란'은 당연히 일어날 수밖에 없었던 논란이었다.

지금의 세대가 보기에 '대를 위하여 소를 희생한다'는 건 파시즘과 군국주의 같은 전체주의 정치체제에서나 가능한 논리다. 그렇기 때문에 국가의 대의와 개인의 권리가 맞부딪힌 상황이라면 언제든 후자의 손을 들어줄 것이다. 누군가는 이것이 전체를 생각하지 않는 젊은 세대들이 개인주의의 옷을 입고 이기주의를 실천하는 것이라고 생각하겠지만, 그것이 정확한 지적은 아니다. 왜냐하면 현세대의 개인주의는 이기주의라기보다는 '개인보호주의'에 더 가깝기 때문이다. 이들은 개인이 가진 권리를 지키고 싶을 뿐이다. 하지만 모든 상황을 무시하고 자신의 권리만 주장하는 것은 아니다. 2018년 남북단일팀 논란 때도 사전에 상황을 조율하는 충분한 소통과 함께, 부당하다고 느낄 수 있는 부분에 대한 보완 조치가 이뤄졌더라면 그렇게까지 큰 반대 여론이 일지 않았을 것이다.

이 논란의 핵심은 당사자인 선수들의 의견을 묵살했다는 것이다. 단일팀이 성사됐을 때 함께 경기에 나가야 하거나 대회에 참가하지 못하는 직접적인 피해를 입게 되는 당사자들의 의견을 제대로 들어보지도 않고 단일팀을 공표했기 때문이다. 모든 선수가 자기 노력으로 대표팀 자리에 오른 사람들이고, 경기 출전은 선수의 권리이기도 하다. 올림픽 대표팀의 당사자들인 아이스하키 관계자, 감독 및 코치진과 선수들까지 반대하는 상황에서 제3자인 국가가 무슨 자격으로 그들의 권리를 빼앗는단 말인가. 논란을 지켜보던 국민들도 "선수들에게 부당하게 희생을 요구하고 있다", "실력으로만 이뤄져야 할 스포츠에 정치가 외압을 넣고 있다"는 반응을 내놓았다. 20~30대에서 반대 의견이 과반을 넘은 것으로 조사된 여론의 반응도 어찌 보면 당연한 결과였다.

하지만 당시 정부와 정치권 일각에서는 이런 젊은 세대의 속마음을 제대로 읽으려 하지 않고, '젊은 세대가 보수적으로 변했다', '젊은 세대의 이기심이 문제'라는 식의 합당치 않은 평가를 쏟아냈다. 게다가 당시 국무총리는 "아이스하키 팀이 메달권이 아니라(서 괜찮다)"는 발언으로 함으로써 성난 여론을 더욱 더 악화시키는 결과를 만들었다.

그래서 통일을 해서 얻는 이익이 뭔가요?

많은 사람들은 현재의 젊은 세대들이 과거에 비해 남북한의 통일을 더 간절하게 원하지는 않을 것이라고 생각한다. 이런 생각이 딱히 사실과 부합하지 않는다고 말할 수는 없을 것이다.

하지만 만약 당신이 실제로 오늘날의 젊은 세대에게 "남북통일에 대해서 어떻게 생각하느냐?"라고 질문을 던진다면, 역으로 다음과 같은 질문을 받을 수 있다.

"대체 어떤 수준의 통일을 말씀하시는 거죠?"

즉, 남북통일이라는 개념이 예전과는 많이 달라졌다. 이제는 남한과 북한이 하나의 국가를 이룬다는 개념을 넘어서 다양한 의미를 갖게 됐다는 의미다.

그렇기 때문에 통일에 대한 생각을 제대로 알기 위해서는 단순히 "통일을 원하느냐?"라는 질문에 그치기보다, 추가적으로 어떤 수준의 통일을 원하는지 질문할 필요가 있다.

통일연구원은 매년 시행하는 '통일의식조사'에 이러한 시대적 변화를 반영하고 있다. 그들은 좀 더 세부적인 분석을 위해 기존과 같이 '통일의 필요성'을 묻는 것과 함께 어떤 방식의 통일을 선호하는지도 설문하고 있다. 만약 응답자가 "남북한이 전쟁 없이 평화적으로 공존할 수 있다면 통일은 필요 없다"는 문항에 긍정 응답을 하는 경우는 '평화 공존 선호', 부정 응답을 하는 경우는 '통일 선호'로 표기로 구분하는 방식이다.[35] 조사 결과 남북 관계의 변화와 크게 상관없이 2016년 이후 우리 국민 중 평화 공존을 선호한다는 사람들의 비율은 늘고 통일을 선호하는 비율은 꾸준히 줄어든 것으로 조사됐다.

특히 1991년 이후 출생한 세대는 60.4퍼센트가 평화 공존을 선호했다. 통일을 선호한다는 응답은 18.6퍼센트에 그쳤다.[36]

이와 같은 결과에 대해 통일연구원은 "밀레니얼 세대는 통일 선호와 평화 공존 선호 사이 간극이 매우 크다"며 "젊은 세대일수록 북한을 통일 대상이 아닌 공존 대상으로 보는 추세가 강화될 것으로 예측한다"고 분석했다. 이렇듯 시대가 지나면 지날수록 젊은 세대의 통일과 관련한 의식은 점차 줄어드는 것이 사실이다. 좀 더 정확히 말하면 젊은 세대가 더 이상 통일을 원치 않는다기보다 현 상태의 평화만 유지할 수 있다면, 굳이 한 국가가 되는 통일은 필요 없다는 것이 더 적합한 표현일 것이다.

하지만 이와 같은 평화 공존 선호의 설문 결과를 단순히 통일을 원하지 않는 세대의 성향으로 인식해버리는 기성세대 혹은 정책 결정권자들은 젊은 세대의 통일 의식 문제를 문자 그대로 문제화시킨다. 사회의 현상을 문제점으로 인식하면 항상 대응 대책을 마련하라는 식의 불호령 혹은 위기의식 고취로 이어지기 마련이다.

그 결과 가장 흔하게 나오는 대응책은 젊은 세대를 MZ세대라는 틀로 묶고, 통일 의식이 떨어지는 이 이상한 세대에 대한 교육을 강화하는 것이 된다. 물론 통일 의식 문제에 대한 해결점을 찾는 일이 쉽지는 않을 것이다. 하지만 반공 시대에나 먹힐 법한 교육 강화가 적절한 답이 될 수 없음은 직관적으로 알 수 있다.

젊은 세대가 통일 문제와 관련해 기성세대의 의식과 동일하게 '통일 선호'에 속하지 않는 이유는 의외로 간단하다. 통일이 자신에게 도움이 된다고 생각하지 않기 때문이다. 이러한 생각을 자기자신만 생각하는 젊은 것들의 이기주의로 치부하면 곤란한다. 한민족으로서 통일이 되는 것은 당연하다는 식의 소명 의식이 약한 것은 그들이 자라면서 〈우리의 소원은 통일〉과 같은 반공 교육을 덜 받았기 때문이 아니다. 민족이나 통일 같은 문제들이 자신의 삶에 실질적으로 연관되지 않았기 때문이다.

절대적 연관성이 약했는지, 상대적으로 다른 삶의 문제들보다 중요도가 낮았는지는 정확히 따져봐야 할 것이다. 하지만 무엇보다 그들의 삶에 있어서 중요하지 않았다는 점은 분명하다. 게다가 한국 사람이라면 누구나 민족의 대이벤트쯤으로 받아들였을 남북 이산가족 상봉은 2009년 이후에 이뤄지지 않았다.[37] 90년대생이나 00년대생에게는 영상으로 본 기억조차 희미할 수밖에 없다.

그게 무슨 제국주의적인 발상이죠?

지금의 젊은 세대가 통일이 자신에게 도움이 되지 않는다고 생각하는 이유는 또 있다. 바로 현실적인 이익이 없다고 생각하기 때문이다. 이러한 상황에서 민족을 위한 따스한 가슴을 강조하는 식의 접근은 문제의 핵심을 한참 잘못 짚은 것이다.

결국 비용의 문제다. 현시대의 세대들은 통일이라는 단어를 들었을 때 따스하고 감동적인 남북 이산 가족 상봉을 떠올리기보다 미래의 통일 소요 비용을 메울 자신의 혈세, 즉 세금과 연관지어 생각할 수밖에 없다.

통일 비용은 이데올로기에 의해 분리됐던 두 체제가 경제를 통합해 걸맞은 수준으로 끌어올리는 데 필요한 비용을 말한다. 또는 양쪽의 경제와 생활의 수준이 같아지기 위해 10년 동안 투자해야 할 비용을 말한다.

통일 비용이 수면 위로 등장한 것은 1990년대부터다. 1990년 10월 3일에 독일이 갑작스럽게 통일을 했기 때문이다.[38] 독일의 통일을 보면서 우리 역시 예상치 못한 시점에 통일이 될 수 있다는 관측이 쏟아졌다. 통일 비용에 관심을 갖게 된 것은 독일이 통일을 이루면서 생각보다 높은 통일 비용을 치러야 했고, 심지어 천문학적 비용이 들지도 모른다는 예측 때문이다.

실제로 독일은 통일을 하면서 통일 비용으로 1조 마르크를 예상했다. 민간 부분과 공공 부문을 포함하면 2조 마르크(약 950조 원)가 넘어선 것으로 분석됐다. 우리도 1990년 독일 통일 이후 남북통일에 따르는 비용을 남한의 경제력으로 감당할 수 있을 것인지에 대해 우려가 제기됐다. 그리고 주먹구구식 연구에서 벗어나 통일 과정에 대한 연구 방법으로 통일 비용 문제를 구체적으로 계산하려는 시도가 본격적으로 이루어졌다.[39]

1990년 독일의 베를린 장벽이 무너질 당시, 그 이전에 태어난 기성세대들은 서독과 동독 사람들이 베를린 장벽에 올라가 서로를 부둥켜안고 감동을 나누는 장면에 북받치는 감정을 느꼈을 것이다. 하지만 다음 세대들은 감동보다는 오히려 실질적으로 심각한 논의의 대상이 된 돈 문제를 더욱 기억할 수밖에 없을 것이다.

그런데 통일 당시 서독은 비용 문제에 대해 특별히 신경 쓰지 않았다. 당시 서독은 재정 자체가 튼튼했고 유럽연합EU의 지원이 있을 것으로 예상했다. 또 동독 국유재산의 매각을 통한 수익을 기대했을 뿐만 아니라 그동안 지속적으로 투입됐던 분단 유지 비용이 사라질 것이라 예상했기 때문이다. 게다가 동독 지역에 대한 민간 투자까지 더해지면 통일 비용 마련을 위해 국민들이 별도의 부담을 지는 일은 없을 거라고 내다봤다. 당시에 서독 총리였던 헬무트 콜도 통일로 인한 증세는 없을 것이라고 장담할 정도였다.

한마디로 독일은 갑작스레 찾아온 통일을 제대로 준비하지 못한 것이다. 그 결과 1990년부터 2010년까지 20년 동안만 따져도 2조 유로(약 3,000조 원)에 가까운 천문학적 통일 비용을 쏟아부어야 했다.[40] 거기서 그치지 않는다. 독일은 매년 1,000억 유로(약 150조 원)가량을 옛 동독 지역에 지원하고 있다. 전문가들은 "동독이 통일 비용에 의존하는 현상은 20년 이상 더 갈 것"이라고 주장하기도 했다.

그럼 독일은 천문학적인 통일 비용을 어떻게 조달했을까? 대표적인 것이 통일연대세라는 세금이다. 소득세와 법인세에 추가세율을 붙여 징수하는 것으로, 전체 통일 비용의 10퍼센트 정도를 차지한다. 전체 비용에 비하면 일부일지 모르나 독일의 기업과 국민들의 부담이 늘지 않았다고 답하기는 어려울 것이다.

우리도 2010년 광복절 기념 행사에서 이명박 대통령이 통일세를 언급한 적이 있다. 2014년에는 박근혜 대통령이 이른바 통일 대박론을 언급하며 통일위원회 출범은 물론 통일 비용을 걷어야 한다고 강조하기도 했다.

물론 연구기관별로 어떤 방식으로 통일 비용을 산정하느냐에 따라서 차이가 크다는 맹점이 존재한다. 가령 2011년 산업은행이 발표한 연구 결과로는 약 150조 원이었고, 2015년 국회예산정책처가 예상한 통일 비용은 약 3,100조 원이었다.

하지만 통일 비용의 예상 편차가 얼마이든 비용이 추가적으로 든다는 사실을 긍정적으로 받아들이기는 쉽지 않다. 2018년 7월 17일 〈서울신문〉과 엠브레인이 발표한 설문조사 결과를 보면 통일 비용 조달을 위한 세금 인상에 대해 반대(36.1퍼센트)가 찬성(29.5퍼센트)을 웃돈다. 찬성하는 쪽도 통 크게 지갑을 여는 데는 난색을 보였다는 결과가 나타났다.[41]

실제로 개인이 얼마의 통일 비용을 지불할 수 있는지를 묻는 질문에는 '연 1~10만 원 이하'(61.5퍼센트)가 대다수를 차지했다. 한 달로 따지면 1만 원도 되지 않은 금액이다. 응답 중에는 '연 1만 원 이하'(13.7퍼센트)도 있었다. 둘을 합치면 네 명 중 세 명(75.2퍼센트)이 연 10만 원 이하의 통일 비용을 지불하겠다고 답한 것이다. '연 11~50만 원'(19.4퍼센트)과 '연 51만 원 이상'(5.4퍼센트)은 24.8퍼센트에 그쳤다.

통일 비용의 예상치가 연구 방법과 연구 기간별로 다르다는 점을 차치하더라도 남북한의 통일 비용이 독일의 통일 비용보다 낮을 거라고 기대하는 전문가는 많지 않다. 그 이유는 1989년 베를린 장벽이 무너졌을 당시 서독 인구가 동독보다 네 배 많았던 데 반해, 지금의 남한 인구는 북한보다 두 배 많기 때문이다. 다시 말해, 서독보다 더 적은 남한 인구가 북한 인구를 부양하는 꼴이 되고 만다. 더욱이 서독과 동독의 1인당 GDP는 세 배가량 차이가 난 반면, 남한과 북한의 GDP는 20배의 격차를 보인다. 이를 대비해서 보더라도 북한 경제를 남한 경제 수준으로 끌어올리려면 독일보다 훨씬 더 많은 시간과 비용이 소요될 가능성이 크다는 분석이다.

경제적 차이에 근거한 통일 비용 산정 문제에서 국민들이 느끼는 부담감은 설문 조사에 그대로 나타났다. 10명 중 9명(91.9퍼센트)은 남과 북의 소득 차이가 통일에 장애가 될 것으로 내다봤다. 통일을 반대하는 이들은 남한에 돌아오는 과도한 통일 비용(37.3퍼센트)을 가장 큰 이유로 꼽았다. 통일이 북한 주민에게 이득이라는 답변은 '매우'(52.9퍼센트)와 '다소'(42.0퍼센트)를 합쳐 94.9퍼센트에 달했다. 반면 '자신에게 이득'(45.0퍼센트)은 절반에도 미치지 못했다. 통일이 남한을 희생하고, 북한에 퍼주는 것이란 인식이 강한 것이다.

이러한 비용과 편익의 문제가 대두되기 시작하면서 새로운 시대의 통일 교육 대응책으로 등장한 것이 바로 통일이 실제로 우리나라에도 비용을 넘어선 경제적 이익을 가져다준다는 논리였다.

통일의 경제적 이익이 크다는 논리 중 대표적인 세 가지를 뽑자면 다음과 같다. 첫째, 남북한의 인구를 합쳐서 8,000만의 국가로 성장하고, 북한의 값싼 노동력과 남한의 자본력을 합쳐서 강대국으로 도약할 수 있다는 논리다. 이는 또한 현재 (반도가 아니라) 섬이나 다름아닌 남한이 북한과 합쳐져 물류 중심지가 되면 이익을 창출할 수 있다는 논리와 함께 연결된다.

둘째, 북한에 묻혀 있는 주요 광물 자원의 잠재 가치가 크다는 것이다. 북한의 주요 광물 자원의 잠재 가치를 계산해보면 남한보다 무려 23.9배나 많은 것으로 분석된다. 특히 금 매장량 15.8배, 은 매장량 4배 등 전체 광물 자원의 잠재 가치를 계산하면 약 7,000조 원에 이른다고 강조한다.[42]

마지막, 통일 비용보다 분단 유지 비용이 더 높다는 것이다. 분단 비용이란 통일이 이루어지지 않고 있기 때문에 부담하는 비용과 분단이 되지 않았다면 얻을 수 있는 편익의 손실을 합한 비용을 말한다. 즉, 통일 비용이 단기간에 한시적으로 발생하는 비용인 데 반해 분단 비용은 장기간에 걸쳐 지속적으로 발생한다는 논리다.

하지만 이처럼 거대한 통일의 경제적 이익은 젊은 세대의 피부에는 와닿지 않는다는 것이 현실이다. 오히려 통일의 경제적 이익이라는 논리 중 일부는 부당함이라는 차원에서 거부감을 불러일으키는 원인이기도 하다.

2020년 1월, MBC 〈뉴스데스크〉는 북한과 통일을 주제로 젊은 세대와 정세현 전 통일부 장관의 대담을 방송한 적이 있다. 이때 한 출연자는 "(주변 내 젊은 세대 친구들은) 북한과 교류 협력을 하는 데 반대하는 친구는 없어요. 저는 통일이 된다면 북한 사람들과 잘 지내고 싶어요. 동등한 한반도의 시민으로서 말이죠"라고 발언했다. 그리고 "(그런데 보통 통일의 경제적 이득이라고 불리는 것들이) 저렴한 노동력과 지하 자원 이런 건데 제 친구가 그거 '제국주의 아니냐?'는 말을 한 적이 있어요."라고 덧붙였다.

당시 방송에 출연한 다른 젊은 패널들도 이와 같은 문제 제기에 "나도 그러한 담론은 굉장히 폭력적이라고 생각해요"라고 동조했다. 다시 말해 남북한이 통일을 이뤘을 때 북한 사람들도 한 나라의 국민으로 동등하고 공정한 대우를 받아야 하는 게 당연하다고 생각하는 사람들의 입장에서는 북한 사람들의 값싼 노동력과 그 땅에 묻혀 있는 지하 자원을 이용해 우리의 이득을 꾀한다는 자체가 북쪽에 있는 우리 민족에게 다른 방식의 부당함을 선사하는 것이 된다. 마치 정복자가 신비한 원주민의 땅에 숨겨져 있는 보물을 찾듯이 접근하는 방식에 불편함을 느끼는 것이다. 또 동등한 국민들에게 (최저임금을 적용하지 않고) 값싸게 활용하겠다는 것 자체가 과거 제국주의 시대에나 있을 법한 정당하지 못한 생각이라는 것이다.

왜 아이를 낳지 않는가?
부당하니까!

2022년 한 인터넷 커뮤니티에 "결혼 & 출산율 박살 난 나라의 예능"이라는 제목의 글이 올라온 적이 있다. 해당 글에는 최근 지상파 TV와 OTT에서 방영된 예능 프로그램들이 나열돼 있었다. 그 리스트는 TV조선의 〈우리 이혼했어요〉, TVING의 〈결혼과 이혼 사이〉, MBC의 〈오은영 리포트: 결혼지옥〉과 같은 예능이었다.

글쓴이는 "최근 몇 년간 부부가 동반 출연해 결혼 생활과 관련된 이야기를 하는 프로그램들을 보면, 행복한 결혼생활보다 결혼의 안 좋은 면을 자극적으로 보여주는 게 일종의 유행처럼 번지고 있어서 안타깝다"라는 의견을 나타냈다. 이에 일부 네티즌들은 "예능은 사람들의 관심사와 시대를 반영하는데, 지금 시대가 그런 것뿐이다"라고 체념적인 반응을 보이는가 하면, 많은 수의 네티즌이 "정부에서는 출산율을 높이라고 아우성치지만 미디어들은 시청률에 미쳐 오직 자극적인 경쟁에 매달린 나머지 결혼과 육아의 안 좋은 면만 부각시키고 있다"라는 비판을 쏟아냈다.

이 중 현실공감 100퍼센트 부부 리얼리티를 표방한 TVING 〈결혼과 이혼 사이〉에 출연한 한 혼전임신 부부의 사례를 살펴보자. 이들이 결혼과 이혼 사이에서 고민하며 서로 대화를 이어가던 장면에서 아내는 본질적으로 자신이 결혼생활을 힘들어하는 이유가 "아이가 생기는 바람에 어쩔 수 없이 결혼에 대한 확신이 없는 사람과 결혼한 것이다"라는 충격적인 고백을 했고, 이에 남편은 "그러면 아이를 두고 떠나라"는 쿨(?)한 반응을 보였다. 에피소드를 접한 많은 사람들은 "이런 결혼 생활은 대체 왜 하는 거냐", "이건 이혼밖에 답이 없다"와 같은 부정적 댓글들을 남겼다. 이 부부의 모습들은 '피임을 반드시 해야 하는 이유.jpg' 등의 제목으로 재편집돼 다시 여러 커뮤니티에 퍼졌고, 현실 세계의 결혼에 대한 부정적 인식을 퍼트리는 역할을 했다.

결혼과 육아의 부정적인 모습을 적나라하게 보여주는 실전 예능 프로그램들은 실제로 현실의 문제점을 부각시킨 후 상담과 대화를 통한 문제 해결의 흐름으로 이어지는 패턴을 보인다. 프로그램의 기획의도는 결혼 생활의 미덕을 알려주는 것이지만 실제로는 이와 반대로 시청자들이 자극적이고 불행한 모습에 더 주목하면서, 결과적으로 결혼과 출산에 대한 부정적 인식만을 강화시키고 있다.

하지만 나는 젊은 세대들에게 결혼을 부정적으로 인식시킨 것이 꼭 이 같은 부부 리얼리티 프로그램이라고 생각하지는 않는다. 사실 지금처럼 대놓고 티를 내지는 않지만, 결혼과 육아에 대한 부정적 인식을 널리 퍼트린 예능이 10여 년 전에도 있었다. 바로 2013년 MBC와 KBS에서 각각 방영된 간판 예능 프로그램 〈아빠! 어디가?〉와 〈슈퍼맨이 돌아왔다〉이다.

물론 이러한 주장에 의문을 제기할 수 있을 것이다. 〈아빠! 어디가?〉는 유명인 아빠들과 자녀들이 함께 1박 2일 동안 낯선 오지 마을에서 함께 지내며, 서로를 더 알아가고 이해하는 콘셉트의 프로그램이다. 또 〈슈퍼맨이 돌아왔다〉는 유명인 아빠들이 독박 육아로 힘들어하는 엄마들을 위해 아내 없이 자신의 아이들을 돌보는 육아 도전기로, 그 나름대로 교육적인 내용으로 구성돼 있기 때문이다.

하지만 그 나름대로 의미가 있었던 각 예능의 기획의도와 무관하게, 두 프로그램은 공통적으로 하나의 무의식적인 믿음을 전제하고 있다. 그것은 바로 '육아는 원래 힘들고 고통스러운 것'이라는 믿음이다.

〈슈퍼맨이 돌아왔다〉보다 먼저 시작한 〈아빠! 어디가?〉를 연출한 김유곤 PD는 방송을 기획하게 된 계기가 박명수의 풀린 눈이었다고 밝힌 적이 있다. 김유곤 PD는 우연히 딸 민서와 함께 밖에 나온 박명수를 봤는데 무척 피곤해 보였다고 한다. PD는 이 모습을 보고 부모와 자식이 함께 외출하는 콘셉트를 떠올렸다. 이후 예능 프로그램으로 발전시켜 유명인 자녀들의 천진난만하고 사랑스럽고 귀여운 모습을 통해 호평을 얻고 방송사의 간판 예능으로 자리 잡았다.

단순히 육아의 고단함에서 힌트를 얻어 예능을 만든 것을 비판할 생각은 없다. '그럼 육아가 쉬운 일이라고 생각하는가?'라는 반문에 대해서도 '그렇다!'라고 단정지어 답할 수도 없다. 하지만 해당 프로그램들은 육아가 힘든 것이라는 가정하에 아이와 함께 여행을 가고, 엄마 대신 육아를 대신해주는 유명인 아빠의 모습을 보여줌으로써, 이를 보는 시청자들에게 무의식적으로 '육아는 원래 힘들고 고통스럽기 때문에 이겨내야 하는 것'이라는 인식을 심어준다. 결국 육아라는 고난을 이겨내기 위해서는 현실에 존재하지 않는 슈퍼맨이라는 초현실적 존재가 돼야 하는 것이다.

시청자들은 해당 프로그램을 보는 동안 유명 연예인들과 자식들의 1박 2일 여행과 독박 육아를 보면서 웃고 즐긴다. 하지만 TV를 끄고 현실 속 육아로 돌아오면 전혀 다른 상황이 펼쳐진다. 우리에겐 이휘재의 쌍둥이 육아를 하루 동안 지원해주는 최홍만 같은 존재가 없다. 또한 방송국에서 사전에 섭외해 쾌적한 환경에서 식사를 즐길 수 있는 레스토랑도 존재하지 않는다. 일반인들이 현실 육아에서 의지할 수 있는 것은 기껏해야 배우자 한 명뿐이다. 그러한 상황에서 TV에 나오는 것처럼 아빠 혹은 엄마가 홀로 아이를 데리고 1박 2일 여행을 떠난다는 것은 최고 난도의 도전 과제를 수행하는 것과 같다. 결국 TV 속 유명 방송인들의 육아 이야기는 판타지에 가깝다. 그렇기에 슈퍼맨이 될 수 있는 것은 방송국의 지원을 받고, 방송국 카메라가 꺼지면 보모를 고용할 수 있는 일부 유명인일 뿐이다.

하지만 아무리 현실이 각박하다고 할지라도 부모들은 육아를 단순한 고통으로 여기지는 않는다. 비록 아이를 키우는 일이 쉽지 않은 일이라 할지라도 대다수의 부모들은 육아의 고통보다 기쁨이 더 크다는 사실을 알고 있다. 그렇지만 주로 미디어를 통해 '기본적으로 고통이 전제돼 있는' 육아를 보고 자란 세대는 이러한 사실을 제대로 인지하지 못하게 된다.

천문학적인 예산을 들였다는 저출산 대책도 자세히 따져보면, 아이를 낳으면 정말 좋다는 식으로 접근하지 않는다. 아이를 키우기 힘드니 지원을 더 해주겠다는 식으로 접근하고 있다. 이처럼 육아라는 힘든 일에서 해방시켜주거나 시스템을 개선해주겠다는 대책이 아니라 누구나 육아가 힘든 것을 알고 있으니 돈을 지원해주겠다는 대책의 내용을 들으면 누구라도 육아를 시작하려 들지 않을 것이다. 도움을 주려는 사람이 처음부터 힘든 일이라고 규정하고 있는데 누가 그런 일을 고민하지 않고 덥석 시작하는가?

더욱이 아이는 낳아놓으면 알아서 큰다는 식의 어른들의 말은 기름을 붓는 격이다. 물론 어른들의 말은 육아를 어렵게 생각하지 않아도 된다는 조언일 것이다. 그리고 일단 아이를 낳으면 눈 깜짝할 사이에 시간이 흘러 아이가 커 있을 것이라는 말이다. 하지만 지금은 예전처럼 아이를 열 명씩 낳고, 첫째가 막내를 업어 키우는 세상이 아니다. 오늘날 예비 부모들에게는 그저 육아를 도와

주지 않는 못난 사람의 참견으로 보일 뿐이다.

　육아뿐만 아니라 결혼도 마찬가지다. 육아 전문가들의 말을 들어보면, 우리나라의 출산율이 떨어지는 가장 큰 이유 중 하나는 사람들이 결혼을 하지 않는다는 것이다. 결혼율과 출산율이 100퍼센트 맞아떨어지진 않겠지만, 결혼율이 높아지면 출산율도 어느 정도 오를 것이다. 하지만 오늘날 많은 젊은이들은 결혼에 대해 부정적이다. 요즘 젊은이들은 어렸을 때부터 부모님들이 자신들은 정말 사랑해서 결혼했고, 늙어서도 백년해로할 것이라는 식의 아름다운 러브스토리를 들으며 성장하기보다 어쩔 수 없이 애들 때문에 산다고 말하는 부모 세대를 훨씬 더 자주 경험했다.

　영화 〈기생충〉에서 주인공 기택(송강호 분)이 박 사장(이선균 분)의 운전기사 역할을 믿음직하게 수행하다가, 선을 넘어 관계를 무너뜨린 대사는 바로 "그래도 (사모님을) 사랑하시죠?"였다. 꼭 이 유명한 대사가 아니더라도 우리는 평소 미디어와 SNS를 통해 부부들이 서로를 사랑하기 때문에 함께 사는 것이 아니라, 단순히 아이를 함께 키우는 동반자로서 어려운 세상을 함께 이겨내는 동료로 그려지는 모습을 더 많이 접하게 된다. 특히 중년 부부의 의무방어전 밈은 사랑 없는 결혼생활과 같은 것으로서 남자와 여자의 성욕 극대화 사이클의 편차를 활용한 유머로 활용된다. 해당 밈은 결혼 후 서로 사랑을 하기 위해 성생활을 즐기는 모습이 아니라 상대방의 넘치는 성욕을 의무적으로 방어하기 위한 실제 부부들의 모습을 그리고 있다.

젊은 세대들은 TV나 TV 밖에서 보는 현실의 모습을 보며 이질감을 느끼고 있다. 게다가 저출산이 확대되면 우리나라는 사라진다거나 젊은 세대들은 결혼을 하지 않는다는 식의 분석을 내놓는 정부와 어른들의 모습들은 보며 모순을 느낄 뿐이다.

현실과 대책의 이질감 속에서 결혼과 출산을 부추기는 것 자체가 젊은 세대가 보기에는 부당한 세상의 단면을 보여주는 것이다. 지금과 같은 상황이 계속된다면 그들은 어른들과 국가가 단지 자신들의 출산을 국가의 리소스, 국민연금을 고갈시키지 않기 위한 자원, 통계 수치상의 추가 인구 1인으로 생각하고 있다는 생각을 버리지 못할 것이다.

각박한 현실과 거리를 두고 있는 일부 부유층은 결혼과 출산을 선택하는 과정에서 그리 큰 고민을 하지 않아도 될지 모른다. 하지만 동시대를 살아가는 보통 사람들은 결혼과 출산을 자연스럽게 받아들이지 못한다. 그들에게는 결혼하고 출산하려면 굳은 결심이 필요하다. 이처럼 굳은 결심을 갖게 만든 책임이 누구에게 있을까. 바로 겉과 속이 다른 말과 행동으로 자신들을 결혼과 출산으로 내몰고 있는 어른들이다.

그런 이유로 오늘도 많은 사람이 경제적으로 최적의 선택을 한다. 단순히 돈의 문제를 말하는 것이 아니다. 지금의 젊은 세대들은 인생에 드는 기회비용을 최소화하는 합리적이고 가치 있는 선택을 하고 있다. 바로 자신이 살고 있는 세상을 자식들에게 물려주지 않는 것이다.

PART 3

왜 유독 더
부당함을 느끼는가?

부당감을 '느끼게' 만든
시대의 변화

앞서 현시대의 젊은 세대들이 지금의 세상에서 왜 '부당하다'고
느끼는지를 살펴봤다. 그럼 유독 지금의 젊은 세대들이 부당함을
호소하는 이유를 조금 더 깊이 들여다볼 필요가 있다.

90년대 출생의 세대들은 2010년대 중반 이후 사회로 본격적으
로 진출하기 시작함과 동시에 기업을 비롯한 조직 사회에서 보상
과 인사 문제가 부당하다며 공식적으로 문제 제기를 했다. 정치나
사회 분야에서도 본격적으로 실력 행사를 하고 있다. 하지만 지금
의 젊은 세대보다 먼저 세상을 살아온 선배 세대 입장에서는 예전
에는 지금보다 더하면 더했지 덜하지는 않았다고 생각하기 쉽다.
이런 생각들은 젊은 세대로 하여금 기성세대를 불편한 존재로 인
식하게 만든다. 반대로 1980년대 이전에 태어난 선배 세대들 입
장에서는 억울함을 느끼는 것도 그리 이상하지 않다.

부당함이라는 인식을 과거와 현재로 비교하기에는 다소 감정적인 지표이므로 투명성이라는 지표로 바꿔 비교해보자. 2020년 현재를 기준으로 50년 전인 1970년을 과거로 놓고 비교해보자. 과거와 비교해 현재 한국 사회의 투명성은 높아졌는가, 혹은 낮아졌는가라고 묻는 질문에 지금의 한국 사회가 과거에 비해 더 퇴행했다고 단언할 수 있는 사람을 찾아보기는 어려울 것이다.

우리 사회 대부분의 구성원들은 세대 구분 없이 한국 사회가 급격한 경제 발전을 이루면서 점진적으로 투명한 사회로 나아가고 있다는 데 동의할 것이다. 물론 특정 이슈에 따른 개인 차는 있을 수 있지만, 적어도 50년이라는 긴 시간을 두고 봤을 때는 대동소이할 것이다.

한국 사회의 투명성을 명확하게 수치로 표현하기는 어려울 것이다. 시대별 경향성 파악을 위해 1970년의 수치를 임의적으로 50퍼센트 수준으로 설정하고 살펴보기로 한다. 우리 사회의 투명성은 매년 0.5퍼센트씩 점진적으로 개선되고 있다고 가정했을 때, 2020년 기준 한국 사회의 투명성은 완벽한 수준까지는 아니지만, 점진적으로 나아지고 있음을 볼 수 있다.

사회의 투명성이 매년 0.5퍼센트씩 개선되고 있다는 점의 합당성에 주목하기보다 1970년도의 50퍼센트 수준과 2020년도의 75퍼센트 수준에 주목해야 한다. 이러한 차이는 1970년 당시가 완전하게 부당한 사회는 아니었다는 의미이면서, 2020년 현재도 완전하게 부당하지 않은 사회가 아니라는 것이다.[43]

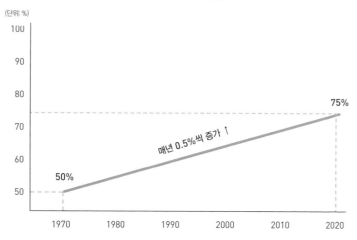

한국 사회의 투명성

(단위: %)

매년 0.5%씩 증가

50%

75%

1970 1980 1990 2000 2010 2020

그렇다면, 한 가지 단순한 질문을 던져본다. 과연 우리 사회가 먼저 투명해지는 것일까, 우리 사회를 살고 있는 구성원들의 인식이 먼저 투명해지는 것일까? 만약 우리들의 인식 수준보다 더 빨리 우리 사회가 투명해진다면 그보다 좋은 사회는 없을 것이다. 이는 한 사회가 알아서 개선되고 발전된다는 것을 의미한다. 그런 나라에 살고 있는 국민들이라면 애초에 부당함을 느낄 이유는 없을 것이다.

하지만 안타깝게도 보통의 사회에서는 사회의 투명성이 구성원들의 인식 수준보다 앞서서 개선되는 일이 흔치 않다. 한국 사회도 마찬가지다. 그래서 우리들은 지금도 알아서 변하지 않는 사회의 변화를 위해 민주주의라는 체제 안에서 법과 원칙에 따라 제

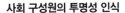

사회 구성원의 투명성 인식

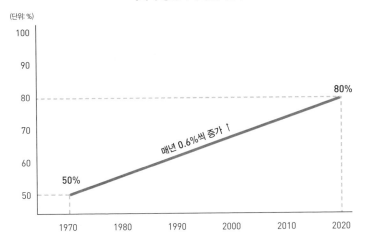

(단위: %)

50%

매년 0.6%씩 증가 ↑

80%

1970 1980 1990 2000 2010 2020

도를 투명하게 운영할 것을 요구하고 직접 투표로 입법부를 선출하고 법 자체의 개선을 끊임없이 요청하고 있는 것이다.

그럼 사회의 투명성보다 사회 구성원들의 투명성 인식이 선행된다고 봤을 때, 우리 사회 구성원들의 투명성 인식은 어느 정도 변화하고 있다고 볼 수 있을까?

우리 사회의 구성원들이 100퍼센트의 투명성을 가지고 사회의 투명성을 요구한다면 매일매일 국가 혁명이 일어나야 할 것이다. 하지만 100퍼센트라는 수치는 불가능하기에 적어도 사회의 구성원들은 자신들의 인식 수준에 비해 한참 떨어지는 사회에 대한 불만이 생겨날 수밖에 없다.

즉, 우리 사회의 투명성이 점진적으로 개선됐다는 점을 감안할 때, 사회 구성원들의 투명성 인식은 그보다 약간 앞선 수준에서 점진적으로 나아졌다고 말할 수 있다. 이는 과거 우리 사회가 정치, 사회, 경제 면에서 급격한 사건들을 거쳐왔지만, 사회 전반에 걸쳐 상시적으로 급진적 변화를 요구하지도 않았고, 그에 따라 급격한 변화도 이뤄지지 않은 것이라 할 수 있다.

한국 사회의 투명성이 매년 0.5퍼센트씩 점진적으로 개선됐다는 가정에 약간의 변화를 더해보자. 1970년도를 기점으로 우리 사회 구성원들의 투명성 인식이 매년 0.6퍼센트씩 개선됐다고 가정해보자.

통상적인 경향성에 따라 도출한 두 가지의 가정을 살펴보자. 우선 오른쪽 그래프와 같은 수준으로 사회 투명성과 구성원들의 투명성 인식 사이에 차이가 나타날 것이다. 두 지표 간의 차이가 바로 부당성을 인식할 수 있는 구간이 된다.

이 그래프를 보고 두 지표 간의 차이 구간이 점진적으로 확대됐으므로 지금의 젊은 세대가 세상을 더 부당하게 인식한다고 말할 수는 없다. 일단 해당 지표는 가정된 수치를 나타낸 것이다. 또한 그래프에서 점진적 경향성을 보이고 있지만 지난 50년간 매년 0.1퍼센트 차이가 쌓인 결과 5퍼센트의 편차라는 지극히 미묘한 차이만을 보여주고 있다. 실제로 이러한 추이대로 세상이 흘러갔다면 유독 부당감을 느끼는 세대 같은 것은 애초에 탄생하지도 않았을 거라는 것을 의미한다.

하지만 현재 우리 사회가 보여주는 실제 사회의 투명성과 구성

사회 투명성과 투명성 인식의 차이

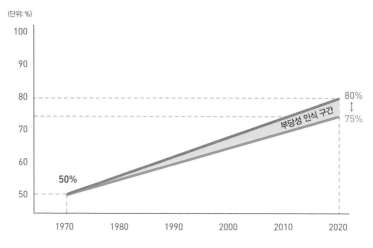

(단위: %)

원의 인식 사이에 발생한 차이는 다음의 그래프와 같다.

2010년도를 기점으로 우리 사회 구성원들의 부당성 인식 구간
이 확연하게 확대된 대표적 이유는 스마트폰과 같은 휴대용 IT기
기의 발전과 보급에서 찾을 수 있다.

2009년 11월 아이폰이 국내에 상륙하며 스마트폰의 보급이 본
격화되고 2010년 삼성의 갤럭시를 위시한 안드로이드 계열의 스
마트폰 진영이 점유율을 높이기 시작했다. 스마트폰 업체들이 서
로 경쟁과 발전을 하면서 우리나라는 전 세계에서 가장 가파른 스
마트폰 보급률을 보였다. 2009년까지 우리나라의 스마트폰 보급
률은 고작 2.0퍼센트에 불과했지만, 2010년에는 14.0퍼센트로
급격히 성장했다. 1년 사이 10퍼센트 이상의 보급률 성장을 이룬

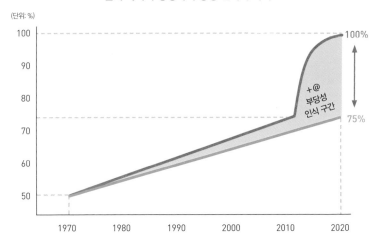

실제 사회 투명성과 투명성 인식의 차이

(단위: %)

후 이듬해인 2011년에는 38.3퍼센트로 전 세계 4위를 기록했으며, 급기야 2012년에는 전 세계 스마트폰 보급률 세계 1위로 올라섰다.[44] 당시 전 세계의 스마트폰 보급률이 평균 14.8퍼센트에 불과했다는 점을 감안할 때 단 3년 만에 스마트폰 보급률이 60퍼센트 이상 급상승했다는 것은 그야말로 유례없는 급격한 변화다.

여기서 사회 구성원들의 투명성 인식이 증대된 과정을 지켜보기 위해서는 스마트폰 보급률 상승이라는 점을 좀 더 세밀하게 살펴봐야 한다.

부당한 세상을 포착하고, 공개로 뿌린다

오늘날 우리가 항상 손에 들고 다니는 스마트폰Smart-phone은 여전히 폰(전화기)으로 불린다. 하지만 단순히 똑똑하고 발전된 전화기보다는 디지털 카메라, 녹음기, MP3플레이어, PDA와 같은 기존의 다양한 휴대형 IT기기들의 기능을 모조리 모아놓은 지능형 단말기다.

세기의 프리젠터로 불리는 스티브 잡스가 2007년에 발표한 1세대 아이폰 출시 프레젠테이션을 떠올려보자. 잡스는 "오늘 우리는 혁신적인 제품을 무려 세 개나 선보이려 한다"라며 운을 뗐다. 세 가지 제품은 "터치로 조작할 수 있는 와이드스크린 아이팟", "혁신적인 모바일폰", "획기적인 인터넷 통신기기"이며 "사실 우리가 진짜 발표하고자 하는 것은 각각 세 개의 제품이 아닌, 이를 모두 하나로 통합한 제품이며, 그것은 아이폰이라 부른다"고 말했다.

잡스는 "우리가 스마트폰이라는 것을 만들었다"라고 말하지 않는다. 아직도 많은 사람이 애플의 아이폰이 스마트폰의 시초라고 생각하지만, 애플이 아이폰을 내놓기 몇 년 전에 이미 스마트폰이라는 카테고리는 존재했다. 블랙베리Blackberry, 노키아Nokia E62, 모토Moto Q와 같은 스마트폰은 전형적인 휴대전화의 기능 이외에도 이메일 기능과 유아용에 가까운 인터넷 기능을 포함하고 있었다. 하지만 PC를 그대로 휴대전화로 발전시킨 탓에 플라스틱 쿼티 키보드를 장착하고 있었다.

잡스가 기존의 스마트폰들이 스마트하지 않다고 불만 섞인 말을 하기도 했지만, 2007년 1세대 아이폰이 등장하기 이전에도 휴대형 IT기기는 혁신이라 부르기는 어려울지라도 점진적으로 발전해오고 있었다.

아이폰이 등장하기 전 우리나라에서도 MP3플레이어, 수백만 화소의 카메라, 인터넷 접속 기능이 내장된 피처폰feature phone을 사용하고 있었다. 다만 인터넷 접속 기능이나 MP3플레이어 같은 기능들이 기본적인 수준에 머물러 있어서 활용도가 극히 낮았을 뿐이다. 하지만 그중에서 휴대전화에 포함된 디지털 카메라 기능인 '폰카'의 기능은 아이폰 도입 이전에도 비교적 월등한 수준을 유지하고 있었다.

2007년에 등장한 LG전자의 뷰티폰(Viewty, 모델명 LH2100)과 삼성전자의 포토제닉폰(모델명 SCH-W380) 등의 스펙을 보면, 500만 화소 이상의 고화소 카메라 기능을 탑재하고 있었다. 당시 고화소의 폰카가 탑재된 휴대전화를 소개하는 자료를 보면 '디카를 위협하는 핸드폰 카메라'라고 수식하고 있다. 그런데 휴대전화 카메라 기능의 발전은 기술의 발전을 넘어서 한국 사회의 사회적 변화를 일으키기 시작했다. 바로 학교 체벌 문제를 고발하는 수단으로 쓰이기 시작한 것이다.

체벌은 몸에 가해지는 물리적인 벌을 뜻하며 우리 사회에서 학교 교육의 필수 수단으로 여겨졌다. 학교 체벌을 이야기하면 영화 〈친구〉를 떠올리는 사람이 많다. 영화 속 선생님이 "아버지 뭐하시노?"라고 학생에게 따져 물으며 손목시계를 풀고 학생들을 패는 장면일 것이다. 또 영화 〈말죽거리 잔혹사〉나 〈우리들의 일그러진 영웅〉 등에서도 비슷한 체벌 장면이 등장한다. 많은 사람이 1980년대 이전 군사 정권에서나 체벌이 있었다고 생각하겠지만, 무시무시한 수준의 학교 체벌은 21세기 초까지도 드물지 않게 자행돼왔다.

우리 사회에서는 1970년대부터 체벌을 금지해야 된다는 논란이 등장했었다. 1987년 6.29선언으로 민주화가 진전된 뒤에도 학교 체벌 문제가 수그러들지 않자, 언론에서는 '교육 폭력', '교사 폭력'이라는 이름으로 쟁점화를 시키기도 했다. 또한 1991년 유엔아동권리협약에 가입/비준한 이래 유엔 아동권리위원회UNCRC로부터 학생 체벌을 명시적으로 금지하는 법률을 마련하라는 권고를 수차례에 걸쳐 받았지만, 교육 현장에서 체벌은 쉽사리 사라지 않았다.

20세기에서 21세기로 넘어가는 과정에서 우리 사회는 선진국의 반열에 올라섰고 교사와 학생들의 체벌에 대한 인식에도 변화가 생기기 시작했다. 다만 인식의 변화가 학교 체벌 금지와 같은 제도화로 이어지지는 못했다. 일부 정치권의 노력도 수포로 돌아가기 일쑤였다. 2006년 민주노동당 의원 열 명이 체벌 금지를 골자로 한 〈초중등교육법 일부개정법률안〉을 발의했으나 2008년 제17대 국회의 임기 만료로 별다른 진전 없이 폐기됐다.

이처럼 대중의 인식 변화나 정치권의 노력도 해내지 못한 학교 체벌 문제는 휴대형 IT기술의 발전으로 실질적인 변화를 맞이했다. 2000년대 초반 고화질 동영상 촬영 기능이 탑재된 휴대전화가 대중적으로 보급되자 학생들이 교사의 과도한 체벌을 촬영해 증거로 남길 수 있게 됐다. 실제로 2004년 수원의 한 고등학교 교실에서 종례 시간에 남자 교사가 여학생을 주먹 등으로 마구 때리는 장면을 담은 동영상이 인터넷 등을 통해 공개돼 파문을 일으켰다. 한 학생이 폭행 장면을 폰카로 촬영해 만천하에 알린 것이다.

단순 체벌이 아닌 무차별 폭행에 가까웠던 체벌이 공개적으로 알려지면서 해당 교사는 직위 해제를 당했다. 당시 사건을 계기로 학교 체벌의 폭력성이 국내는 물론이고 전 세계에 적나라하게 드러나게 됐다. 이후 학교 체벌이 교사 폭행으로 이어지는 모습, 즉 그동안 은폐돼 있던 체벌의 실상을 고발하는 데 폰카가 위력을 발휘하면서 교육 현장의 교사들은 자신들의 부적절한 언행이 증거로 남는 것을 두려워하게 됐다.[45] 즉, IT기술의 발전으로 등장한 폰카 덕분에 교실 안의 투명성이 시스템적으로 가능하게 된 것이다.[46]

2020년 이후 한국의 군대에서도 각종 불합리와 부당함을 토로하는 목소리가 터져 나오기 시작했다. 이 또한 '유독 지금의 젊은 세대가 공정함을 요구해서'라기보다 2020년 7월부터 군인들의 휴대전화 사용을 정식으로 허가했기 때문이다. 그로 인해 코로나19 격리시설의 낙후성과 말로 표현하기 어려울 만큼 형편없는 식단이 언론에 알려져 논란을 일으키고 제도 개선으로 이어지고 있다. 이러한 일련의 상황들이 모두 휴대형 IT기술의 도입에 따른 결과라고 볼 수 있다. 결코 90년대생이나 00년대생이 유달리 특별해서가 아니다. 단지 기술의 변화가 이뤄지는 과정에서 우리 사회의 투명성 인식에 영향을 미치는 시점과 그들의 생애주기가 맞아떨어졌을 뿐이다.

그런데 2010년 아이폰의 등장을 기점으로 안드로이드 계열 스마트폰의 보급이 투명성 확보에 기여한 의외의 역할이 있다. 바로 모바일 인터넷 연결의 공포를 완화시켜줬다는 것이다.

2000년대 중후반 피처폰 사용자라면 절대 눌러서는 안 되는 공포의 버튼이 하나 있었다. 키패드 중앙에 있는 인터넷 연결 버튼이다.[47] 이 버튼을 누르면 무선 애플리케이션 프로토콜WAP을 통해 휴대전화로 인터넷을 활용할 수 있었다. 잠시라도 방심해 접속 시간이 늘어나면 엄청한 수준의 데이터 통화료와 정보 이용료가 부과되기도 했다. 당시에는 게임이나 벨소리 등을 다운로드하려면 국내 통신사들이 독점적으로 구축한 WAP만을 사용할 수 있었다. 따라서 인터넷 연결 버튼은 통신사로서는 막대한 수익 창출 창구이지만 피처폰 사용자들에게는 절대로 눌러서는 안 되는 공포의 버튼이었다. 심지어 휴대전화 인터넷을 무심코 사용했다가 수백에서 수천만 원의 이용료 폭탄을 받은 일부 사용자가 자살을 하는 등의 사회 문제를 야기하기도 했다.

2009년 아이폰 출시 이후 가장 획기적인 변화는 인터넷 사용자들이 본격적으로 휴대용 IT기기를 통해 인터넷 접속을 할 수 있었다는 것이다. 아이폰 출시 이후 통신사들은 와이파이를 일반 폰에까지 탑재하기 시작했다. 동시에 자사 와이파이존을 확충하

고 이를 타 통신사에게도 개방했다. 인터넷 요금제 또한 요금 폭탄이 발생하는 공포의 요금제를 다양하고 합리적으로 개선했으며 급기야 2010년에는 무선 인터넷 무제한 요금제를 출시하기에 이른다.

휴대형 IT기기 발전사와 투명성의 관계를 요약하자면, 휴대기기를 통한 사진, 동영상, 음성 기록의 기술이 증대함에 따라 투명하지 못한 사실 증거를 포착할 수 있게 됐다는 것이다. 더불어 유선 인터넷을 통한 인터넷 접속 환경에서 스마트폰을 통한 인터넷 접속 환경으로 발전하면서 전 국민이 실시간으로 움직이는 블랙박스가 됐다.

엄친아와 금수저의 차이점 (비교 범위의 무한 확대)

2005년 인터넷 커뮤니티와 버디버디 같은 메신저에 정체불명의 단어 하나가 갑자기 등장했다. 바로 엄친아다. '엄마 친구 아들'의 약자인 엄친아는 흔히 부모가 "엄마 친구 아들 ○○는 공부도 잘하고, 운동도 잘하고, 얼굴도 잘생기고~"와 같이 다른 집 아이와 자녀를 비교하는 데서 유래했다. 특히 2005년 12월 네이버 웹툰 〈골방환상곡〉에서 엄친아를 소재로 삼으면서 널리 퍼지기 시작했다.

엄친아는 단순히 자신의 주변에 있는 우월한 사람을 의미하지만 수많은 한국의 자녀들이 어머니에게 야단을 맞을 때 유난히 자주 인용되는 존재다. 내 주변의 밈과 같은 존재에 불과했던 가공의 인물 엄친아는 언론에 본격적으로 등장하면서 단순히 공부를 잘하거나 운동신경이 뛰어나는 것과 같은 능력보다 집안 환경에 더 중점을 두는 단어로 변모하기 시작했다. 언론 기사 표제에 "연예인 ○○○, 알고 보니 재벌집 아들인 엄친아"와 같은 식으로 활용된 것이다.

2010년대로 넘어오면서 엄친아는 또 다른 용어로 대체됐다. 바로 금수저다. 금수저는 본래 "은수저를 물고 태어나다born with a silver spoon in his mouth"라는 서양의 관용구에서 따온 것이다. 2010년대 초반에 소위 수저계급론이 유행하면서 부유한 부모를 만나 금전적으로 걱정할 필요가 없는 자녀들을 일컫는 용어로 자리 잡았다.

2000년대에 유행하던 엄친아나 2010년대에 유행한 금수저는 세부적으로 살펴보면 다소 차이가 있지만 결국 태생적으로 유복

한 집안 환경 등을 가진 존재를 상징한다. 그리고 자신의 조건과 비교할 때 부러운 존재라는 공통점을 가지고 있다.

엄친아와 금수저의 핵심적인 차이는 바로 비교 범위다. 엄친아는 비교의 범위가 엄마의 친구 아들처럼 내 주변 혹은 내 주변의 지인으로 한정된다. 금수저는 비교 범위가 내 주변을 넘어 무한대로 확대됐다. 이러한 차이는 당시 사용하던 SNS 사용 환경의 변화와도 유사한 흐름을 보인다.

2000년대 중후반 한국은 싸이월드가 열풍이었다. 싸이월드는 당시 인터넷 문화를 이끈 아이콘적인 SNS였다. 역대 어떤 플랫폼도 따라갈 수 없을 만큼 많은 대중이 이용했다. 2000년대 후반까지 싸이월드의 이용자는 4,000만 명이 넘었다. 또 도토리와 일촌평으로 대표되는 싸이월드의 서비스는 인터넷 환경 내에서의 유행을 넘어 2000년대를 상징하는 아이콘으로 자리매김했다. 당시 웬만한 유명인과 정치인까지도 미니홈피를 개설해 활동할 정도로 영향력이 어마어마했다.

싸이월드는 포털 사이트처럼 여러 가지 기능을 갖추고 있었지만, 그 핵심은 인맥 구축 기능에 특화된 미니홈피 서비스였다. 미니홈피는 우선 나를 중심으로 구축된 환경이다. 사용자는 '파도타기'를 통해서 나와 친구 관계를 맺은 1촌을 중심으로 인맥을 확장할 수 있다. 자신이 모르는 사람과도 1촌을 맺을 수 있는 시스템이지만 싸이월드의 인맥은 대부분 오프라인에서 서로 알고 지내는 사람이 서로의 싸이월드 주소를 교환해 1촌을 맺어 형성된다. 즉,

이미 알고 있는 사람들의 오프라인 관계가 온라인으로 확장된 것이다. 겉으로 보면 개방형 SNS일지 몰라도 사실상 굉장히 폐쇄적인 SNS였다. 따라서 온라인상에서 자신이 누군가와 비교되는 범위는 기껏해야 오프라인 관계의 복사판 정도에 불과했다. 자신의 부나 귀중품을 과시하거나 자신이 다른 사람들의 부러움의 대상이 되는 정도에 리미트limit가 걸려 있는 상태였던 것이다.

반면 인스타그램instagram을 비롯한 현시대에 유행하는 SNS들은 폐쇄적이지 않고 무한한 개방성이 특징이다. 물론 인스타그램에서도 오직 자신의 팔로워에게만 사진과 동영상 콘텐츠를 공개하는 비공개 계정을 설정할 수 있다. 하지만 기본적으로 대부분의 사람들은 오프라인의 지인을 넘어 팔로우의 범위를 무한대로 확장할 수 있다. 비공개 계정을 운영하더라도 탐색 창을 이용하면 알고리즘을 통해 나에게 추천된 수많은 콘텐츠를 검색할 수 있다.

그런 환경 덕분에 자신도 잘 알지 못하는 사이에 자신과 비교할 수 있는 대상의 범위가 무한정 확대됐다. 나라는 존재가 거대한 대양 앞에 서 있게 된 것과 비슷하다. 많은 사람들이 그동안 폐쇄적인 SNS나 엄친아 같은 존재 앞에서 최소한의 상대적 우위를 점할 수 있었을 것이다. 하지만 오늘날 사람들은 무한대로 펼쳐진 SNS에서 수많은 금수저나 언제나 행복해 보이는 사람들, 자신이 맛보지 못한 산해진미, 비현실적인 미남과 미녀, 몸짱들을 마주하게 됐다. 눈앞에 보이는 게시글들이 사실인지는 모르겠지만, 당장 자신의 눈에 보이는 대상과 자신의 현실을 비교하며 말할 수 없는 상대적 박탈감에 빠지기 쉬워졌다.

노동 시장에서 벌어지는 경력자의 이동 패턴도 비교 범위의 확대와 일부 관련이 있다. 보통 사람들은 회사를 노동력의 구매자로, 노동자를 공급자로 생각한다. 회사가 노동력을 구매한 대가로 임금과 복리후생을 지불하기 때문이다. 즉, 회사는 노동력을 제공하는 인력의 품질을 평가한 후 적절한 돈을 지불해 인재를 확보한다.

하지만 반대로 생각해도 동일하게 적용될 수 있다. 즉, 회사도 직원들이 구매하는 경력 설계 상품의 일종이기 때문이다. 노동 시장에서 노동자들은 여러 회사 중 어떤 회사가 나에게 가장 높은 금전적 가치를 제공하고 자신의 경력 설계에 도움을 줄 수 있을지 판단한 후에 회사를 선택한다. 물론 입사라는 개념에서 봤을 때 노동자의 선택 여부는 회사가 먼저 노동자를 선택하는 단계가 선행돼야 한다. 하지만 최종 단계에서 이뤄지는 계약은 회사가 아닌 노동자가 결정한다. 노동자는 최종 합격 통보를 받고서 이를 거절해도 아무런 문제가 없지만 최종 합격 통보 후에 회사가 결정을 번복하면 큰 절차적 문제를 일으키게 된다.

현재의 노동 시장에서는 노동자의 선택 범위가 과거에 비해 확대됐다. 10여 년 전 이직을 고려하던 노동자들은 보통 동종 기업군의 범위 내에서 탐색을 하는 편이었다. 예를 들어, SK하이닉스에 근무하는 직원이라면 통상적으로 동종 기업인 삼성전자 반도체 부문으로 이직하는 것을 고려하는 식으로 이직의 범위가 한정돼 있었다. 하지만 요즘은 직무와 업무 범위만 맞는다면 동종 기업이 아니어도 관계가 없다. 가령, SK하이닉스에 근무하는 개발자라면 네카라쿠배(네이버, 카카오, 라인, 쿠팡, 배달의민족)를 비롯해 개발 업무를 할 수 있는 모든 곳이 비교 대상이 됐다.

공급처는 그대로이면서 수요처가 확대되면 자연스럽게 가치 상승으로 이어지는 것이 시장의 원칙이다. 노동자 입장에서는 자신의 가치를 비약적으로 상승시킬 수 있지만, 회사 입장에서는 이직이 아니더라도 높은 퇴사율을 보이면서 노동력의 감소로 이어질 수 있다. 이러한 노동 시장의 특성 때문에 최근 IT기술 소프트웨어 업계는 개발자 구인난에 허덕이고 있다. 단지 젊은 세대의 가치관과 행동에 변화가 생겼기 때문에 벌어진 현상이 아니다. 핵심은 비교 범위의 무제한 확대에 있다.

또한 이는 공정의 문제와도 이어진다. 예를 들어 자신의 시장 가치 상승에 따라 회사에서 정당한 대우를 해주지 않는다고 생각하는 노동자들의 적개심이 대표적이다. 현재 그들이 속한 노동시장에는 이를 회사 안에서 해소할 방식이 존재하지 않기 때문이다. 당연히 그들은 자신의 능력에 따라 다시 연봉 협상을 하겠다는 제안을 회사에 할 수 없다. 따라서 자신의 현재 지위가 부당하다고 여길 때는 이직을 통해서만 더 높은 연봉과 더 높은 지위를 얻을 수 있다.

아날로그에서 디지털로 변화했다는 것의 의미

비교 범위의 확대보다 더 큰 문제는 비교의 단위가 세분화됐다는 것이다. 현재 90년대생이나 00년대생들이 속한 밀레니얼 세대, 혹은 Z세대는 소위 디지털 네이티브로 불리기도 한다. 이들은 기존 세대에 비해 좀 더 디지털에 익숙하다는 특징을 갖고 있다.

디지털 네이티브의 사전적 의미를 찾아보면 어린 시절부터 디지털 환경에서 성장한 세대로 정의하고 있다. 즉, 스마트폰과 컴퓨터 등 디지털 기기를 원어민native speaker처럼 자유자재로 활용하는 세대라는 의미다. 지금의 젊은 세대가 단순히 기성세대보다 아이폰이나 다른 IT기기를 좀 더 잘 다룰 줄 안다는 정도로 바라본다면 피상적인 모습만을 본 것에 불과하다. 디지털 네이티브의 핵심은 기본적인 사고 회로와 세상을 바라보는 프리즘이 디지털의 특징과 유사하게 변화했다는 사실이다.

나는 강연에서 비교 단위의 세분화를 휴대전화의 배터리 잔량에 비유하곤 한다. 2009년 한국에 아이폰이 등장하기 전까지 대부분의 사람들은 피처폰을 사용했다. 피처폰은 쉽게 말해 기능형 전화기를 말한다. 2010년대 초반 이후 스마트폰이 널리 퍼지면서 이전까지 사용했던 휴대전화를 구분하기 위해 등장한 용어다. 예를 들어 스마트폰 이전에 썼던 애니콜의 가로본능, 싸이언의 초콜릿폰, 롤리팝과 같은 폴더폰을 말한다.

대부분의 피처폰은 화면의 상단에 있는 막대기 숫자로 배터리 잔량을 확인하는 방식이었다. 만약 배터리 표시칸에 네 개의 막대기가 있다면 충전 상태가 100퍼센트 완충에 가까운 것이고, 두 개의 막대기가 있다면 충전량이 50퍼센트 수준, 막대기가 하나도 없고 배터리 표시칸 자체가 깜빡거리고 있다면 충전량이 0퍼센트에 가까운 것이다. 반면 현재 사람들이 쓰는 스마트폰은 배터리 잔량을 퍼센트(%)로 표시한다. 즉, 피처폰을 쓰던 시절에는 배터리 잔량을 5단계(0-1-2-3-4)로 표시했지만 지금은 101단계(0~100%)로 세분화해 표시한다.

피처폰과 스마트폰의 배터리 잔량 표시 방식을 기술력의 차이로 생각하는 것은 다소 무리가 있다. 배터리 잔량을 표시하는 방식은 전위차를 각각의 대략적인 단위로 환산하는 원리다. 예를 들어, 4.299볼트를 100퍼센트로 가정해 전위차가 줄어드는 정도를 퍼센트로 환산하는 방식이다. 피처폰에서는 배터리의 전위차를 그대로 출력해 보여줬다면 스마트폰에서는 1퍼센트 단위로 환산해서 보여준 것이다. 즉, 기술적으로는 피처폰에서도 충분히 표시할 수 있는 방식이었다. 이를 기술력의 차이로 볼 수는 없다. 하지만 휴대전화 생산 관계자에 문의한 결과 피처폰을 사용했던 시기에는 굳이 101단계의 퍼센트로 표기할 필요가 없었을 뿐이라고 한다. 물론 현재도 일부 스마트폰에서는 배터리 잔량을 퍼센트 단위로 표기하는 방식을 사용자가 선택할 수 있다.

완전한 디지털 세상에 더 가까워질수록 가장 두드러지는 특이점은 5단계에서 101단계로 세분화된 배터리 잔량 표시 방식처럼 세상을 보는 프리즘도 세분화된다는 것이다. 세분화된다는 것은 그만큼 세상을 세밀하게 나눠서 본다는 의미도 있지만, 세상을 민감하게 감지할 수 있다는 의미도 된다. 가령 불과 수년 전만 해도 회사 출근 시간이 9시라면 30분 전까지 출근하는 것이 예의라는 암묵적인 룰이 있었다. 기존의 세대들도 일찍 출근하는 것은 부담이었지만 서로서로 그러려니 하면서 지냈다. 하지만 똑같은 룰을 지금의 젊은 세대에게 강요하면 거부감을 표시한다. 그들이 갑자기 출근 시간에 민감해졌다기보다 세상을 좀 더 세분화해 보는 특징 때문이다. 즉, 시간을 1분 단위로 보기 때문에 9시까지 출근해야 한다면 8시 59분까지만 출근해도 충분히 일찍 오는 것이라고 생각하는 성향이 더 강하다.

미세함을 느낀다는 것

전 세계를 강타한 코로나19 팬데믹 이후, 바이러스 감염을 막기 위해 보건 당국에서 내놓은 대책은 바로 마스크 쓰기였다. 하지만 국가가 법과 시행령 등을 통해 구성원 전체에게 마스크 착용을 강제하는 것이 옳은지에 대해 국가별로 큰 논쟁이 일었다.

우리나라는 마스크 착용과 관련한 논쟁에서 비교적 자유로운 편이었다. 미국을 비롯한 서양 국가에 비교할 만큼은 아닐지라도 우리도 개인의 자유를 중요하게 생각한다. 다만 우리가 전 국민 마스크 착용에 큰 저항감이 없었던 것은 '이미 마스크를 쓰고 있었기 때문'이다. 우리나라 사람들은 미세먼지로부터 자신을 보호하기 위해 마스크를 이미 착용하는 데 익숙해 있었다.

우리나라는 2010년도 중반부터 극심한 농도의 미세먼지를 사계절 내내 경험하고 있었다. 특히 몽골에서 발현되는 황사가 시작되는 봄철과 중국의 화석연료 수요가 집중된 것으로 예상되는 겨울철에 특히 심했다. 그런 덕분에 우리나라 국민은 코로나가 지구촌을 휩쓸기 전부터 미세먼지 입자를 94퍼센트 이상 차단할 수 있는 KF94 마스크를 착용해왔다. 또한 마스크를 구비하는 데 이상함을 덜 느꼈던 것이다.

그럼 우리나라를 강타한 극악의 미세먼지가 예전에는 없었는지 의문이 들 수 있다. 적어도 예전에는 미세먼지를 막기 위해 마스크를 요즘처럼 적극적으로 쓰지 않았으니 말이다. "예전에는 봄이든 겨울이든 미세먼지 마스크를 쓰지 않아도 됐고 파란 하늘도 볼 수 있었는데"라는 생각은 절반은 맞고 절반은 맞지 않는다. '예전'의 기준을 언제로 삼느냐에 따라 달라지기 때문이다.

우선, 1960년대부터 1970년대까지를 '예전'으로 삼으면 파란 하늘을 볼 수 있었다는 말이 사실일 가능성이 높다. 당시 우리나라의 미세먼지 농도를 알려주는 관측 자료가 없으니 미세먼지를 내뿜는 자동차 등록 대수로 유추해볼 수 있다. 1960년대의 등록 차량은 약 3만 대, 1970년대의 등록 차량은 12만 6,000여 대에 불과했다. 더불어 화력발전소도 몇 기뿐이었고 산업체의 수도 적었으니 미세먼지 농도가 낮았을 가능성이 매우 높다.

그런데 1980년도 이후부터 변화가 생긴다. 당시에 가내수공업에서 중공업으로 주력 산업이 이동하고 경제 개발에 속도가 붙기 시작하면서 환경 문제로 대기오염이 처음 대두되기 시작했다. 86아시안게임과 88올림픽을 앞두고 대기오염 문제에 대한 공익 광고가 등장한 것을 보면 1980년대에 대기오염이 그만큼 심했다는 사실을 방증한다.[48]

"올림픽을 앞둔 우리 환경, 참 많이 좋아졌죠. 깨끗해진 공기, 물도 맑아 지고요. 주변도 산뜻해졌어요. 그런데 잠깐만… '매연을 내뿜는 버스, 경고!', '매연을 뿜어내는 공장, 경고!' 환경을 더럽히는 반칙들이에요."

_ 86아시안게임과 88올림픽을 앞둔 1985년 TV에 방영된 공익광고 '환경 보전편'

실제로 먼지에 따른 대기오염이 심해지면서 정부는 1984년부터 먼지를 대기오염 물질 중 하나로 지정해 측정하기 시작했다. 당시에는 미세먼지(PM10 또는 PM2.5)를 측정한 것이 아니라 먼지의 크기와 관계없이 공기 중에 떠다니는 모든 먼지의 총량인 총먼지 TSP: Total Suspended Particle를 측정했다. 대기 중 총먼지 관측은 1984년부터 2000년까지 이어졌다. 서울에서 지금과 같은 미세먼지(PM10)를 관측하기 시작한 것은 1995년부터다.

환경부의 한국환경연감 자료를 보면 관측 첫해인 1984년 서울의 연평균 총먼지는 $210\mu g/m^3$이었고 1985년에는 $216\mu g/m^3$를 기록했다. 아시안게임이 열린 1986년부터는 먼지가 줄기 시작해 올림픽이 열린 1988년에는 $179\mu g/m^3$를 기록했다. 이후에는 더욱 급격하게 먼지가 감소해 1994년에는 $78\mu g/m^3$를 기록했다. 이전

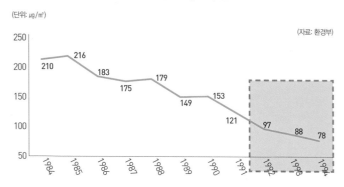

연도별 서울 총먼지(TSP) 농도

(단위: ㎍/㎥)

(자료: 환경부)

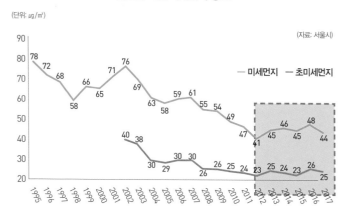

연도별 서울 미세먼지 농도

(단위: ㎍/㎥)

(자료: 서울시)

— 미세먼지　— 초미세먼지

기록은 없지만 1980년대 중반 이후 대기 중 먼지는 지속적으로 감소했다고 볼 수 있다. 다른 대기오염 물질은 제외하고 먼지만 볼 경우 90년대보다 80년대가 먼지가 더 심했던 것은 분명하다. 80년내보다 90년대가 공기질이 더 좋은 것이다.

미세먼지(PM10)를 측정하기 시작한 90년대 중반 이후는 공기질이 어떻게 달라졌을까? 2000년대 들어 대부분 지역에서 미세먼지(PM10) 측정을 시작했지만 서울의 경우는 1995년부터 미세먼지를 측정했다. 초미세먼지(PM2.5)의 경우도 전국적으로는 2015년부터 관측을 시작했지만 서울의 경우는 2002년부터 관측을 시작했다.

1995년 서울의 연평균 미세먼지(PM10) 농도는 78㎍/㎥이었다. 2000년대 초까지 70㎍/㎥ 안팎을 오르내리던 서울의 미세먼지 농도는 이후 빠른 속도로 줄어들어 2012년에는 관측사상 가장 낮은 41㎍/㎥를 기록했다. 이후 2017년까지는 다시 조금 늘어나는 경향이 나타나기도 했지만 45㎍/㎥ 안팎을 기록했다. 전반적으로 1990년대 중반 이후 미세먼지가 줄어들고 있다고 볼 수 있다. 2002년부터 관측을 시작한 초미세먼지(PM2.5) 농도를 보더라도 최근 들어 25㎍/㎥ 안팎에서 주춤하고 있지만 2000년대 초반보다 농도가 크게 낮아진 것을 볼 수 있다. 관측값인 만큼 국내에서 발생한 먼지뿐만 아니라 중국발 먼지까지도 당연히 포함된 것이다. 결국 다른 대기오염 물질은 제외하고 미세먼지만 볼 경우 1990년대 중반 이후 대기질은 좋아지고 있는 것으로 볼 수 있다.

"미세먼지가 예전에는 이렇지 않았는데…", "늘 푸른 하늘을 볼 수 있었는데…"라는 말은 1960년대를 기준으로 생각하면 틀림이 없을 것이다. 1970년대를 생각해도 크게 틀리지 않다. 하지만 '예전'을 1980년대나 1990년대, 2000년대 초로 생각한다면 먼지 관측 기록 결과와 비교할 때 현실과는 조금 맞지 않는 모습을 보인다. 다른 대기오염 물질을 제외하고 대기 중 먼지만을 기준으로 볼 때 총먼지 측정을 시작한 1984년부터 현재까지는 전반적으로 대기질이 좋아졌다고 보는 것이 옳다. 즉, 1980~1990년대, 심지어 2000년대는 지금보다 먼지가 더 심했다.

물론 이러한 통계치를 기준으로 1980~1990년대가 지금보다 훨씬 공기의 질이 나빴다고 단정 지을 수는 없을 것이다. 연평균 먼지 농도가 과거에 훨씬 높았다 할지라도 평균의 함정을 고려해야 하기 때문이다. 만약 미세먼지의 좋고 나쁨의 기준을 연평균이 아닌 최고치로 삼는다면 무조건 예전에 공기의 질이 더 좋았다고 말할 수 없을지 모른다.

가령 2019년 1월 5일에는 서울의 일평균 초미세먼지 농도가 $144 \mu g/m^3$로 관측 이래 최고치를 기록하기도 했다. 정부가 공식적으로 초미세먼지 농도를 집계한 2015년 이래 가장 높은 수치였다. 당시 서울과 인천, 경기, 세종, 충남, 충북 지역에서는 7일 연속으로 고농도 미세먼지 비상저감조치를 시행하기도 했다. 이전까지는 4일 연속이 최장 기간이었다. 즉, 미세먼지를 비롯해 공기질이 전체적으로 심각했던 날이 예전보다 더 많았던 것이다.

하지만 최근 10년간 공기질 평균으로 따져보면 지금보다 1980~1990년대의 공기질이 더 심각했다는 것을 알 수 있다. 그렇다면 이처럼 공기질이 평균석으로 개선됐음에도 불구하고 왜 사람들은 미세먼지로 공기가 나빠졌다고 생각하고, 이전에는 쓰지 않았던 마스크를 그토록 열심히 썼던 것일까?

그것은 미세먼지가 심해져서라기보다 미세먼지가 눈에 보이기 때문이다. 원래 미세먼지PM, Particulate Matter는 대기 중에 떠다니며 눈에 보이지 않을 정도로 작은 먼지를 말한다. 물론 초고농도의 미세먼지가 낀 날은 하늘이 잿빛으로 변하기도 한다. 하지만 기본적으로 미세먼지는 우리 눈에 보이지 않는다. 육안으로 봐서 화창한 날임에도 미세먼지가 심각한 날이 있고, 하늘이 잿빛인데도 미세먼지 농도가 낮은 날이 있을 수 있다.

여기서 미세먼지가 우리 눈에 보인다는 것의 의미를 생각해봐야 한다. 현재 우리는 언제든 포털 사이트에서 검색하거나 미세먼지 앱에 접속해 아주 간편하게 미세먼지의 세부적인 수치(PM10 농도와 PM2.5 농도)를 볼 수 있다. 정부나 관련 기관에서는 미세먼지 데이터를 세부적으로 측정해 누구나 웹/모바일 환경에서 수치를 손쉽게 확인할 수 있도록 제공하고 있다. 그래서 우리는 미세먼지가 눈에 보인다고 인식하고 있는 것이다. 다시 말해 미세함을 측정할 수 있는 환경이 사람들에게 민감도를 선사했다는 표현이 적합할 것이다.

미세함을 느끼는 감각은 미세먼지에 국한되지 않는다. 마이크로어그레션microaggression이라는 신조어가 있다. 직역하면 아주 작은 공격이라는 뜻이다. 이를 풀어보면 눈에 잘 띄지 않을 정도로 미세하고 만연한 차별을 뜻한다. 최근 우리나라에서는 이를 미세차별이라는 단어로 부른다.[49]

미세 차별을 조금 더 쉽게 설명하자면 예전에는 무심코 내뱉어도 문제가 되지 않던 말과 행동들이 문제가 되기 시작했다는 것을 의미한다. 예를 들어, 과거에 흑인들을 지칭하던 '흑형'이나 '흑진주' 같은 표현들이 대표적이다. 그보다 앞서 흑인들을 부르던 모욕적이고 차별적인 언어로는 '깜둥이', '튀기' 같은 말도 있었다. 지금은 그러한 단어를 쓰는 사람이 거의 사라진 듯하다. 이처럼 모욕을 주려는 의도가 아니거나 차별이라고 생각하지 못한 단어들이 당사자들에게는 차별적인 언어로 들릴 수 있으니 사용을 자제해야 한다는 생각이 미세 차별이라는 개념에서 비롯한다.

미세 차별의 언어는 인종차별 문제 이외에도 어린이나 어르신들에 대한 차별적인 언어나 성별의 이분법적인 표현을 포함한다. 가령, 초딩, 중딩, 고딩 같은 표현은 어린이와 청소년을 무시하는 표현이고, 새색시 같은 남자라는 표현은 성별의 이분법을 전제로 한 표현인 셈이다. 최근에는 출산율과 유모차라는 단어도 여성 비하적인 언어이므로 출생률과 유아차로 바꾸자는 의견도 나오고 있다.

이러한 분위기 속에 2014년 8월 국가인권위원회는 "장애인에 대한 고정관념, 편견 만드는 표현 삼가야"라는 제목의 성명을 발표했다. 신문, 방송 등의 언론 보도에서 장애인에 대한 고정관념이나 편견을 만들 수 있는 지칭이나 속담, 관용어가 사용되지 않도록 관심과 주의를 갖자는 것이 골자였다. 더불어 우리가 공적 영역에서도 흔하게 사용하는 '절름발이 정책', '눈먼 돈'과 같은 표현을 장애인 차별 표현으로 규정하고 각각 '불균형한 정책', '대가 없이 얻는 돈' 등으로 바꾸는 것을 제안하기도 했다.[50]

2021년에는 한 공무원이 하급자에게 '확찐자'라는 표현을 썼다가 기소되는 일도 있었다. 대법원에서는 이를 외모 비하성 발언을 한 것으로 보고 모욕죄에 해당한다며 벌금 100만 원을 선고한 원심을 인정하기도 했다.

디지털 시대의 통제가능성과 공정(정당함)

자기 결정성 이론과 공정성

교육학을 공부한 사람이라면 들어봤을 이론이 있다. 에드워드 데시 Edward Deci와 리처드 라이언 Richard Ryan이 1975년에 정립한 자기결정성 이론 SDT, Self-determination theory이다.

자기결정성 이론에 따르면, 인간은 누구나 자율성과 관계성, 그리고 유능감이라는 세 가지 기본 욕구를 충족할 때 만족스러운 인생을 살 수 있다. 즉, 자기결정성이란 자신의 행위를 스스로 결정하기 위한 행동을 선택하고 다른 사람들과 우호적인 관계 속에서 바람직한 목적을 성취하기 위해 자신의 능력을 실행하려는 인간의 욕구를 의미한다.

이를 반대로 해석하면 자율성과 관계성, 그리고 유능감이라는 욕구를 충족하지 못한 사람은 불행감을 느낀다는 말이다. 특히,

세 가지 욕구 중 가장 핵심적인 욕구는 자율성 autonomy이다. 자율성이 훼손되거나 충족되지 않을 때 인간은 누구나 불행을 느끼게 된다.

하지만 현대 사회를 살아가는 우리는 자신의 운명을 스스로 결정할 수 없는 환경에 놓여 있다. 사람들은 인생의 행복을 결정하는 자기 결정권을 지키기 위해 기능적으로 어떤 일을 내가 통제할 수 있고, 어떤 일을 내가 통제할 수 없는지를 사전에 판단하고자 한다. 이를 편의상 통제 가능성이라고 부르도록 하겠다.

자신의 인생을 자신이 결정할 때 인생의 행복을 결정할 수 있다는 말은 예나 지금이나 보편적으로 동일하다고 생각할 수 있다. 하지만 오늘날은 자신이 인생을 얼마나 통제하고 있는지를 판단하는 가늠자가 좀 더 촘촘해지고 민감해진 시대다. 예전에는 개인이 통제할 수 있는지 여부를 판단할 수 없었던 영역이 요즘에는 자신이 통제할 수 있는 영역으로 넘어오게 됐다. 이처럼 차이를 만들어낸 요인으로 몇 가지를 앞에서 들었다. 수치를 대충 판단할 수 있는 아날로그 환경에서 0과 1로 정확하게 구분할 수 있는 디지털 환경으로 바뀐 것이 대표적이다. 또 그동안 대중이 인지하지 못했던 민감한 문제인 불공정이 부각되는 등 사회의 투명성이 강화된 사회 분위기도 한몫한다.

무엇보다 현시대의 사람들은 자신이 상황을 통제할 수 있다는 통제 가능성을 중요하게 여기게 됐다. 더불어 통제할 수 있는 영역에 대한 권리를 포기하는 데 따르는 상실감을 갖게 됐다.

자기 통제성에 대한 집착은 하나의 공식으로 표현할 수 있다. 분모는 '내 인생에서 정당하게 통제할 수 있다고 여기는 영역'이고, 분자는 '내 능력을 통해 통제할 수 있다고 여기는 영역'이다. 즉, 애초에 내가 통제할 수 없는 일들이 늘어나면 늘어날수록 내가 통제할 수 있는 것에 대한 집착이 늘어난다. 반대로 내 능력으로 통제할 수 있는 대상이 늘어나면 늘어날수록 통제 가능성에 대한 집착이 늘어나는 것이다.

이러한 특성 때문에 지금의 젊은 세대들은 자신이 충분히 결정할 수 있는 일에 대한 결정권을 빼앗기는 일에 대해서 민감할 수밖에 없다. 여기서 '충분히 결정할 수 있는 일'이라는 단서에 주목할 필요가 있다. 부잣집에서 태어나는 것은 애초에 내가 결정할 수 있는 권한이 아니기 때문에 포기할 수밖에 없는 조건이라는 사실을 누구나 알고 있다. 어떤 집에서 태어나느냐 하는 것은 '운' 중에서도 '천운'에 해당하기 때문에 아무리 슬프고 안타깝더라도 받아들일 수밖에 없는 일이다. 하지만 이처럼 애초에 공정하지 못하지만 울며 겨자 먹기로 받아들여야 했던 부분이 많아지면 많아질수록 자신이 통제할 수 있는 부분에 대한 민감도가 높아질 수밖에 없다. 이것이 바로 지금의 젊은 세대에게서 공정에 대한 열망이 늘어난 것처럼 보이는 이유다.

이러한 통제 가능성에 대해 《K를 생각하다》의 저자 임명묵은 예측 가능성이라고 표현했다. 하지만 지금 논의하고 있는 공정과 자기 결정성에 대한 주제에서는 예측 가능성보다는 통제 가능성이 좀 더 명확한 표현이라고 생각한다. 예측 가능성을 중요하게 생각하는 대표적인 분야는 주식 시장이다. 주식 시장에서는 예나 지금이나 예측할 수 없는 불확실성을 극도로 경계하기 때문이다. 언뜻 보기에 통제 가능성도 예측 가능한 것을 욕망하는 부분이 있지만 공정과 자기 결정성에 대한 문제에 관해서는 통제할 수 있고 없음이 더욱 중요한 요인으로 작용한다.

주식 열풍과 통제 가능성

2019년 코로나19 팬데믹 이후 젊은 세대 사이에서 비트코인과 주식을 비롯한 자산 투자 열풍이 불었다. 특히 주식을 처음 시작한 사람들이 많이 유입됐다. 2020년 3월에는 주식 거래 활동 계좌 수가 사상 처음 3,000만 개를 돌파했을 뿐만 아니라[51] 2021년에도 주식 열풍이 이어지며 주식 거래 계좌 수는 5,000만 개를 넘어섰다.[52]

2009년 말에 증권 계좌 수는 1,600만 개 선이었다. 2012년 (-27만 4,818개)과 2014년(16만 7,412개)에 주춤한 것을 제외하고는 2017년까지 그 수가 매년 100만 개 이상 증가하는 추이를 보였다. 2018년과 2019년에는 증가세가 더욱 늘어 각각 200만 개 이상 늘어나기도 했다. 하지만 2020년과 2021년에 각각 약 1,000만 개 이상 신규 계좌가 개설된 것은 상당히 이례적이다.

이렇게 젊은 층을 중심으로 신규 주식 투자자들이 늘어나는 현상에 대해 투자 전문가들은 다양한 의견을 내놓았다. 우선 코로나

19 이후 정부가 자본을 많이 풀어 시장의 유동성이 증가해 투자 심리가 늘었다는 것이다. 개인들이 손쉽게 주식 거래를 할 수 있는 스마트폰 MTS의 등장도 주식 시장의 신규 고객 유입을 거들었다. 특히 증권사들이 주식 거래 위탁 수수료를 받지 않는 등 고객 유치 경쟁에 열을 올린 것도 주요 원인으로 지목된다. 해외 주식과 공모주 열기도 빠질 수 없다.

하지만 무엇보다 자산 투자 열풍의 중심에도 통제 가능성이라는 심리가 강하게 작용하고 있다. 주식 시장에 새롭게 유입된 투자자들을 부르는 별칭이 이를 대변한다. 바로 주식과 어린이를 합성한 주린이다. 이들의 기본적인 큰 특징은 주식 시장에 들어올 때 공부를 하면서 들어온다는 것이다. 물론 기존 시장의 주식 보유자들이 모두 주식의 문외한이고, 묻지마 투자를 했다는 것은 아니다.

다만 2019년 이후 경제/경영 부문 베스트셀러가 대부분 주식 투자의 마인드와 실질적인 투자 방법을 가르치는 도서였다는 것이 주식 공부 열풍을 상징한다. 또 같은 시기에 주식이나 투자 관련 유튜버들이 공중파 TV를 비롯한 제도권 방송으로 넘어온 것도 그러한 분위기를 잘 보여준다. 특히 주식 전문가들은 주식을 장기 보유하는 장투를 통해 언젠가는 우상향의 흐름을 탈 것이라는 믿음을 설파했다.

주식 열풍의 분위기 속에서 주린이들은 기본적인 주식 투자 방법과 기술적 분석 등을 철저히 학습한 덕분에 주식 투자를 해야 하는 최적의 타이밍을 파악하고 견고한 실적을 갖춘 가치주와 성장주 같은 옥석을 골라 투자할 수 있다는 믿음을 갖게 됐다. 그들은 적어도 자신이 가진 주식의 가격을 통제할 수 있다는 통제 가능성을 보게 된 것이다. 물론 주린이들의 믿음이 실제로 실현될지 헛된 희망을 추가할지는 알 수 없다. 하지만 주식 공부 열풍과 소위 '투자의 신'이라 불리는 주식 전문가들이 주린이들의 투자 심리를 상승시킨 것만은 분명하다.

그들은 실패가 두려운가?

2022년 미국 CNN에서는 한국인들이 MBTI에 빠져드는 이유를 분석한 기사를 보도했다. 한국인들, 특히 젊은 한국인들 사이에서 유행처럼 퍼진 MBTI 심리 테스트, 즉 마이어스-브릭스 유형 지표Myers-Briggs Type Indicator는 네 가지 분류 기준에 따라 분류한 16개의 성격 유형을 판단하는 검사 도구다.

MBTI 테스트는 제2차 세계 대전이 한창이던 1940년대에 만들어졌다. CNN은 이 테스트가 1990년대부터 그다지 주목을 받지 못했다고 보도했다. 쉽게 말해 전 세계적으로 한물간 테스트에 한국인들이 이상하리만치 열광을 하고 있다는 것이다.

모녀지간인 캐서린 쿡 브릭스Katharine Cook Briggs와 이사벨 브릭스 마이어스Isabel Briggs Myers는 칼 융Carl Jung의 이론을 바탕으로 MBTI 테스트 지표를 개발했다. 그들은 각 사람이 가진 성향인 외향적/내향적, 감각/직관, 생각/느낌, 판단/지각에 의해 한 개인의 성격이 형성된다는 것을 전제로 삼았다. 각각의 성향은 알파벳 문자로 표현되며, 네 문자의 조합을 통해 총 16가지의 성격 유형이 만들어진다.

MBTI 테스트가 그동안 널리 쓰인 이유는 테스트 방식의 상대적 단순성 때문이었다. 1980년대까지 MBTI 테스트는 서구의 기업 세계에서 굉장히 널리 쓰였고, 심지어 고용을 결정하는 문제나 경영 개발 과정에서도 종종 사용됐다. 하지만 많은 심리학자가 MBTI 테스트의 결과가 일정하지 않을 뿐만 아니라 실제 성격과 결과의 일치를 뒷받침할 증거가 불충분하다는 문제를 제기하는 등 테스트의 과학적 가치에 대한 회의론이 대두되면서 인기가 점점 하락하기 시작했다.

실제로 MBTI 테스트가 과학적인지의 여부를 떠나 우리 사회의 젊은이들이 MBTI에 빠져 있다는 사실만큼은 부정하기 어렵다. 이제는 처음 만나는 사람들과도 인사를 나누면서 MBTI 유형이 무엇인지를 묻는 지경이다.

그럼 왜 우리 사회에서는 MBTI 테스트가 널리 확산된 것일까. 우선 그 심리를 살펴봐야 한다. 상대방에게 MBTI 유형을 물을 때 사람들은 상대의 유형에 대한 자신의 예상을 확인하기도 하지만, 자신의 MBTI 유형과 상대의 MBTI 유형이 관계성 혹은 적합도가 높은지를 확인하고자 한다. 또 젊은 세대의 경우 MBTI 유형을 물으면서 자신의 유형과는 상극인 사람을 배제하거나 데이트 상대를 찾을 때 자신의 성격 유형과 맞는 사람을 고르고자 한다.

CNN이 주목하는 대목이 바로 이 지점이다. 그들은 한국의 젊은이들이 너무나도 과학적이지도 않은 MBTI를 신봉한 나머지, 자신의 짝을 찾는 중대한 일에도 성격 테스트를 활용한다고 지적한다. 해당 뉴스에는 한국인 전문가가 등장해 철 지난 N포 세대까지 소개하며 많은 것들을 포기해야만 하는 지금의 젊은 세대들이 치열한 경쟁 환경에 지쳐 연애에 쏟을 시간이나 인내심마저 줄어들었다고 평가하기도 했다.

하지만 이러한 평가는 조금 지나친 면이 있다. 사실 한국인들은 MBTI 테스트를 신봉하거나 집착하기보다 단순한 재밋거리로 받아들이는 경향이 크다. 우리는 지난 수십 년간 사람의 네 가지 혈액형을 기준으로 사람의 성격을 평가하던 방식에 익숙해 있었다. MBTI 테스트는 그런 재미 요소가 16단계로 좀 더 세분화되고 개선된 테스트 정도로 받아들일 뿐이다. 더구나 타고난 혈액형보다 자기 자신의 판단에 따라 나뉘는 유형을 조금 더 합리적인 시선으로 보는 경향이 있다. 예를 들어 "너 소심하니깐 A형이지?" 혹은 "AB형은 또라이 아니면 천재라던데?"처럼 너무나 단순하게 타고난 혈액형으로 사람의 유형을 나누는 폭력적인 방식에 대한 심리적 대항의 성격도 강하다.

물론 MBTI 테스트에 반영되는 자기 자신에 대한 판단은 다분히 자의적이고 자기 실현적인 선택에 기반하는 면이 있다.[53] 하지만 오히려 다른 사람의 객관적인 판단이 아닌 평가자 자신의 주관적인 평가의 성격이 MBTI 테스트의 인기를 설명하는 좋은 요인일 것이다. 적어도 자신의 생각을 바탕으로 찾은 유형과 어울리는 사람을 만나면 앞뒤가 다른 사람을 피할 수 있다고 믿기 때문이다. 상대방이 극단적인 사이코패스가 아니라면 말이다.

만약 외신에서 우리나라 인터넷 커뮤니티의 화제글을 참조해 "특정 MBTI 유형만을 뽑으려 하는 한국 기업들"이라는 제목의 기사를 보도했다면 상황은 조금 더 심각했을 것이다. 물론 국내 일부 회사에서 채용 조건으로 ENFP만 뽑는다거나 INFP를 배제한다는 식의 공고를 실제로 올려 논란이 된 적이 있다. 하지만 이러한 일들은 일시적인 해프닝에 불과하다. 극히 비정상적인 기업이 아닌 이상 거의 대부분의 회사에서는 그처럼 비과학적인 방식으로 인재를 선발하지 않는다. 기업에서 입문 교육 과정으로 정식 MBTI 테스트를 진행하는 이유는 입사 지원자를 선별하기 위한 목적이 아니라 직장에서 서로 다른 유형의 사람들끼리 조화롭게 협력하는 방법을 설명하기 위한 교육이 목적일 것이다.[54]

그런데 국내 한 언론사는 CNN 기획 기사를 소개하면서 "CNN '실패 두려운 한국 MZ세대… 연애까지 MBTI 성격 검사에 의존'"이라는 헤드라인을 냈다. 과연 한국 MZ세대가 정말 실패를 두려워하고 있는 것인지에 대한 논의를 전개해보고자 한다.

누군가 나에게 지금의 한국의 젊은 세대가 실패를 두려워하지 않느냐고 질문한다면 나는 큰 고민 없이 "그렇다"라고 말할 것이다. 하지만 반대로 나는 하나의 역질문을 던질 것이다. "당신은 어때요? 모두가 실패를 두려워하지 않나요?"라고 말이다.

실패를 두려워하지 않는 사람은 없다. '시련은 있어도 실패는 없다'와 같은 격언을 듣고 산 선배 세대라도 실패를 달가워하는 사람은 없을 것이다. 비록 '실패가 성공의 어머니'이고, '성공보다 실패를 통해서 많은 것을 배운다'고 할지라도 의도적으로 실패를 목표로 하는 사람을 찾기란 어려운 일이다. 더 이상 젊은 세대라고 불릴 수 없는 나 또한 마찬가지다. 따라서 우리는 실패를 두려워하는 젊은 세대가 아니라 실패를 하지 않아도 되는 지금의 시대를 먼저 생각해봐야 한다.

인간이 편리하고 안전한 길을 택하는 것은 본능이다. 오늘날의 기술과 사회의 발전은 인간의 본능에 따라 편리하고 안전한 길을 만들어냈다. 굳이 실패를 하지 않을 수 있는 방법을 알고 있는 상황에서 사람들은 통제권을 잃고 싶지 않을 것이다.

만약 지금의 젊은 세대가 상대방의 MBTI를 확인해 자신이 극도로 원하지 않는 일부 유형을 배제하거나 자신이 진심으로 바라는 유형을 찾을 수 있다면 그것은 사전에 실패할 수 있는 확률을 줄일 수 있는 합리적인 선택이 된다.

MBTI가 아니어도 실패를 줄일 수 있는 길은 많다. 만약 누군가가 소개팅을 한다고 가정해보자. 먼저 친구로부터 상대방의 이름과 전화번호를 건네받으면 사람들은 서의 100퍼센트의 확률로 전화번호를 저장하고 최소한 카카오톡 프로필 사진과 상태 메시지를 확인할 것이다. 뒤이어 온라인상으로 확보할 수 있는 최대한의 이미지 정보와 기타 데이터를 확인할 것이다. 이는 과거에 소개팅 주선자에게 상대방의 기본적인 정보는 물론 잘생겼거나 예쁜지를 묻던 방식에서 진일보한 방식이다. 이때 사람들은 실패가 두려워서 상대방의 정보를 사전에 확인하는 것이 아니다. 불확실성을 최대한 제어할 수 있는 환경을 활용해 정보를 찾는 것이다. 이러한 정보를 확인한다는 의미는 단지 자신이 통제할 수 있는 무언가를 활용하는 것일 뿐이다. 상대방의 MBTI를 확인하는 것 또한 같은 맥락 안에서 이해해야 한다.

디지털 환경에 익숙하다는 의미는 디지털이 삶 자체를 장악하는 부분이 많다는 말이다. 디지털적인 환경을 통해 아날로그적 삶을 구분할 수 있는 지점들이 많아지면 많아질수록 디지털 환경에 익숙한 이들은 구분 도구 혹은 특이점을 활용해 굳이 실패하지 않는 환경을 만들어간다.

모든 것을 제로의 시점으로
바라봤을 때 달라지는 점

모든 국가와 사회는 현대 사회의 보편성을 가지고 있는 동시에 저 나름대로의 특수성을 가지고 있다. 우리가 생활하고 있는 한국이라는 사회 또한 마찬가지다.

그럼 "한국이라는 나라는 다른 나라들과 비교하여 비슷한 점이 많은 나라일까? 아니면 그 반대로 다른 점이 많은 나라일까?" 물론 이러한 형식의 질문은 썩 좋은 질문이 아닐 것이다. 왜냐하면 누구의 시각으로 그리고 어떤 기준으로 보느냐에 따라 다른 답변이 나올 수 있기 때문이다. 하지만 만약 내가 외국인의 시각으로 본다면, 우리 사회는 다른 나라에서 쉽게 접할 수 없는 특이하고 신기한 점이 상대적으로 많다고 느낄 것 같다.

2010년 개봉한 일본의 코미디 영화 〈도쿄택시〉를 살펴보자. 한국에 방문하게 된 일본인 택시기사 야마다는 갑자기 지천에 울리는 사이렌과 군인들이 뛰어다니는 장면을 보고 기겁을 한다. 한국에 전쟁이 터졌다고 생각한 야마다는 죽을지도 모른다는 생각에 일본에 있는 아내에게 전화를 걸어 메시지를 남기기까지 한다. 하지만 그의 허둥지둥하는 모습을 본 한국 군인들은 의아하기만 하다. 민방위 훈련 중이었기 때문이다.

평생을 분단국가에서 살아온 우리나라 사람들에게 민방위 훈련은 일상 속 작은 이벤트에 불과하다. 그러나 한국 방문이 처음인 외국인들은 '드디어 휴전국가 코리아에서 전쟁이 터졌구나. 하필 내가 온 이때!'라며 공포감을 가질 수밖에 없을 것이다. 포털 검색창에 '외국인 민방위 훈련'이라고 검색하면 얼굴이 하얗게 질린 채 멘붕에 빠진 외국인 관광객들의 모습을 찾아볼 수 있다.

이처럼 우리나라는 분단국가로서 세계 최강대국을 핵으로 위협하고 있는 지도자와 마주하고 있으며, 그로 인해 징병제를 채택하고 있는 세계에서 몇 안 되는 나라다. 6.25 전쟁 직후엔 '가장 가난한 나라'로 평가받았지만, 수십 년 만에 세계 열 손가락 안에 드는 선진국으로 성장한 '기적의 나라'이기도 하다.

BTS를 비롯한 세계적인 팝그룹을 다수 만들어내고, 세계 주요 영화제를 석권하는 등 'K-Culture'라는 막강한 소프트파워를 갖추면서 수많은 나라가 동경하는 나라가 되기도 했다. 하지만 정작 젊은이들은 '헬조선'이라는 단어를 외치며, 동시에 세계 최고의 자살률과 세계 최저 수준의 출산율을 보여주고 있는 '특이한' 나라다.

또 유난히 김치에 대한 큰 자부심을 가지고 있어서, 아이들은 어려서부터 이 맵고 짠 음식을 먹기 위한 연습을 하고, 심지어 김치볶음밥에 김치를 올려 먹기도 한다. 고추를 고추장에 찍어먹듯 말이다.

이러한 우리나라의 특징은 외국인 관점에서 분명 놀라운 것들이지만, 정작 한국인들의 눈에는 딱히 이상하거나 특이한 삶의 방식이 아니다. 그냥 그렇게 자연스레 살아왔을 뿐.

오늘날 젊은 세대와 기성세대 사이에서 부당성에 대한 문제가 거론되는 것은 이러한 당연함이라는 기준에서 차이가 있기 때문이다. 만약 젊은 세대가 반발하는 이유를 알고 싶다면 그들의 태도나 속마음을 들여다보기에 앞서 기성세대의 기준과 무엇이 다른지를 알아보는 과정이 선결돼야 한다.

다시 말해 그들을 이해하기 위해서는 우리 사회가 기존에 가지고 있었고, 구성원들이 인지하지 못하고 있는 특수성을 제거하고 바라봐야 한다. 모든 것을 제로 베이스zero base, 즉 백지 상태로 돌려놓고 서로를 바라보기 시작해야 한다는 뜻이다.

우리 사회에서 남녀 각자가 느끼는 부당성

우리 사회의 모습을 제로베이스인 상태에서 바라본다는 것은, 우리나라만이 가지고 있는 특수성을 제거한다는 것을 의미한다. 우리 모두가 자연스럽게 두르고 있는 사회 문화적 특수성을 잠시 거두어들인다면 우리 앞에 당면한 문제들을 다른 관점에서 살펴볼 수 있다.

먼저, 6.25전쟁 이후 분단 상황을 마주하게 된 우리나라는 '국 방의 의무'인 대한민국 헌법 제39조에 준거해 징병제를 시행하고 있다. 그리하여 만 18세 이상 남성 국민은 법이 정하는 바에 따라 병역의무를 성실히 수행해야 한다.

대한민국 헌법에 명시된 '국민의 4대 의무' 중에서 국방의 의무 앞에는 '신성한'이라는 형용사가 붙는다. 그렇게 이 나라에 태어 난 모든 남성들에게 이 '함부로 가까이할 수 없을 만큼 고결하고 거룩한' 국방의 의무는 피할 수도 없고 피하려 해서도 안 되는 것 이었다. 군인이 되기를 거부하는 자는 단순히 법을 지키지 않는 자가 아니라 국가의 기본 질서를 파괴하는 파렴치한 인간으로 취 급받는다.

하지만 분단국가라는 특수한 상황이 만들어낸 국방의 신성함 에서, 이 '특수한 상황'이라는 부분을 제거하면 병역의무는 어떤 의미가 될까? 이렇게 제로베이스 관점에서 병역의무를 바라보면, 징병徵兵이라는 글자 뜻 그대로인 '강제 징집'만이 남는다. 성인 남 자들을 강제적으로 징집해 병역에 복무시키는 것이다. 중요한 건, 최근 병역이행기를 지나는 세대들이 이러한 제로베이스 관점을 장착하면서, 자연스레 '성스러운 징병제'가 아닌 '부당한 강제 징 집' 쪽으로 생각이 기울기 시작했다는 것이다.

단순한 인식 변화만이 아니다. 입영 환경의 변화에도 영향을 받 는다. 과거에 비해 현저하게 낮아진 출산율로 병역 자원 확보에 문제가 생기면서, 기존 규모의 군대를 유지하기 위해 현역판정률을 높이는 정책이 시행됐다. 그 결과 1970년도에는 현역판정률이 50퍼센트대에 그쳤지만, 1990년대 후반에 이미 80퍼센트 중반에 들어섰고, 2010년대에 들어서는 90퍼센트대로 더욱 높아졌다. 2015년 이후 입영 적체 문제 해소를 위해 현역판정 기준을 강화해 현역판정률이 다소 줄어들기는 했지만, 2020년 기준으로도 현역과 보충역을 합한 복무대상자 비율은 94.4퍼센트에 달한다.[55] 즉, 거의 대부분의 성인 남성이 병역의무를 이행하고 있다는 뜻이다.

인생 주기에서 가장 중요한 20대 초중반 시기를 군대에서 보내는 이들은 어릴 적부터 귀에 못이 박히도록 들었던 '군대를 다녀와야지 인간이 된다'라는 말이 딱히 진실에 부합하지 않는다는 사실을 깨닫게 된다. 확실한 것 하나는 군대를 가면 결혼도 하기 전에 '아저씨'라는 칭호를 부여받게 된다는 것이다. 군대를 다녀온 남성들이 아저씨라는 말에 상대적으로 낮은 알러지 반응을 보이는 것은 아마도 이 때문일 것이다.

국가를 위해 최소 1년 6개월간 의무를 다하지만, 21세기 이후로 유일한 징병보상 제도였던 군가산점제도 사라졌기 때문에 특별히 받는 보상도 없다. 군대 월급을 인상해준다고 하지만 그 이유로 군대에 가고 싶어 하는 사람은 거의 제로에 가까울 것이다. 그럼에도 불구하고 "군대 월급 늘어서 좋겠다", "요즘 휴대폰도 쓴다는데 군대 편하지?"와 같은 말들을 듣는다.[56]

2007년 KBS 1TV 〈생방송 심야토론〉에서 군복무 가산점제 관련 토론이 벌어졌을 때, 찬성 측 토론패널로 참여한 전원책 변호사는 "가고 싶은 군대를 만들어야 한다"라는 상대측 발언에 발끈하며 "이 세상에 가고 싶은 군대가 어디 있습니까? 전 세계에 가고 싶은 군대는 없습니다. 월급을 100만 원 준다고 하더라도 가고 싶은 군대가 어디 있어요? 군대 가면 아무리 먹어도 배고프고, 아무리 자도 졸리고, 아무리 입어도 추워요"라는 분노의 발언을 해 화제가 되기도 했다.

그의 말을 조금 바꿔서 이야기하면 "군대에 가고 싶은 남자는 없다"는 말이 된다. 하지만 이와 같은 생각을 모두가 동일하게 가지고 있다 하더라도 겉으로 표현하는 것은 말처럼 쉬운 일이 아니었다. 향후 세상을 백지 상태에서 바라보는 이들이 늘어날수록, 점점 더 많은 이들이 "군대에 가기 싫다"는 표현을 하게 될 것이다.

2010년대 후반에 등장한 '독박 병역'이라는 단어도 이러한 경향을 잘 설명한다. 2017년 즈음부터 '독박 육아'라는 단어가 언론을 통해 대대적으로 퍼졌고, 많은 여성들이 이 단어에 공감했다. 그러자 이에 반발한 한국 남성들, 특히 남성 청년들을 중심으로 '남성들만 강제적으로 독박 병역을 당해왔다'는 주장이 퍼지면서 유행하기 시작한 것이다. 이러한 신조어가 등장한 배경에 남녀갈등이 존재하는 것은 부인하기 어렵지만, 그 본질이 "여자도 우리처럼 군대 가라"에 있지는 않다.

핵심은 '강제 징집에 해당하는 징병제는 부당하다(혹은 변화가 필요하다)에 맞춰져 있다. 한국갤럽이 2016년에 이어 5년 만에 실시한 조사에서 모병제 도입에 찬성하는 비율이 2016년 35퍼센트에서 2021년 43퍼센트로 8퍼센트 증가했다. 특히 남성의 경우 모병제를 도입해야 한다고 답한 비율이 48퍼센트에 달했다. 하지만 남성들이 여성 징병제에 찬성할 것이라는 항간의 예상과는 다르게, 남성과 여성 모두 징병해야 한다고 응답한 비율은 여성(47퍼센트)보다 남성(44퍼센트)이 더 낮은 것으로 나타났다.[57] 물론 설문의 주체나 내용에 따라 일부 차이는 있지만, 남성들이 여성도 우리처럼 군대에 가야 한다고 생각할 것이라는 통념과는 괴리가 있다.

갈등의 본질이 부당함에 있다는 것은 여성 입장에서도 마찬가지다. 과거에 비해 남녀평등 문화가 많이 확산됐다는 것은 분명하지만, 우리 사회 전반에서 여성에 대한 구조적 차별이 사라졌다고 단언하기는 힘들 것이다.

물론 기본적으로 남녀가 평등하다는 양성평등 기조의 교육을 받은 세대는 우리 사회에서 여성 차별이 여전히 심각하다는 것보다 오히려 남성에 대한 역차별이 더 문제다라고 답하기도 한다.[58] 하지만 단순한 인식의 문제를 넘어, 공식적인 데이터들도 분명한 구조적 차별을 드러내고 있다.

먼저 세계경제포럼 WEF의 성격자지수 GGI, Gender Gap Index를 보자. 2021년 조사에서 한국은 0.687[59]로 153개국 중 하위권인 102위를 기록했다. 여성의 경제적 참여와 기회 부문은 123위, 고위공직자 및 기업 임원 여성 비율은 세계 134위로 나타났다.

참고로 세계경제포럼의 성격차지수는 경제 참여와 기회(경제활동 참가율, 유사업무 임금 성비), 교육적 성취(문해율, 취학률), 건강과 생존(출생 성비, 기대수명), 정치적 권한(여성 국회의원 및 장관 비율) 등의 항목으로 구성된다. 전 세계 평균에 대비해 한 국가의 여성 삶 수준을 측정하는 지수가 아니라, 해당 국가의 남녀 성별 격차를 측정하는 데 초점이 맞춰져 있다.[60]

남녀의 임금 격차 또한 큰 차이를 보인다. OECD에서는 매년 회원국의 남녀 임금 격차를 발표하는데, 대한민국은 관련 통계를 내기 시작한 1995년부터 2020년까지 1등의 자리를 내준 적이 없다. 그 격차 수준은 1995년 44.2퍼센트에서 2020년 31.5퍼센트로 다소 완화된 측면이 있지만, 여전히 다른 국가에 비해서는 큰 폭의 차이를 보인다.

이렇게 남녀 간 큰 차이를 보이는 주된 이유로는 여성의 경력단절이 뽑힌다. 아이를 출산하고 육아를 도맡으며 경력이 단절되고, 자연스럽게 여성의 근속 연수가 짧아지기 때문이다.

이러한 내용에 대한 또 하나의 반론은 "경력 단절 없는 20대 여성은 군대를 간 남성보다 더 많은 임금을 받는 것 아닌가?"라는 점이다. 이와 같은 가설은 일부 사실로 드러난다. 연령대 남녀 임금 격차에서 만 20~24세는 남녀의 차이가 없거나 여성의 임금이 남성보다 더 많은 것으로 나타나기 때문이다. 하지만 이는 남성의 군복무를 반영하지 않은 결과다. 군복무, 경력 차이, 대학 전공별 차이 등의 변수를 통제해 임금 격차를 분석한 연구에 의하면 경력

단절 이전의 연령대에서도 성별로 인한 격차가 존재한다.[61]

여성 입장에서 보면 이것은 분명 여성이 사회적으로 부당한 차별을 받고 있다는 증거일 것이다. 남성이 역차별을 받고 있다는 목소리에 힘이 실리고 있는 현시대에도 여성으로서 당하는 객관적인 부당함은 여전히 존재한다는 것이다.

이러한 부당한 차별을 해소하는 의미에서 시작된 것이 우리가 여전히 뜨거운 감자로 여기고 있는 페미니즘Feminism이다. 만약 위와 같은 의미에 한정한다면 페미니즘의 정의는 분명 브리태니커 백과사전에서 정의한 대로 '성별에 대한 사회적, 경제적, 정치적인 평등이 존재한다는 믿음', 즉 일종의 휴머니즘에 기반을 둔 평등적 사회 운동이 될 수 있을 것이다.

하지만 안타깝게도 우리 사회에서 페미니즘은 다른 의미의 강력한 논란을 품은 단어가 돼버렸다. 지금의 페미니즘은 매우 광범위하고 수없이 많은 분파가 있어 한 문장으로 정의하기도 힘들다. 그렇기에 페미니즘을 지지한다고 알려진 사람들에게 "페미니스트세요?"라고 물으면 "어떤 페미니즘을 말씀하시는거죠?"라는 대답을 듣기 일쑤고, 젊은 남성들 사이에서 '페미'는 그 자체로 '여성우월주의'이자 극단적으로 남성을 혐오하고 모든 남성을 잠재적 성범죄자로 모는 성차별주의라는 인식이 광범위하게 퍼져 있을 정도다.

어찌 보면 여성의 부당한 성차별을 시정하기 위한 개념이 오히려 남성을 차별하는 도구로 인지되거나 오해를 받고 있는 셈이다.

특히 반反여성을 대표 기치로 내세운 극우사이트 '일베'의 무차별적 혐오에 대항하기 위해 등장한 메갈과 워마드 사례가 그렇다. 이들 커뮤니티가 일베와 같은 방식으로 혐오를 돌려주는 미러링을 진행하면서, 지금 현재까지도 젠더 갈등이라는 이름으로 급진적인 페미니즘과 30대 이하 젊은 남성들의 부당성 대결이 이어지고 있다.

하지만 우리는 앞서, 한국의 남성과 여성들은 이러한 대결 모드가 진행되기 이전에 우리 사회의 특수한 상황으로 인해 각기 다른 부당함을 가지고 있다고 살펴본 바 있다. 그러한 관점에서 봤을 때, 현재 대한민국을 휩쓸고 있는 젠더 갈등은 곧 부당함과 부당함의 싸움이라 할 수 있다. 표면적으로 남녀 간 문제에서 기인한 것처럼 보이는 이 문제도 따지고 보면 부당함의 주체가 남/녀 쌍방이 아니기 때문에 서로 지지고 볶고 싸운다고 해결될 문제가 아니다. 상대편을 싸잡아 혐오하는 방식은 효과적인 해결 방식이 될 수 없다.

《공정하지 않다》의 저자 박원익과 조용호는 남녀가 서로의 차이점을 보고 총을 겨누는 것은 초점이 어긋난 것이라고 지적하며, 이제는 남녀 모두가 서로 차이점보다 공통점을 봐야 할 때라고 조언한다. 우리는 여기서 문제 해결의 작은 힌트를 찾아낼 수 있다.

저자들은 페미니즘을 둘러싼 남녀 인식의 격차는 뚜렷하다고 할 수 있지만, 전통적인 가부장적 성 역할에 대한 반감이라는 점에서 공통점을 가지고 있다고 말한다. 실제로 젊은 남녀들은 각자의 이유로 결혼이 불공정 거래라는 인식을 가지고 있다. 또한 지금까지 한국 사회가 남녀 각자에게 부여한 전통적 가치관, 즉 "남자는 남자다워야 한다", "여자는 여자다워야 한다" 안에 감춰진 부당성을 모두 공통적으로 거부하고 있다.

남자와 여자는 독박 병역과 독박 육아라는 다른 차원의 무기를 허공에 휘두르며 타격감 없는 무한 전쟁에 빠져 있다. 하지만 그들이 마주하고 있는 진짜 적이 사실은 서로가 아니라 우리 사회 구조에 있다는 것을 깨달을 수 있다면 무의미한 싸움에서 벗어나 협력을 꾀할 수 있을 것이다.

이를 위해서는 집단 싸움을 부추기는 양극단 커뮤니티 속 트롤러들의 목소리에 대표성을 부여하지 않는 연습을 해야 할 필요가 있다. 우리는 트롤러들과 건강한 남녀를 구분 지을 수 있는 능력을 갖추고 있다. 여전히 대부분의 남성들은 여성이 당하는 성범죄에 함께 분노하고, 여성을 향한 혐오에 맞서 함께 싸운다. 여성들 역시 나의 친구와 가족이 묵묵히 국가 주도의 강제 징집을 신성하게 받아들이는 모습을 보며 "수고 많았어"라는 따스한 한마디를 전달해왔다.

앞으로도 SNS와 미디어는 계속 혐오를 불러일으키는 헛된 시도를 주류의 목소리인 것처럼 포장하고 선동할 것이다. 하지만 우리 모두가 아직 해결하지 못한 각자의 부당함을 가지고 있다는 점을 반복해 상기하고, 자극적이고 급진적인 모습 뒤 건강한 일반인이 굳건히 서 있다는 점을 잊지 않는다면 우리는 진정한 의미의 연대를 이뤄나갈 수 있을 것이다.

교수식당이 왜 따로 있나요?

한 인터넷 커뮤니티에 〈학창 시절 꼰대 문화의 상징물.jpg〉라는 게시물이 올라와서 화제가 됐다. 단 한 장의 사진이 공개된 게시물에는 공감과 댓글이 폭풍같이 달렸다. 사진에는 한 학교의 넓은 계단이 담겨 있었다. 처음에는 어떤 의미인지 알기 어려운데, 댓글을 보면 차차 그 의미를 알게 된다.

우선 사진 속 넓은 계단은 학교의 중앙 계단이다. 글쓴이는 왜 계단을 찍은 사진을 올린 것일까. 글쓴이는 자신이 90년대생이라고 밝히면서 자신이 학교를 다닐 당시에는 학교 중앙에 있는 계단으로는 학생들이 출입할 수 없었다고 적었다. 그러면서 해당 계단은 교직원만 이용할 수 있었다고 덧붙였다. 예를 들어 자신의 교실이 중앙 계단 근처에 있음에도 눈앞에 있는 계단을 놔두고 비효율적으로 가장자리 계단을 이용해 빙 돌아서 교실에 가야 했다는 것이다.

물론 글쓴이는 교무실에 가거나 선생님 심부름을 가야 하는 목적이라면 중앙 계단을 이용할 수 있었다고 한다. 단, 사뿐사뿐 걸어 다녀야 하고 선생님과 마주치기라도 하면 경건한 표정으로 공손하게 인사해야 한다고 한다. 또 중앙 계단을 이용하고 싶을 때는 손에 프린트물 같은 아이템을 들고 가면 효과 만점이었다는 팁도 전하고 있다.

실제로 자신들의 학교에서도 교직원만 중앙 계단을 이용할 수 있었다는 제보성 댓글들이 게시글에 달려 있다. 또 학생이 출입할 수 없는 곳이 중앙 계단뿐만 아니라 다른 곳들도 있었다는 댓글도 관찰됐다. 예를 들어 대표적인 출입금지 구역이 바로 교실 앞문과 교직원 화장실이었다.

학교나 반마다 다르지만 교실 앞문은 보통 선생님 심부름으로 옆 반에 전달 사항이 있거나 물품을 빌리러 갈 때만 이용할 수 있었다고 한다. 예외적으로 학급 임원은 특별히 출입을 허가해주는 경우도 있었다. 물론 선생님이 교실에 없을 땐 무제한으로 이용할 수 있는데, 자칫 앞문을 열었을 때 선생님과 마주치기라도 하면 낭패라는 댓글도 있었다.

이처럼 90년대생이 증언하는 학생들의 금단 구역은 현재 거의 없어진 것으로 보인다고 글쓴이는 밝히고 있다. 하지만 당시 학생들에게는 함부로 갈 수 없었던 공간이었던 듯하다. 한편으론 추억의 한 조각이지만 다른 한편으로는 학교의 꼰대 문화를 잘 보여주는 단면이라고 덧붙이고 있었다.

과연 학교의 꼰대 문화로 일컬어지는 학생들의 금단 구역은 전부 사라진 걸까? 꼭 그렇지만은 않을 것이다. 오히려 90년대생이 경험한 학창 시절 꼰대 문화의 범위가 초중고에서 점차 확대됐다고 볼 수 있다. 대학교에서도 비슷한 현상들이 목격되면서 사회적으로 부각되고 있다.

최근에 대학교 후배가 교수로 임용된 후 겪었던 이야기를 들려

줬다. 그는 학생들과 소통을 나누고 싶은 생각에 식당을 방문했다. 마침 같은 과 학생을 발견하고는 옆으로 다가가 함께 식사를 해도 괜찮은지 물었다. 그러자 학생은 너무나 당황해하며 어쩔 줄 몰라 했다. 그 모습에 오히려 당황한 그가 학생에게 이유를 물었더니 학생은 자신이 3학년인데 학교를 다니는 내내 어느 교수님도 같이 밥을 먹자고 한 적이 없었다고 답했다는 것이다.

나는 그의 이야기를 들으면서 그냥 같이 밥 먹기 싫었던 것 아니냐며 농담을 던졌지만, 개인적인 사연을 떠나 왜 그처럼 학생과 교수 사이의 거리가 멀어진 것인지 생각해볼 필요가 있다.

먼저 대학교에 있는 식당의 이름을 떠올려보자. 바로 학생식당이다. 학교의 식당이 학생식당인 이유는 기본적으로 대학의 구성원인 학생들이 학교 바깥의 식당보다 저렴한 가격으로 식사를 할 수 있도록 서비스를 제공하는 복지시설이기 때문이다. 일부 학교에서는 외부인이 방문해 학생식당에서 식사를 하는 경우를 제한하기 위해 학식을 구입할 때 학생증을 제시하도록 유도하는 경우도 있다. 공공기관이나 사기업의 구내식당도 동일한 원칙을 적용하는 경우라고 볼 수 있다.

하지만 학생식당이라는 이름이 존재하는 또 다른 이유가 있다. 대부분의 대학교에는 학생식당 외에도 교수식당이 있기 때문이다. 통상 교수식당은 학생식당보다 메뉴의 질이 높을 뿐만 아니라 가격도 높은 편이다. 식당의 근무자가 직접 음식을 서빙해주는 경우도 있다고 한다.

그럼 왜 대학교에 교수식당이 따로 존재하는 것일까? 대체로 기존의 학교 구성원들은 당연하게 받아들였던 문제지만, 앞으로 이에 대해서도 곧 공식적인 문제 제기가 일어날 것이라 예상된다.

가령 일반 회사에서 대리 이하가 이용하는 사원식당과 과장급 이상이 사용하는 간부식당을 구분해 운영한다면(물론 일부 회사에는 임원들이 이용하는 VIP식당이 있지만, 대체로 외빈을 모시는 식당으로 활용하는 편이다) 회사 구성원들이 어떻게 받아들일까?

놀랍게도 조직 구성원의 등급을 나눠서 식당을 운용하는 곳들이 존재한다. 법원이 대표적이다. 2021년 4월 〈경향신문〉의 취재에 따르면 전국 법원 19곳 중 18곳의 구내식당에서 판사와 직원이 식사하는 공간을 분리해 운영하고 있는 것으로 확인됐다.[62]

관련 내용이 보도되자 결국 김명수 대법원장은 전국 법원의 판사 전용 식당을 없애고 판사·직원 구분 없이 식당을 이용할 수 있도록 하라고 지시했다.[63] 이후 법원행정처는 전국 법원 총무과에 법관만 들어갈 수 있었던 구내식당, 즉 간부식당을 폐지하고 차등을 두지 말도록 권고했다. 이렇듯 법원을 포함한 공공기관에서도 특정 계급을 위한 식당이 사라지는 상황인데, 지성의 산실이라 불리는 대학교가 아직도 요지부동인 것이다.

2022년 6월 미국 코넬대학교의 엄치용 연구원은 언론 기고를 통해 "한국의 대학 건물 중 괴물 같은 명칭은 단연 교수식당 내지는 교직원 식당이다"라는 의견을 밝혔다.[64] 그가 미국 대학에 가보니 교수나 학생 구분 없이 동등하게 배식구 앞에서 줄을 서서 먹더라는 것이다. 그러면서 한국에서는 지성을 대표한다는 대학에서조차 신분에 따라 식사 장소에 차별을 두고 있다고 지적했다.

또한 그는 한국 대학의 위기를 말하는 사람은 많지만 대부분 돈과 관련된 문제에만 집중한다고 밝혔다. 대학의 문제를 지적하는 사람들이 주로 학령 인구 감소와 등록금 동결에 따른 대학의 재정 악화를 이야기할 뿐 대학교 내 뿌리 깊이 박혀 있는 꼰대 문화가 대학 발전을 저해해왔다는 사실을 이야기하는 사람은 없었다고 말이다. 그는 교수식당뿐만 아니라 교수 전용 화장실도 없애야 한다고 강조했다.

학교에 남아 있는 꼰대 문화는 비단 교수식당만은 아닐 것이다. 과연 모든 것을 제로 베이스에서 다시 시작해야 한다고 생각하는 지금의 젊은 세대 학생들이 기존에 남아 있는 관행들을 계속 유지할 것인지 지켜봐야 할 문제다. 또한 학교가 학생을 대하는 태도에 대해서도 문제를 제기해야 할 것이다. 지금까지 수많은 학교에서는 학생이 곧 학교의 주인이라고 말하면서도 실제로는 교수가 학교의 주인인 것과 같은 관행을 일삼아왔다. 겉과 속이 다른 모양새를 계속 취할지 지켜봐야 할 것이다. 차라리 관행을 고치지 못할 바에야 사실 학교의 주인은 교수, 학생은 물주라고 솔직하게 표현하는 것이 나을 듯하다.

법인카드는 왜 팀장님들만 쓰나요?

화백 곽백수의 웹툰 〈가우스전자〉는 다국적 문어발 기업 가우스

전자에서 벌어지는 웃픈 직장인 이야기를 다룬 작품이다. 특히 직장인의 애환과 대한민국 직장에서 벌어지는 부조리한 현실을 풍자한 것으로 유명한 작품이다.

웹툰에 등장하는 마케팅 3부 차장 '기성남'과 관련한 에피소드가 인상적이다. 기성남 차장은 이름부터 기성세대를 대표하는 중년 직장인이다. 특히 그는 구두쇠를 넘어 자린고비에 가까운 경제관념을 갖고 있다. 그의 특징을 잘 그린 첫 에피소드에서 기성남차장은 "어렸을 때부터 가난하게 자라서 그런지 저는 물건 낭비하는 것을 못 봅니다. 할 수 있다면 아껴야죠. 그게 다 후손들을 위한 일 아니겠습니까? 그게 제 돈이든 회사 돈이든 아껴야 된다는게 제 생각입니다"라고 독백을 한다.[65]

또 그는 팀원들에게 "내부회의 자료인데 새 종이에 뽑을 필요 있나… 이면지에 프린트하도록 해"라고 지시할 뿐만 아니라 사람이 없는 공간의 전등을 소등하는 등 절약 정신이 투철한 모습을 보여준다. 에피소드의 마지막인 식사 장면의 독백에서도 "그래서 저는 법인카드를 쓸 때도 아껴 쓰고 있죠"라고 말하는 것으로 마무리된다. 하지만 사실 그 식사 자리는 가족과 함께하는 외식 자리였다. 그가 얼마나 자린고비인지를 잘 보여주는 대목이다.

법인카드란 경비 사용의 투명성을 높이기 위해 법인을 대상으로 발급되는 신용카드다. 우리나라에서는 2001년부터 법인카드의 사용이 확대됐다. 법인카드의 사용처는 대부분 물품 구매 대금, 접대비, 복리후생비, 차량 보험과 유지비용, 기타 교육비, 광고

비 등이다.

대부분의 회사에서는 법인카드 사용에 관한 업무 처리 지침을 규정으로 정해두고 있다. 법인카드를 사용하는 구성원은 사용 대상, 사용 보고 및 지출 결의 등의 내용을 명확히 기재해야 한다. 이는 법인카드의 유용을 방지하기 위한 목적이다. 하지만 회사 법인카드의 유용 문제는 예나 지금이나 계속 발생하고 있다. 앞서 소개한 기성남 차장의 경우처럼 소액 유용 문제는 회사 생활을 해본 사람이라면 자주 목격할 수 있는 대표적인 사례다.

법인카드 규정에는 공공기관 직원들이 사용하는 클린카드처럼 유흥주점 같은 곳에서 사용하지 못하도록 사용처를 제한하는 조항이나 특정 금액 이상을 한 번에 결제하지 못하도록 최대 사용 금액을 제한하는 조항 등이 정해져 있다. 다만 소액 사용에 대한 감시가 어렵다는 맹점 때문에 엄청난 금액의 공금 횡령은 어려워도 음식점 등에서 사용하는 소액 유용의 문제가 늘 제기되는 것이다.

게다가 법인카드 발급 대상이 모든 직원이 아니라는 점에 대해 젊은 세대 사이에서 불만의 목소리가 많다. 법인카드의 발급 대상은 통상 본부장이나 팀장과 같은 일부 관리자들로 제한돼 있다. 그렇기 때문에 법인카드를 일종의 부장님 쌈짓돈으로 인식하는 사람들이 많다.

실제로 몇몇 기업에서는 젊은 신입 사원들이 비공식적으로나마 경영진과 인사팀에게 "법인카드는 왜 팀장급에게만 지급하는 것인가"라고 문제를 제기하고 있다. 이에 대해 많은 회사에서는 법인카드 발급은 팀장급으로 제한하되 팀의 회식과 같은 공식 일정에 대해서만 사용할 수 있다는 답변을 내놓고 있다. 하지만 IT 스타트업 기업 같은 경우는 팀장이 아닌 전 직원을 대상으로 법인카드를 발급할 뿐만 아니라 중식과 석식 비용을 지급하는 경우도 늘고 있어 기존 회사들의 공식적 답변이 무색해지고 있는 현실이다. 게다가 앞서 언급한 것처럼 소액 유용이 가능한 시스템의 맹점이 존재하는 한 부장님의 소소한 쌈짓돈으로 활용될 가능성도 남아 있다. 이 부분에 대해 젊은 세대들이 공정하지 않은 규정이라고 목소리를 내는 것이다.

성인으로서 똑같이 대우해달라(그것이 원칙)

유튜브 채널 〈워크맨-Workman〉의 '단식원 편'에 르세라핌 LE SSERAFIM의 멤버 채원이 출연했을 당시의 에피소드를 잠시 살펴보자.

> 장성규 우리 재미있게 일해야 하니까 앞으로 (내가 당신에게) 말 좀 편하게 할게요.
>
> 채원 그럼 저도 말 편하게…
>
> 장성규 어 편하게! 뭐라고 하게?
>
> 채원 야!

진행자 장성규는 채원에게 말을 놓겠다는 의도를 말을 편하게 하겠다고 했고, 채원은 이에 호응하며 자신도 장성규에게 말을 놓은 것이다. 유튜브 예능 프로그램 속 작은 에피소드이기에 진지하게 받아들일 필요는 없다. 물론 자막으로는 "(복수) 야!"라고 표현됐지만, 데뷔를 앞둔 아이돌이 진지한 마음으로 연장자인 사회자에게 반말 복수를 했다고 평가하기는 어렵다. 하지만 똑같은 상황이 예능이 아닌 현실에서 일어나면 조금 다른 결론을 맞게 될 것이다.

2020년 한 인터넷 커뮤니티에 "신입생의 뒤틀린 패기"라는 제목의 게시물이 등장했다.[66] 게시물에는 대학교 온라인 커뮤니티 에브리타임에 올라온 "한 단톡방에서 교수와 학생이 나눈 대화 사진"과 함께 관련 글이 적혀 있다.

해당 게시글에는 수업 담당 교수와 학생이 나눈 단톡방의 내용이 그려져 있다. 수업 담당 교수가 학생의 질문에 짧은 반말로 답변을 하자 학생이 "응"이라고 응수한다. 이에 당황한 교수가 "응? 나 ○○교수다~ㅎㅎ"라고 재확인까지 했지만 학생은 또다시 "응. 알아. 근데 왜 나에게 반말해?"라고 맞받아치고 있다.

학생의 반응에 교수는 당황을 했는지 11분 후에 "자네는 교수가 학생에게 반말을 하는 게 잘못됐다고 생각하는가?"라고 답변을 한다. 그러자 학생은 담담한 말투로 "저도 학생이기 전에 성인이라서 존중받을 필요는 있다고 생각합니다. 그리고 교수님은 (저의) 담당 교수님이거나 저랑 전에 알고 지내던 교수님이 아니시잖

신입생의 패기...

교수님

교수님 줌링크 보내주실 수 있으신가요

교수
수업 시작 몇 분 전에 보낼거야~

응

교수
응?~

응 알아 근데 왜 나한테 반말해

교수
자네는 교수가 학생에게 반말을 하는 게
잘못됐다고 생각하는가?

저도 학생이기 전에 성인이라서
존중받을 필요는 있다고 생각합니다.

그리고 교수님은 담당교수님이시거나 저랑
전에 알고 지내던 교수님이 아니시잖아요.

교수님

교수님 줌링크 보내주실 수 있으신가요

교수
수업 시작 몇 분 전에 보낼거야~

아요"라고 답변한다.

　문제의 카톡 대화방 화면이 주요 커뮤니티와 SNS에 퍼지자 대
다수의 사람들은 "주작(조작)이 아니냐?", "말이 안 된다"라고 반
응하며 진위 여부를 의심했다. 하지만 이후 실제로 모 대학교 디
자인과의 2017학번 학생의 대화방이라는 것이 확인됐다.

　이후 교수와 학생의 대화에 대해 수많은 갑론을박이 펼쳐졌다.
대체로 학생이 개념이 없다거나 예의가 없다며 질타하는 내용들
이었다. 또 "트위터 사이다썰에 중독된 사람", "우리 사회에서 교
수가 반말을 했다고 학생이 같이 반말을 하는 게 말이 되나?", "한
국 사회가 아니어도, 외국에서도 존경의 의미를 담아 교수님에게
프로페서 Professor와 서 Sir를 혼용해서 쓰는데 이게 뭐냐?"라는 반
응도 있었다.

　'임금과 스승과 아버지는 한 몸과 같다'는 뜻의 군사부일체君師父
一體나 "스승의 그림자도 밟지 아니한다"라는 속담이 내려오는 우
리나라에서 앞서 소개한 교수와 학생의 대화는 시원한 사이다썰

로 온전히 받아들이기 힘들 것이다. 게다가 교수는 늘 학생들과 대화할 때처럼 자연스럽게 반말을 한 것일 뿐인데, 그런 교수에게 학생이 반말로 대응한 것이 오히려 아쉽다는 반응이 있을 수밖에 없다.

이와 같은 불미스러운 사건이 일어나게 된 이유를 좀 더 자세하게 알기 위해서 시대적 상황과 그에 따른 맥락을 함께 고려해볼 필요가 있다. 먼저 이 사건은 코로나19 유행이 본격적으로 시작된 2020년도에 기존 모든 오프라인 수업이 온라인 화상 수업으로 대체된 상황에서 발생했다. 온라인 수업은 실시간으로 얼굴을 공개하기 때문에 실제 오프라인에 모인 것과 같은 느낌을 구현하고 있는 것 같지만, 실제로는 가상의 공간에서 만나는 것이다. 이 '가상 대면'이라는 부분이 문제였을 수 있다. 즉, 오프라인에서 지속적으로 대면을 하는 교수님과 제자의 관계였다면 이러한 일이 발생하는 것이 구조적으로 쉽지 않았을 것이다.

하지만 이러한 모든 상황적 배경을 무시한다고 할지라도 "같은 성인에게 반말을 하는 것이 합당한가?"라는 질문에 대해 다시 한번 생각해볼 필요가 있다. 2020년 11월 강남의 한 편의점에서 있었던 일이다. 어느 70대 A씨가 담배를 사기 위해 해당 편의점에 들어가, 계산대 앞에서 짧게 상품명만 말하자 아르바이트생으로 근무하던 20대 B씨가 그에 맞춰 "2만 원"이라고 짧게 대답했다. 이것은 곧 시비로 번졌고, 격분한 A씨는 "야 이 ××야! 돼먹지 못한 ××야!"라고 욕설을 하자 B씨는 경찰을 불렀고 이 사건은 결국 모욕 혐의로 재판에 넘겨졌다. 재판 결과 1, 2심 모두 A씨에게 벌금형을 부과했다. 1심 재판부는 "나이가 훨씬 많다는 이유로 반말을 하거나, 반말로 응대했다고 폭언에 가까운 말을 여과 없이 표출하는 것은 사회통념상 당연히 허용될 수 있는 표현이 아니다"라고 지적했다.

이 과정을 지켜보며 우리는 성인 간 존댓말을 쓰는 것은 단순한 예의가 아니라, 원칙이라는 것을 확인할 수 있다. 앞선 사제 간의 사건도 마찬가지다. 사제지간에 걸맞은 예를 갖추지 못한 학생이 도덕적으로 비난을 받을 수야 있겠지만, 교수님 또한 먼저 성인 간에 지켜야 할 원칙을 깊이 생각하지 않았다는 평가에서 자유로울 수는 없다.

이런 상황에서는 먼저 현시대를 살아가는 일원이 모든 부분을 제로Zero 관점에서 바라보고 있다는 사실을 인지할 필요가 있다. 제로의 관점이란 한국 사회의 특수성을 적용하기 이전에, 원칙적으로 평등한 관계라는 관점에서 세상을 받아들인다는 것이다. 물론 이 말이 무조건 나이가 어린 성인에게 끝까지 존댓말을 유지하라는 뜻은 아니다. 단지 이들과의 소통에 있어서는 우리가 자동차 운전을 할 때와 마찬가지로 '깜빡이'를 넣어주는 센스 정도면 충분하다. 어느 정도로 관계가 발전한 시점에서 "앞으로 사적인 자리에서는 말을 편하게 해도 될까?"라는 질문을 했을 때, 이를 완강히 거부하는 젊은 세대가 얼마나 있을까?

그동안 누구도 묻지 않았던, 자격에 대해 묻는다

그 자리에 있을 자격

2021년 정체불명의 한 사이트가 갑자기 등장해 전국적으로 유명세를 떨쳤다. 바로 '박탈감닷컴(박탈감.com)'이다. 박탈감닷컴은 2021년 6월 21일 문재인 대통령이 청와대 대통령비서실 청년비서관으로 당시 만 24세의 박○○을 임명한 것에 대해 분노하는 동년 세대의 박탈감을 표현하기 위해 만들어진 사이트다.[67]

문제 제기의 골자는 크게 세 가지로 정리된다. 첫째, 1급 공무원에 상당하는 청년비서관 자리에 만 24세 청년을 임명하는 게 적절한 것인지. 둘째, 과연 해당 청년이 해당 비서관직을 수행할 만큼의 전문적 역량을 갖추고 있는지. 셋째, 그가 과연 청년세대를 대표할 수 있는지에 대한 지적이었다.

해당 논란과 관련해, 분노의 대열에 동참한 측을 가장 자극한 것은 '1급'이라는 단어였다. 현실에서 청년들은 몇 년을 뼈 빠지게 공부해도 9급 공무원 자리 하나 얻기 힘든데, 여의도에서 줄을 잘 섰다는 이유만으로 너무도 손쉽게 최고위 공무원에 입적했다는 것에 분노했다.

해당 임명을 찬성하는 측에서는 "본래 청년비서관 자리는 대통령이 임명하는 별정직 공무원으로서 정년이 정해져 있는 일반직 공무원과 차이가 있고, 임기가 1년 남짓 남은 상태에서 임명됐기 때문에 한정된 기간에 충분히 임명할 수 있는 자리이며 대통령이 임명하는 별정직 공무원 자리에 대한 공정 문제가 공식적으로 제기된 적도 없었기 때문에 이번 논란은 이치에 맞지 않는다"는 논리로 맞섰다. 하지만 반박 과정에서 일부 여권 관계자들이 문제 제기 자체를 단순히 '어리고 나약한 여성에게 가하는 공격' 정도로 치부하며, 해당 문제에 세대론과 젠더 이슈를 끌어들였다. 하지만 임명에 문제를 제기한 사람들은 박○○이라는 정치인이 단지 너무 어리거나 여성이라는 이유만으로 비판하는 것이 아니었다. 그들이 겨눈 비판의 핵심은 과연 그가 해당 자리에 합당한 능력과 자격이 있느냐는 것이었다.

이에 한 현직 교수는 "바보들아, 문제는 박○○이 아니라고"라는 제목의 페이스북 게시물을 통해, 리나 간 미국 공정거래위원장과 몬세프 슬라위 미국 코로나19 백신 개발 총책임자의 사례를 들며, 이번 인사가 단순히 젊은 여성이라서가 아니라 능력과 자질이 검증되지 않은 인물이 해당 자리에 앉은 것이 문제의 핵심임을 지적했다.

　나 또한 박○○이 해당 문제의 핵심은 아니라고 생각한다. 아마도 기본적으로 문제가 된 것은 타이밍일 것이다. 먼저 청년비서관이 애초에 2급 선임행정관급으로 만들어졌다가 이후 전직 국회의원의 '급'에 맞추기 위해 1급으로 격상된 부분이기에 원래 이 자리는 박○○ 한 명을 위해 급조되거나 신설된 자리가 아니었다. 하지만 그를 1급 자리에 발탁 기용했던 시기는 2021년 4월로, 당시 여당이 재보궐선거에서 참패하고, 야당에서 역사상 최초의 30대 당대표(이준석)가 등장한 상황이었다. 이러한 맥락에서 20대 여성 정치인을 깜짝 발탁해 1급이라는 요직에 앉힌 것은 '이준석에 대한 새 대항마'이자 미래의 대형 정치인을 키우기 위한 의도였다는 것을 너무도 쉽게 유추할 수 있다.

　이러한 상황에서 이 임명을 주도한 측은 이 건을 '2030세대 민심 회복'과 '이준석 대항마'라는 두 마리의 토끼를 한 번에 잡을 수 있는 묘책으로 생각했을 것이다. 하지만 실제로는 '의도가 빤히 보이는 전형적인 낙하산 인사'로 인식되는 대표적 인사 참사로 남고 말았다.

　정무적 판단에 따라 임명이 가능한 정무직 공무원과 별도로 정한 기준에 따라 선발하는 별정직 공무원은 과거부터 공정한 선발이 아닌, 어른들의 사정에 따라 입맛에 맞게 뽑히는 자리 정도로 인식돼온 것이 사실이다.

　물론 정무직과 별정직 공무원 모두가 이러한 형태의 낙하산이라고 볼 수는 없다. 또한 모든 채용을 공개채용 방식으로 진행하는 건 현실적인 면에서 적합하지 않을 수 있다. 하지만 우리는 해당 청년비서관 임명 논란을 통해 새로운 교훈을 찾아야 한다.

정무직과 별정직 공무원 모두 나름의 이유를 가지고 선발되지만, 구조적으로 특정 진영 안에서 임명권자의 입맛에 맞게 단행될 가능성을 내포한다는 문제가 있다.

물론 국민은 선거 제도를 통해 대통령에게 국정운영의 권한과 책임을 위임했다. 따라서 여기에서 나오는 인사권은 국정운영의 책임을 완수하는 도구라는 점에서 정당하게 위임한 권한이라고 볼 수 있다. 하지만 소위 '낙하산 인사'라고 함은 오래전부터 전문성을 갖추지 못한 인사들이 정치권의 논공행상 과정에서 정부나 공기업의 임원으로 충원되는 것을 지칭해왔다.

지난 여러 정권에서 이와 같은 부당한 인사를 부인하고, 개선하려고 노력했던 점은 어느 정도 참작할 수 있을 것이다. 하지만 우리나라는 여전히 5년마다 한 번씩 큰 장이 서는 '5년장'이 열린다. 이때마다 매번 대통령이 임명하는 수많은 낙하산 자리가 등장한다. 기획재정부가 2022년 1월 발표한 공공기관 지정현황에 따르면 공기업(36개), 준정부기관(94개), 기타 공공기관(220개) 등 공공기관으로 통칭하는 기관의 수가 350개에 달한다. 여기에 속한 기관장의 자리만 해도 350석이고, 감사와 임원 자리까지 합하면 2,000석이 넘는 자리를 대통령이 임명할 수 있다.

내가 다수 공공기관에서 강연을 했던 경험에 비추어 보면, 많은 공공 기관장 자리를 지난 총선 등에서 당선되지 않은 여권의 낙선 인사들이 차지하고 있다는 사실을 발견할 수 있었다. 물론 그들 모두 해당 기관의 장이 될 만큼의 경륜과 실력을 갖추고 있다는 자체 평가를 했을 것이다. 그러나 그들이 언제든 다시 다음 총선 과 지선 등에 후보로 이름을 내밀었던 유사 사례를 생각해봤을 때, 과연 이들이 그 자리에 앉아 있는 게 궁극적으로 정당한 것인 지 다시 생각해볼 문제다.

2021년 청년비서관 논란에서 사람들이 의구심을 가졌던 이유 도 마찬가지다. 미래에 더 큰물에서 놀기 전 탄탄한 경력 한 줄을 채워주기 위한 게 아니었나 의심하는 것이다. 물론 본인들은 말도 안 된다고 펄쩍 뛸 테지만, 실제로 청와대 비서관 자리를 차지하 고 있던 한 정치인은 지방선거 예비 후보 등록을 앞둔 상황에서 한 포스터에 "잠깐만 청와대 관두고 올게"라는 문구를 사용해 논 란을 일으킨 바 있다. 청와대 관직을 '잠깐만 들렀다 오는' 만만한 일처럼 묘사한 문구가 문제였다.

정권이 바뀔 때마다 공무원 임명과 관련한 논란이 끊이지 않고 이어지는 건 바로 이러한 구조적 문제가 해결되지 않아서다. 어떤 조직이 어떤 가치를 가장 중요하게 여기는지 알려면, 그 조직 내 에서 누가 승진하고 누가 해고되는지를 보는 것이 가장 정확하다 는 말이 있다. 정권이 바뀔 때마다 수많은 사람들이 본인의 자격 이 닿지 않는 곳에서 한 자리를 차지하기 위해 기웃거린다. 쓴소 리가 필요한 상황에서 옳고 그름의 문제를 따지지 않고 단지 해당 진영이 좋아하는 말만 해대는 포퓰리즘 정치인들도 여전하다. 이들에게 결국 좋은 자리들이 돌아가는 지금의 행태가 사라지지 않으면, 언제든지 다시 논란은 반복되고 그 강도는 심해질 수밖에 없다.

그만한 돈을 받을 만한 자격

1954년, 예술 창작에 현저한 공적이 있는 예술가를 우대·지원하고 예술 창작 활동 지원 사업을 행함으로써 예술 발전에 이바지한다는 목적으로 설립된 단체가 있다. 바로 대한민국예술원이다. 이곳에서는 문학, 미술, 음악, 연극·영화·무용의 4개 분과에서 경력 30년 이상, 예술 발전에 현저한 공적이 있는 사람을 회원으로 선출한다.

경력 30년 이상, 예술 발전에 현저한 공적이라는 선발 자격에 따라, 정원은 단 100명으로 제한된다. 2022년 현재, 한국 인구를 5,100만 명으로 추산할 때 0.00000196퍼센트에 해당하는 수치다.[68] 최정예라고 불러도 손색이 없을 만큼 명예로운 자리인 덕분에 한번 선출이 되면 정해진 임기 없이 종신 회원의 자격을 얻는다. 애초에는 회원 임기를 연임제로 정했었지만, 2019년 11월 법 개정을 통해 평생으로 바꿔었다. 즉, 현시대 어디에도 없을 종신 회원의 자격을 얻는 것이다.

그런데 예술원의 종신 회원 100명이 한 달에 180만 원의 수당을 받는다고 밝혀져 문제가 됐다. 수당은 회원들이 마련한 기금이 아닌 관련 법령에 따라 국가에서 지급한다. 또 회원의 선출 조항도 문제가 됐다. 현재 예술원의 규정에는 "대한민국예술원의 신입 회원이 되려면 본인이 입회원서를 내거나 기관이나 단체가 추천한 자를 기존 회원이 심의, 전체 회원 2/3 이상의 동의 절차를 거쳐야 한다"고 밝히고 있다.

쉽게 말해 기존 회원의 승인을 통해 새로운 회원을 뽑는 방식이다. 예술원의 설립 목적에 따르면 예술 창작에 현저한 공적이 있는 예술가를 회원으로 뽑아야 하지만 이제는 제아무리 예술적 공헌이 뛰어날지라도 기존 회원의 승인을 얻지 못하면 입회가 불가능하다는 뜻이다.

실제로 2014년 '건반 위의 구도자'라고 불리는 세계적인 피아니스트 백건우가 추천을 받았음에도 대한민국예술원 신입회원 선출 투표에서 탈락하기도 했다. 또 '물방울 화가'로 명성이 높은 원로 서양화가 김창열도 탈락했다.

2014년 백건우가 탈락할 당시, 세간에서는 예술원 회원들의 텃세 때문에 유명 예술가들이 회원 자격을 얻지 못한다는 말이 나오기도 했다. 또 관피아(관료+마피아)에 빗댄 예피아라는 말도 등장했다.

이런 배경 때문에 원로 예술인들도 예술원을 긍정적으로 보지 않는다. 2021년 10월 금관문화훈장을 받은 화백 박서보는 단색화 열풍을 이끌어온 주역이다. 그는 예술원 회원이 아니다. 한 일간지와의 인터뷰에서 그는 "바보들끼리 모여 있는 곳에 내가 왜 갑니까"라고 되물었다. 그는 "특정 학교 출신들이 독식한 곳, 누가 나보고 '당신이 와서 예술원을 개혁해달라'고 하기에 내가 그랬어요. 왜 쓰레기통에 오라고 하십니까"라고 일축한 에피소드를 꺼냈다.[69] 그런가 하면 한 예술원 회원이 생전 소설가 박경리를 찾아가 회원 가입을 권유했지만 "그딴 곳 안 간다"라고 단칼에 거절했다는 일화는 유명하다.

예술원의 이와 같은 운영 방식에 대해 비판의 목소리가 없었던 것은 아니다. 2004년 열린우리당에서 예술인 추천 자격을 기존 회원이 아닌 일반국민 및 시민단체로 확대하고, 예술원 회원의 자격에 학력조항을 철폐하는 개정안을 추진했지만 실패에 그쳤다.[70] 또 2012년 대한민국예술원의 신입회원 선출 과정의 객관성을 보장하기 위해 회원심사위원회를 구성해 예술원 회원을 선출하는 내용을 골자로 한 개정안을 발의했지만, 예술원의 독립성과 자율성을 침해할 우려가 있다는 반대에 부딪쳐 통과되지 못했다.[71]

2021년 대한민국예술원 개혁 논쟁에 불을 붙였다고 평가받은 소설가 이기호는 예술원에 대한 비판이 나올 때마다 제대로 된 개선이 되지 않는 여러 이유 중 하나로 침묵을 언급한다. 예술원에 대해 비판의 목소리가 나올 때마다 예술원 회원들이 침묵했다는 것이다. 다들 그 국면이 지나가기를 바라는 모양새로 지금껏 계속 이어져왔다는 것이 그의 평가다.[72]

이기호는 그동안 여러 논란이 있었던 예술원 문제를 다시 수면 위로 끌어올리면서 공론화시켰다. 그런데 그는 소위 '젊은 세대'

라고 불리는 2030 나이대의 인물이 아니다. 1972년생인 그는 자기 스스로를 부장급 소설가로 소개하곤 한다. 그런 만큼 젊은 치기로 예술원 문제를 공론화한 것이 아니라 "예술가 지원이 좀 더 형평성 있게 공정하게 이뤄졌으면 좋겠다는 취지에서 시작한 것"이라고 밝혔다.

그는 격월간 문예지 〈악스트〉 37호에 실린 "예술원에 드리는 보고-도래할 위협에 대한 선제적 대응방안(문학 분과를 중심으로)"이라는 보고서 형식의 소설에서 예술원 문제를 신랄하게 비판했다. 또한 예술인 서명 운동을 주도하며 2021년 8월에 문인 744명과 예술인, 시민 등 329명의 서명과 함께 〈대한민국예술원법의 전면적인 개정을 요구하는 문인 성명서〉를 발표했다.[73]

그는 "예술원 개혁은 공정이나 세대의 문제가 아닌 상식에 대한 문제"라고 강조하며 예술원 비판의 이유도 특정한 의도가 아닌 단지 "창피해서"라고 언급하기도 했다. 그의 말에 따르면 1954년 대한민국예술원이 창립된 것은 1952년 발표된 문화보호법에 의거한다. 이는 당시 대한민국 정부가 전쟁 중에도 예술인들을 보호하기 위해서 취한 조치가 아니다. 당시 문학 분야에서 "쓸만한 사람들은 모조리 북으로 넘어갔고 남한에는 쭉쟁이만 남았구나"라는 표현이 있을 만큼 웬만한 문인들은 북으로 넘어가는 경우가 많았다. 이에 대한 반대급부로서 반공 문예 조직들을 국가의 법적 기구로 만들기 위한 방편이었다고 한다. 이후 전두환 정권에 이르러 지금과 같은 회원의 선출, 자격, 우대, 대우를 규정한 신문화보호법 등이 1982년도에 제정됐고 당시의 조직이 지금까지도 계속 이어지고 있다는 것이다.

앞서 본 것처럼 예술원의 핵심 문제는 공정하지 못하고 폐쇄적이기까지 한 회원 선출 방식과 수당 지급의 부당성이다. 특히 수당 지급 문제와 관련해 주무부처인 문화체육관광부가 발간한 보고서에 따르면 "해외의 유사 기관의 경우 (일본을 제외하면) 회원 예우 방식은 회원이 되는 것 자체에 큰 의미를 두고 있으며 일종의 명예직이라고 인식된다"며 지원의 당위성에 대한 부정적 평가 결과를 재확인하기도 했다.

명확하지 않은 선출 방식에 따라 회원으로 선출돼 죽는 날까지 매달 180만 원의 금액을 지급받는 방식을 현시대의 관점에서 본다면 과거의 신분 제도와 크게 다를 바 없다. 단순히 예술인 원로들이 받는 돈에 대한 부당성을 제기하는 것이 아니다. 과연 그들이 그 돈을 받을 만한 일을 하고 있느냐는 것이다. 지금 예술원이 해야 할 일은 기존 시대에 맞춘 역할에 따라 지금의 역할을 관행적으로 수행할 것이 아니라 현시대의 변화에 맞춰 예산의 편성과 집행 방식을 바꾸고 새로운 역할을 부여하는 것이다. 또한 과연 대한민국예술원이 특수 예우 방식을 유지해야 할 필요가 있는지, 대한민국 예술 신흥에 어떠한 역할을 수행했는지를 다시 한번 면밀히 살펴보고 새롭게 재구성할 필요는 없는지 점검해야 할 것이다.

충남대 오길영 교수는 예술원 문제에 대해 좀 더 근본적인 화두를 던진다. "예술과 국가는 어떤 관계를 맺어야 하는가?" 그의 말에 따르면 때로는 시대와 불화하는 것이 "예술의 타고난 숙명"이다. "국가가 지급해주는 급여를 매달 따박따박 받는 '국가 기관'에 속한 예술가가 그 국가의 행태를 뾰족하게 드러내는 작업에 힘을 쏟을 수 있을까?" 예술원이라는 제도 자체가 예술의 본질과 충돌한다는 날카로운 지적이다.[74] 결국 앞서 살펴본 것처럼 예술원 문제를 제기하는 사람들은 예술원 원로들이 돈을 받을 만한 자격이 있는지 묻고 있다. 아마도 현시대에 벌어지고 있는 자격 심의는 전방위적으로 확대될 것이다.

또 다른 예를 들어보자. 수년 전부터 한 커뮤니티에 "억대 연봉을 받는데 하는 일은 없는 레전드 공무원"이라는 제목의 글이 지속적으로 올라오고 있다. 바로 이북5도지사와 관련된 글이다. 대한민국은 헌법 제3조 "대한민국 영토는 한반도와 그 부속도서로 한다"는 조항을 통해 우리나라가 38선 이북의 영도, 즉 한반도 모두를 관할하는 것으로 명시하고 있다. 법적으로 우리나라의 영토는 이북의 5도, 즉 황해도, 평안남도, 평안북도, 함경남도, 함경북도를 포함한다. 바로 그 이북5도를 관리하는 도지사가 바로 이북5도지사다.

물론 현재 분단 상황인 만큼 우리나라는 이북5도를 실효 지배하지 않는다. 하지만 통일이 될 경우 헌법에 따라 이북5도를 관리하는 것으로 정해져 있다. 게다가 이북5도지사와 같은 미래의 관리자로는 평양지사를 추가하고, 도 이하 군/시/읍/면/동/리를 포함하게 되므로 군수, 시장, 읍·면·동장까지 포함해 (2020년 기준)

총 1,013명의 북한 관리자가 존재한다.

그럼 현재 북녘땅을 실효 지배하지 않는 상황에서 이들은 대체 무슨 일을 할까? 〈이북5도 등에 관한 특별조치법〉 제4조(관장 사무)에 따르면 "1. 조사 연구 업무 2. 월남 이북도민 및 미수복 이북도민 지원 및 관리 3. 이산가족 상봉 관련 업무 지원 4. 이북5도 향토문화 계승 및 지원 5. 이북도민 관련 단체의 지도 및 지원 6. 자유민주주의 함양 및 의식 고취"로 업무가 규정돼 있다.

하지만 대부분의 업무가 통일부에서 진행하고 있는 업무와 겹친다. 이북5도지사 고유의 업무로 평가받는 조사 업무의 경우, 2018년 국정 감사 시 연구 조사 실적이 전무하다고 지적받기도 했다.[75] 이후 2019년 정인화 의원 등이 발의한 〈이북5도 등에 관한 특별조치법 일부개정법률안〉을 통해 이북5도위원회의 역할을 다시 정하고 도지사들도 관련 업무를 보고하라는 법안 발의를 진행했으나, 임기 만료로 폐기됐다.

현재 도지사가 받는 연봉은 1억 5,000만 원에 달한다. 군수와 시장은 연간 약 450만 원, 읍·면·동·리장은 약 240만 원의 보수를 수령하고 있다. 지난 10년간 이북5도 관리자 인건비로 들어간 비용이 834억 원에 달한다.

두 개의 심장을
가져야 하는 사람들

하나의 심장인 너희와는 다르다!

두 개의 심장을 가진 남자!

하이브리드 샘이 솟아 리오레이비!

MBC 예능 프로그램 〈무한도전〉에 등장하는 하하의 캐릭터 중에는 추석특집 '무한상사'와 '유재석TV 행쇼'에 등장한 '하이브리드 샘이 솟아 리오레이비'가 있었다. 〈무한도전〉 내에서도 재미를 이끌어내며 시청자들의 눈길을 사로잡은 캐릭터였다. 그런데 심장이 하나가 아니라 두 개라는 특징이 인상적이다. 이는 그 무렵 등장한 현대자동차 YF 소나타의 광고 콘셉트인 "(엔진과 모터라는) 두 개의 심장을 가진 우월한 종"을 패러디한 것이다.[76] 2011년 당시 현대자동차는 "하나의 심장이 멈춰도, 하나의 심장이 뛴다"라는 설명을 광고에 실었다. 이는 내연기관 엔진과 전기모터라는 두 개의 심장으로 효율성을 극대화하는 방식을 의미한다.

갑자기 예능의 캐릭터와 광고를 예시로 든 것은 지금의 젊은 세대가 강제로 가지게 된 하나의 특징을 설명하기 위해서다. 지금의 사회에서 개인이 한 사회의 일원으로서 지속 가능한 삶을 영위하기 위해서는 정기적인 활동을 통해 얻는 소득이 필요하다.

우리 사회는 초등·중학교라는 의무 교육과 고등 교육을 포함하는 12년의 교육 기간을 통해 암암리에 개인이 사회에 진출하면 하나의 직업을 선택해 사회적 생산에 참여하고 소득 활동에 집중하는 일원이 되라고 가르친다. 그 말인즉, 우리는 전통적으로 오랜 교육을 통해 근로 소득으로 생활을 영위하는 방식을 주입시킨다는 의미다.

여기서 근로 소득 활동이란 하나의 조직에 소속돼 월급을 받는 샐러리맨이 되는 것을 의미한다. 넓은 의미에서는 조직에 소속되지 않는 프리랜서와 자영업자들도 사업 소득을 통해 근로 소득을 얻는 것으로 볼 수 있다.

우리의 삶을 이끄는 하나의 심장(엔진)은 바로 근로 소득이라는 심장이다. 우리는 생산 활동을 통해 자신의 재능, 노력 또는 기타 에너지를 돈이라는 자본으로 바꿀 수 있다. 직업과 상황에 따라 소득의 높고 낮음(출력)과 지속 가능성(내구성)은 각각 다르지만 기본적으로 취업이라는 활동을 통해 근로 소득자가 된다. 또한 학창 시절과 기타 활동을 거치며 높은 수준의 평가를 받는 엔진을 만들어내고자 노력한다.

언뜻 보면 당연한 말 같지만, 지금까지 수많은 사람이 하나의 엔진을 만들기 위해 유년기와 청년기, 즉 젊음의 모든 시간을 폭풍처럼 보내야 했다. 12년간의 초/중/고등 교육 기간은 물론이고 2년에서 4년에 이르는 대학교 생활까지 거치며 우리는 모두 교환 가치가 높은 근로 소득의 심장을 갈고닦는 데 모든 노력을 쏟아붓는다.

20세기 말에 불어닥친 IMF 외환위기가 탄생시킨 경쟁 체제를 맞아 한국의 젊은 세대는 취업난이라는 기본 옵션을 갖추게 됐다. 그에 따라 좋은 직장을 가지기 위한 노력의 지표는 모두 상향 표준화됐다. 아이러니하게도 과거와 달리 대학 진학률이 높아졌지만 질 좋은 일자리의 수는 줄어들었다. 공무원으로 대표되는 공직 사회로 입문하기 위한 방식도 높은 경쟁률을 나타내기 시작했다. 즉, 개인이 부단한 노력을 쏟더라도 합격이라는 좁은 구멍을 뚫는 자는 극소수에 불과할 수밖에 없다.

전통적으로 이런 상황에 딱 들어맞는 조언이 하나 있었다. 바로 취업 기준의 눈을 낮추라는 것이었다. 하지만 이를 현실에 적용하기에는 조금 무리가 있었다. 우선 정규직과 비정규직의 임금 격차가 갈수록 늘어갔다. 또 중소기업에 입사했다가 더 큰 기업으로 옮기는 에스컬레이션 방식의 구직 활동이 예전처럼 순방향으로 작동하지 않게 됐다. 거기에 중소기업 내 인력의 수준과 시스템이 제대로 갖춰지지 않는 것에 대한 불만과 소위 '가족 같은 기업'이란 말을 내세우는 좋지 않은 소기업 문화에 대한 비공식적 소문들이 만연했다.

이러한 상황 속에서 구직자들은 '애초에 제대로 된 직장에 들어가지 못하면 나중에 결코 상황이 나아질 수 없다'는 인식을 갖게 됐다. 어설프게 눈을 낮췄다가 나중에 피를 볼지도 모르는 불확실성을 안고 갈 바에야 차라리 조금 더 고생을 하더라도 제대로, 그리고 확실하게 시작하는 편이 낫다고 생각하게 된 것이다. 기성세대는 구직자들이 각각 수준에 맞는 길을 선택하면 일자리의 수요와 공급이 균형점을 찾을 거라고 믿었다. 하지만 젊은이들은 그러한 고정관념에서 벗어나 한쪽으로 몰리게 됐다.

여기까지는 그리 새롭거나 큰 흐름의 변화라고 볼 수 없다. 이와 같은 현재 상황은 기성세대들이 겪었던 한국 특유의 생존 환경과 크게 다르지 않기 때문이다. 경쟁의 강도와 시대적 상황에 미묘한 차이는 분명히 존재하지만 모두가 좋은 대학을 가고 좋은 직장을 가기 위해 함께 경쟁하는 한국이라는 사회 안에서 벌어지는 일이기 때문이다.

하지만 오늘날 미래를 준비하는 세대는 근로 소득이라는 하나의 심장(엔진)만 가지고는 자신이 꿈꾸는 번듯한 목적지에 도달하지 못한다는 현실이 생존 DNA에 강하게 각인돼 있다. 무엇보다 그동안 열심히 일하고 월급을 저축해 집을 사고 삶을 윤택하게 만들어줬던 마법의 사다리가 더 이상 제대로 작동하지 않는다는 사실을 뼈저리게 느끼고 있기 때문이다. 즉, "이제는 재테크도 필수가 된 세상이다" 정도로 가볍게 받아들일 수 있는 현실이 아니라는 말이다.

가령 2012년도에 취업을 준비하던 20대 중반의 취업 준비생이 한 명 있다고 가정해보자. 공무원을 준비하든 일반 기업의 취업을 준비하든 그는 하나의 목표를 위해 한껏 집중을 해왔을 것이다. 즉, 취업이라는 일생일대의 관문을 뚫기 위해 전통적인 방식에 따라 하나의 엔진을 끊임없이 단련해온 것이다. 하지만 2022년의 취준생은 오로지 하나의 엔진만으로는 본인이 원하는 취업이라는 목표에 도달하기 어렵다는 사실을 알고 있다. 그는 취업을 위한 전통적인 노력의 엔진을 돌리는 것 이외에 또 하나의 엔진이 필요하다는 사실을 인지한다. 바로 자본 소득을 위한 노력의 엔진이다.

2022년의 취준생이 추가로 하나의 엔진을 더 돌려야 하게 된 것은 지난 10년간 전 세계 자산 가격이 저금리의 파도를 타고 폭등했기 때문이다. 그동안 소비자 물가의 안정세로 각국 중앙 은행들은 낮은 정책 금리를 유지해왔다. 저금리와 신용 시장의 개선으로 가계는 주택과 주식을 사기 위해 대출을 낮은 이율로 늘려왔다. 이는 곧 자산 가격의 꾸준한 상승으로 이어졌다. 게다가 2019년에 코로나19 팬데믹이 전 세계를 강타하자 각국 중앙 은행에서 양적 완화 정책을 펼치며 자산 가격 상승 흐름을 더욱 부추겼다.

세계적 추세에 더해 한국에서는 더욱 더 큰 자산 가격의 상승이 이뤄졌다. 그중에서도 부동산 가격의 상승은 큰 충격을 줬다.

2008년 금융위기부터 완만한 정체 혹은 하락세를 보이던 부동산 시장은 2017년 이후 4년 사이에 거의 두세 배에 이르는 급격한 증가세를 보였다. 이는 곧 집을 구매할 타이밍을 놓친 사람들에게 크나큰 좌절 혹은 메우지 못한 불균형을 만들어냈다. 반대로 연간 소비자 물가 상승률보다 낮은 근로 소득의 증가율 때문에 근로 소득과 자산 소득의 격차는 커져만 갔다. 소위 금수저라고 불리는 일부 계층을 제외한 나머지 사람들은 미래의 주택을 소유하거나 자산을 불릴 수 있는 기회마저 급격히 잃고 말았다.

즉, 지금의 젊은 세대는 마치 하이브리드 자동차처럼 두 개의 엔진을 동시에 돌려야 하는 상황에 처해 있다. 물론 현대자동차의 광고에서처럼 하이브리드, 즉 내연기관과 전기모터를 함께 가동해 효율성을 극대화하는 방식이라면 좋은 일일 것이다. 안타깝게도 오늘날 두 개의 엔진을 돌려야 하는 세대는 하나의 심장이 멈추면 나머지 하나의 심장이 뛰는 우월한 종이 되지 못한다. 오히려 반대로 하나의 심장이 멈추면 나머지 심장마저 멈춰버리는 구조다. 그럼에도 불구하고 두 개의 엔진을 달고 있는 이유는 하나의 엔진만으로는 도저히 시대가 요구하는 수준의 출력을 맞출 수가 없기 때문이다.

지금의 젊은 세대가 느끼는 혼란은 바로 여기서 비롯된다. 애초에 그들이 학창 시절부터 두 개의 소득을 올릴 수 있는 엔진을 갈고닦는 법을 배웠다면 상관 없을 것이다. 하지만 우리의 제도권 교육은 오로지 근로 소득이라는 엔진을 준비하는 것만 강조해왔다. 그러다 보니 지금의 젊은 세대가 성인이 돼 사회로 나가기 위한 마지막 스텝을 밟는 순간, 생각지도 못한 현실을 맞닥뜨리는 것이다. 결국 그들은 월급만으로는 숨만 쉬고 살아도 내 집 하나 얻을 수 없다는 것을 사회에 진출하자마자 깨닫고 만다.

지금의 젊은 세대들은 2010년대 후반에 취업이라는 마지막 결실을 위해 도전하는 과정에서 자신들보다 앞서 사회에 진출하려다 하나의 엔진만으로 인생을 운영할 수 있는 열쇠를 쥘 수 없다는 것을 깨달은 20대 중반의 선배의 모습을 지켜봤을 것이다. 20대 초반, 길게는 10대 초중반의 학생들은 자연스럽게 두 번째 엔진이 필요하다는 것을 깨닫게 된다. 하지만 제도권 교육에서 도움을 얻을 수 없다는 것을 알게 된 그들은 자연스럽게 각자도생의 마음으로 두 번째 엔진을 갈고닦기 위한 길을 찾아나서게 된다.

최근 수년간 경제/경영 베스트셀러 코너에서 '부자 되는 방법'은 물론이고, 부동산과 주식 또는 코인과 같은 재테크 도서가 상위권 순위에서 내려오지 않는 것은 바로 이러한 배경 때문이다.

물론 이러한 상황이 젊은 세대에게만 국한되는 것은 아니다. 하지만 똑같은 시대적 상황을 맞고 있더라도 미래를 위해 취업을 준비하는 세대에게는 그동안 굳건히 믿어온 근로 소득만 바라보면 안 되는 상황이 됐다는 사실을 알려줄 필요가 있다.

기성세대 입장에서는 과거에도 똑같이 힘들었는데 왜 유독 지금의 젊은 세대만 징징거리는 것이냐고 물을 수 있을 것이다. 분명 지금의 젊은 세대가 처한 시대적 상황은 기성세대처럼 하나의 엔진만으로 집중해서 경쟁하는 상황이 아니다. 그들은 동시에 두 가지 성장 엔진을 기르기 위해 관심이 분산된 상황에서 추가적인 노력을 경주해야 하는 시대를 살아가야 한다.

더불어 청년기라는 생애주기를 보내면서 새로운 엔진을 준비해야 하는 세대는 재테크 혹은 자본 소득에 대해 양가감정을 갖고 있다는 점을 주목해야 한다. 먼저 지금의 젊은 세대는 아무것도 없는 상태에서 재테크를 통해 새로운 부를 창출해야 하는 상황에 놓여 있다. 이들은 상대적으로 자신들에게 불리한 현실이 '공정하지 못하고 부당하다'는 것을 깨닫게 된다.

《부자 아빠 가난한 아빠》를 쓴 로버트 기요사키를 비롯해 '부자 되는 방법'을 알려주는 책을 쓴 저자들의 핵심 주장을 뽑으면 "돈이 나를 위해 일하게 하자"로 요약된다. 즉, 그들은 언제 사라질지 모르는 근로 소득이 아닌 자산 형성을 통한 자본 소득을 만들어 자신이 일하지 않아도 돈으로 돈을 벌 수 있는 이상적인 상태를 구축해야 한다고 강조한다.

현대 자본주의의 냉혹하지만 자연스러운 속성이다. 하지만 이를 깨닫는다 할지라도 지금의 젊은 세대에게는 자산을 형성할 수 있는 시드 머니 자체가 부족하다. 이미 성공한 저자들은 먼저 작은 월급이라도 아끼고 저축을 통해 모아 종잣돈을 만들라고 조언한다. 덧붙여 1,000만 원을 1억 원으로 늘리는 것은 어렵지만, 1억 원을 10억 원으로 늘리는 것은 쉽다고 조언한다.

하지만 현실에서는 제대로 된 월급을 받을 수 있는 직장을 구하기도 어렵다. 게다가 설령 팍팍한 현실을 극복하고 1년에 3,000만 원씩 모아 3년 만에 1억 원의 거금을 만들었을지라도 그동안 부동산을 포함한 자산의 가격은 그 이상으로 늘어나는 상황이다. 애초에 그들의 조언이 먹혀들지 않는 것이 현실이다.

더욱이 주식 전문가들은 공통적으로 여유 자금으로 주식을 시작하라고 하지만 애초에 여유 자금이라는 말 자체가 지금의 젊은 세대에게는 허락되지 않는다. 잠시 목돈이 생겨도 그 돈은 여유 자금이 아니라 곧 닥칠 결혼 준비 자금이자 미래의 주거 비용이기 때문이다.

결국 전문가들의 조언이 문제가 아니다. 지금의 공정 문제를 예민한 주제로 만든 진짜 문제는 기울기다. 지난 몇 년간 이뤄진 급격한 자산 가격의 상승, 특히 한국의 아킬레스건인 부동산 가격의 급격한 상승이 지금의 젊은 세대가 사회를 불공정하게 여기게 만든 핵심적인 요인이다. 단 수년 만에 이뤄진 급격한 자산의 격차는 이를 가질 기회조차 부여받지 못한 청년들에게 크나큰 좌절을 느끼게 만들었다.

하지만 단순한 수치만으로 젊은 세대의 좌절과 실망을 설명할 수 없다. 확실히 문재인 정부는 부동산 문제에서 실책을 범했다. 전 정부 때 부동산 가격이 급격하게 높아진 것 자체도 문제지만 그것만으로 젊은 세대의 좌절을 설명하기는 충분하지 않다. 무엇보다 전 정부는 부동산과 관련한 수많은 젊은 세대의 분노를 제대로 이해하지 못했다. 정부 인사들은 여러 가지 문제들이 지적될 때마다 젊은 세대의 공통분모를 단순한 불만 정도로 치부하거나 본인들의 진정성을 곡해시킨 보수 언론을 탓했다.

그들은 자신들이 나쁜 자가 되지 않았다고 했지만 결과적으로 위선자가 됐다. 대표적으로 앞뒤가 다른 행동을 일삼았다. 2018년 9월 장하성 청와대 정책실장은 한 라디오 프로그램에서 "모두가 강남에 살 필요는 없다. 내가 살고 있어서 드리는 말씀"이라고 말했다. 하지만 그 자신도 계속 강남3구에 거주하고 있었다. 자신과 다른 모든 국민이 강남에 살 필요가 없다는 그의 말은 전혀 설득력이 없을뿐더러 도덕적으로도 납득되지 않았다. 또한 당시 정부에서는 다주택자를 죄악시하며 관련 부동산 정책을 이끌었지만 실제 정책의 핵심 인물이던 청와대 참모들이 다주택자였다. 청와대는 2020년 8월까지 기한을 정하고 다주택자인 청와대 참모 여덟 명에게 다주택을 정리하라고 권고했다. 하지만 다수의 참모진은 집을 팔지 않는 대신 청와대 참모진에서 사퇴하는 선택을 했다. 청와대 근무라는 일시적 이득보다 아파트를 보유하는 이득을 더 높게 봤다는 시그널이다. 이후 정책에 대한 신뢰도에 금이 가고 말았다.

2019년 11월 문재인 대통령은 MBC 〈국민이 묻는다, 2019 국민과의 대화〉에 출연해 "역대 정부가 부동산 가격을 잡지 못한 이유는 부동산을 경기 부양에 활용했기 때문"이라고 말했다. 또한 "정부에서는 성장률에 어려움을 겪더라도 부동산을 경기 부양 수단으로 활용하지 않을 것"이라고 단언하며 "부동산 문제는 정부에서 잡을 자신이 있다"고 장담했다. 하지만 임기 말까지 자신의 말에 대한 책임을 지지 못하고 말았다. 실제로 2017년 5월 당시 서울 아파트의 중위 매매가격은 6억 635만 원 수준이었는데, 2020년 1월에는 9억 원을 넘어섰다. 이에 대한 통렬한 반성은 없었다.

게다가 더 최악의 결과는 그나마 갖고 있던 정책 추진의 진정성마저 잃었다는 것이다. 문재인 정부는 집권 시기 내내 부동산 보유세 강화에 몰두했다. 소위 '있는 자들'의 반발을 무릅쓰고 이를 꾸준히 추진해왔다. 하지만 더불어민주당은 2022년 6월 선거를 앞두고 그동안 전폭적으로 지지/유지하던 보유세 강화 기조를 뒤집으며 사실상 다주택자의 보유세를 낮춰주는 내용의 부동산 세제 개편안을 당론으로 채택했다. 다주택자의 종합부동산세 과세 기준을 현행 6억 원에서 1주택자와 같은 11억 원으로 상향 조정하는 것이 골자다. 앞서 송영길 서울시장 후보는 관련 공약을 내놓으며 당 차원의 지원을 요청했다. 지난 정부에서 부동산 세제 강화에 앞장섰던 더불어민주당이 다주택자의 보유세 부담을 줄이는 정책을 추진하는 모양새를 두고 선거용 입법이라는 지적도 나왔다.[77]

부동산에 붙는 세금은 크게 재산세·종합부동산세 등 보유세와 양도소득세·취득세·등록세 등 거래세로 나뉜다. 보유세는 부동산을 소유한 대가, 거래세는 부동산을 사고팔 때 내야 하는 대가다. 여러 연구에서 밝힌 바에 따르면 부동산 조세의 핵심은 부동산 보유세는 늘리고 거래세는 완화하는 것이다.

최승문 한국조세재정연구원 부연구위원은 〈보유세 현황과 쟁점〉 연구를 통해 "토지에 대한 과세는 소득과 자산 불평등을 완화하면서 동시에 생산적인 경제활동을 왜곡시키지 않는 것이 좋은 조세"라면서 "부동산 보유세가 경제적 왜곡이 적은 조세라는 점은 이론적 논의뿐만 아니라 여러 실증 분석을 통해서도 확인되고 있다"고 설명했다.[78] 기본적인 원칙마저 도외시한 정부는 효율성과 진정성 모두를 잃는 결과를 내고 말았다.

돈과 직업에 대한 태도의 변화

미국의 여론조사 전문기관인 퓨리서치센터Pew Research Center에서는 2021년 전 세계 17개국의 성인들에게 의미 있는 질문 하나를 던졌다. 바로 "무엇이 삶을 의미 있게 만드는가What Makes Life Meaningful?"라는 질문이다. 해당 조사는 미국을 포함한 선진국에서 진행됐다. 호주, 뉴질랜드, 스웨덴, 프랑스, 그리스, 독일, 캐나다, 싱가포르, 이탈리아, 네덜란드, 벨기에, 일본, 영국, 스페인, 대만, 그리고 한국이 포함됐다.

"무엇이 삶을 의미 있게 만드는가"로 직역하기는 했지만, 쉽게 말해 "당신 인생에 뭣이 중한디?"라는 물음이나. 과연 진 세계 사람들, 그리고 우리나라 사람들은 인생에서 무엇을 가장 중요하게 여기고 있었을까?

조사를 진행한 17개국 중 14개국에서 1위를 차지한 대상은 바

	1st	2nd	3rd	4th	5th
호주	가족	직업	친구	물질적 풍요	사회
뉴질랜드	가족	직업	친구	물질적 풍요	사회
스웨덴	가족	직업	친구	물질적 풍요 / 건강	
프랑스	가족	직업	건강	물질적 풍요	친구
그리스	가족	직업	건강	친구	취미
독일	가족	직업 / 건강		물질적 풍요 / 대체적 만족	
캐나다	가족	직업	물질적 풍요	친구	
싱가포르	가족	직업	사회	물질적 풍요	친구
이탈리아	가족 / 직업		물질적 풍요	건강	친구
네덜란드	가족	물질적 풍요	건강	친구	직업
벨기에	가족	물질적 풍요	직업	건강	친구
일본	가족	물질적 풍요	직업 / 건강		취미
영국	가족	친구	취미	직업	건강
미국	가족	친구	물질적 풍요	직업	믿음
스페인	건강	물질적 풍요	직업	가족	사회
대한민국	물질적 풍요	건강	가족	대체적 만족	사회 / 자유
대만	사회	물질적 풍요	가족	자유	취미

로 가족family이었다. 전체 응답자 중 38퍼센트가 가족을 꼽았다. 삶의 의미라는 워딩을 감안하면 충분히 예상할 수 있다.

그런데 한국은 조금 다른 결과를 보여줬다. 1순위로 물질적 풍요_{material well-being}를 뽑은 것이다. 이와 같은 결과가 발표되자 국내 언론에서는 앞다투어 "전 세계에서 유일하게 한국인이 돈을 최우선 가치로 뽑았다" 혹은 "한국만 유일하게 물질을 중요하다고 답했다"와 같은 자극적인 헤드라인을 붙여서 보도했다. 해당 뉴스들의 댓글창에는 "왜 한국인들이 돈, 돈, 돈을 외치는가?", "배금주의의 끝판왕인 헬조선의 현실", "역시 대한민국에선 머니머니 해도 머니지"와 같은 비판 섞인 반응들이 이어졌다.

하지만 퓨리서치센터가 발간한 보고서를 보면 이 같은 평가와 해석에 무리가 있다는 사실을 알 수 있다. 먼저 한국인이 중요하게 생각하는 1순위가 물질적 풍요라는 것은 사실이다. 하지만 응답 비율로 보면 19퍼센트에 불과하다. 이는 전 세계 응답자들이 답한 중위값인 19퍼센트와 같은 수준이다. 오히려 물질적 풍요가 중요하다고 응답한 비율이 높게 나온 국가는 스페인이다. 그 비율이 무려 42퍼센트에 달한다. 그다음으로 네덜란드가 33퍼센트, 이탈리아가 29퍼센트 순으로 나타났다. 즉, 응답 비율로 따지면 오히려 한국인은 중간 정도에 위치하는 셈이다.[79]

그런데 설문 조사 결과에서 특이한 점이 발견된다. 해당 설문 조사에 복수로 응답할 수 있음에도 오직 한 가지로 응답한 한국인의 비율이 조사 대상국 중에서 가장 높은 62퍼센트를 기록했다는 점이다. 물론 이 같은 결과를 놓고 우리나라 사람들이 수능 시험을 보듯이 최선을 다해 하나의 답을 뽑는 태도로 임했다고 생각할 수도 있다. 하지만 그런 분석보다 조사의 결과만 놓고 보면 우리나라 사람들이 전 세계에서 유독 더 돈을 따진다고 말할 수는 없어도 오로지 돈 하나만 중요하게 생각하는 비율은 높다고 말할 수 있다.[80]

이러한 결과가 나온 것은 한국 사회에서 돈의 활용도 및 유용성이 유독 높기 때문일 수 있다. "우리나라는 돈이 많으면 참 살기 좋은 나라"라고 말하는 사람이 많다는 것을 떠올려보면 알 수 있다. 실제로 똑같은 수준의 돈을 가지고 살아도 한국에서는 더 빠른 배송 등 물질적으로 편리한 삶을 살 수 있다는 것을 의미한다.

그런데 우리 사회에서 돈이 중요하다는 말은 결코 새로운 이야기가 아니다. 퓨리서치센터의 조사에서는 한국인이 조금 특이한 축에 속한다는 정도를 알게 됐을 뿐, 매일매일 돈과 관련해 빠듯함을 느끼는 우리로서는 신기하거나 새로운 인사이트를 주는 내용이 아니기 때문이다. 결국 예나 지금이나 역시 한국인에겐 돈이 중요하다는 생각을 재확인했을 뿐이다.

설문 조사 결과에서 중요하게 바라봐야 할 지점은 따로 있다. 한국인이 무엇을 더 중요하게 생각하는지보다 한국인이 무엇을 덜 중요하게 생각하는지를 바라봐야 한다.

17개국의 응답 내용 중 5순위까지의 결과를 보면 특이한 점을 발견할 수 있다. 다른 나라와 달리 한국인의 순위에서는 직업occupation이 등장하지 않는다.

각 국의 응답 내용을 살펴보면 공통적으로 1순위 가치는 가족(38퍼센트)이었다. 다음으로 직업(25퍼센트)과 물질적 풍요(19퍼센트)가 높은 순위에 위치해 있었다. 반면 한국인의 순위에는 가족(3순위), 물질적 풍요(1순위)는 있어도 직업이 보이질 않는다.

설문 조사의 세부 항목들을 살펴봐도 한국인은 삶에서 직업과 경력을 총합한 일work의 중요도를 묻는 질문에 가장 낮은 응답률을 보인 것으로 나타났다. 이탈리아가 43퍼센트, 스페인이 40퍼센트, 스웨덴이 37퍼센트로 조사됐으며 전 세계 응답률의 중위도도 25퍼센트에 달한다. 반면 우리나라는 삶에서 일이 차지하는 중요도에 응답한 비율이 단 6퍼센트에 불과했다.

통상적으로 일의 중요도에 관한 응답의 비중은 설문 답변자가 고소득자higher income인지 저소득자lower income인지에 따라 다르게 나오기 마련이다. 하지만 한국인 고소득자와 저소득자의 응답은 각각 8퍼센트, 5퍼센트로 나왔다. 즉, 고소득과 저소득의 구분 없이 직업이나 일을 인생에서 중요한 것으로 생각하지 않는다는 결과가 도출됐다.

이것은 상당히 유의미한 결과다. 다른 나라 사람들은 물질적 풍요도 중요하지만, 일을 통한 삶의 의미와 성장을 가져다주는 직업도 함께 중요하다고 응답했다. 반면 우리나라 사람들은 물질적 풍요를 유일한 중요 가치로 뽑으면서도 전통적으로 물질적 풍요를 가져다주는 요인인 직업 자체에 대한 중요도는 낮게 보기 때문이다.

물론 이러한 결과를 단순하게 직업이 주는 임금의 가치를 하찮게 보는 것이라 해석하는 건 옳지 않다. 사실 이는 외부적인 상황에 따라서 좌지우지된다. 주식과 부동산 혹은 가상 자산의 가격이 폭등하는 자산 가격 상승기에는 내 월급이 상대적으로 쥐꼬리처럼 보일 수 있지만, 그 반대로 자산 가격 하락기에 접어들어 손실을 입을 때 정기적으로 들어오는 근로 소득은 삶을 지켜주는 유일한 희망이 되기도 한다.

하지만 그렇다고 해서 지금의 젊은 세대가 근로 소득을 '내 인생에 풍요를 가져다줄 원천'으로 생각하는 건 아니다. 금리가 상승하고 자산 가격이 하락하는 과정에서 잠시 젊은 세대가 자신의 근로 소득 모두를 정기 예금에 맡긴다 하더라도, 이건 자본 소득을 포기했다기보다 잠시 숨을 고르는 선택이라고 보는 것이 옳다.

급격한 자산 가격의 상승을 목격한 세대들에게는 언제든 다시 호황기가 돌아올 것이며 그 기회를 또 다시 놓칠 수 없다는 생각이 남아 있을 것이다. 일해서 받는 임금을 일컫는 신조어로 '원화 채굴'이란 말이 있다. 잃어버린 근로의 가치를 되찾고 그 월급을 알뜰하게 아껴 저축으로 자수성가하겠다는 의지를 담은 말은 아닐 것이다. 그보다 지금의 분위기에서 원화 채굴의 목적은 자산 상승에 대비해 시드머니를 축적한다는 의미가 더 강할 것이다.

우리가 좀 더 주요하게 봐야 할 것은 결국 일에 대한 태도가 변했다는 것이다. 전통적인 '일을 한다=돈을 번다'라는 공식에서 '일을 한다=돈을 주긴 준다'로 바뀐 현실이 직장을 대하는 태도에 대한 근본적 변화를 불러오게 됐다.

젊은 세대가 근로 소득보다 자본 소득을 더 우선시하는 것은

1차적으로 자본 소득 증가의 기울기가 근로 소득을 한참이나 앞서기 때문이다. 물론 이것이 글로벌 금융위기 이후 풍부해진 유동성 혜택을 입은 시대적 배경 때문에 가능했다고 하더라도 말이다. 여기에 또 다른 큰 이유가 있다. 심리적인 부분이다. 바로 사람들이 근로 자체를 선호하지 않는다는 것이다.

앞서 언급했듯 사람들이 근로 소득을 상대적으로 하찮게 본다는 말은 아니다. 젊은 세대들에게도 (최저시급을 어느 정도 뛰어넘는 수준의) 정기적인 근로 소득은 지금도 무시하지 못할 가치다. 하지만 그렇다고 해서 일 자체가 하고 싶다는 의미는 아니다. 극히 일부를 제외한 많은 사람들이 '가능한 한 일을 안 하고 살았으면…' 하고 생각한다는 거다. "세상에 일하고 싶다는 생각을 가진 사람이 어디 있나? 그것은 예나 지금이나 마찬가지 아닌가?" 하고 반문할 수 있다. 물론 그것도 부인할 수 없는 사실이다. 그러면 '모든 사람이 일을 하기 싫어한다'를 전제로 두고, 차이점을 한번 살펴보면 좋겠다.

먼저 일에 대한 태도와 일터에 대한 태도는 분리돼야 한다. 보통 이 둘은 직장 내에서 비슷한 갈등을 만들어내기도 하기 때문에 혼동하기 쉽다. 이 중에서 일에 대한 태도는 개인이 일을 어떤 수준으로 정의하느냐에 따라 다르다. 반번 일터에 대한 태도는 이에 비해서 상대적으로 분명한 편에 속한다. 보통 퇴사율이라는 통계지표로 나타난다. 특정 세대의 퇴사율을 통해서 일터에 대한 태도의 변화를 짐작할 수 있고, 이에 따라 조직 진단과 같은 해법을 모

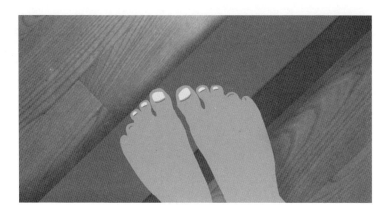

색할 수도 있다.

문제는 일터에 대한 태도가 또한 눈에 보이는 퇴사율이라는 지표로 나타나지 않고 조직에 내재되기 시작했다는 것이다. 대표적으로 현시대에 '급여는 여전히 중요하지만 일터는 중요하지 않다'고 생각하는 이들이 조직 내에서 차지하는 위치가 바뀌고 있다.

현대 직장인들은 대부분 문지방 위에 서 있다. '문지방'은 방과 거실의 경계를 의미하는 것으로 이는 지금의 직장인들이 회사(방)와 회사 밖(거실) 사이의 경계에 아슬아슬하게 걸쳐져 있음을 의미한다.

하지만 이와 같은 경계가 단순히 물리적으로 회사 안(근무)과 밖(퇴사)을 의미하는 것은 아니다. 이것은 바로 일터에 대한 심리적 경계를 말한다. 즉, 방 안쪽은 20세기 직장에 흔하게 존재하는

'몸과 마음을 회사에 바쳐서 일하는 열혈 직장인'을 의미한다. 반대로 방 바깥쪽은 '일은 제대로 안 하면서 월급이나 축내는 월급루팡'을 의미한다.

지금의 직장인들은 이 중간 어딘가에 존재한다. 예전과 같이 몸과 마음을 축내며 일하고 싶지는 않지만, 근무를 태만하게 하는 느낌을 타인에게 주고 싶어 하지도 않는다. 그렇기에 일을 열심히 하지도 않지만, 아예 하지 않는 것도 아니다.

이는 앞에서 언급한 "받은 만큼 일할게요"나 "저는 1인분만 할게요"와 일맥상통하는 부분이다. 물론 표현하는 방식에는 차이가 있다. 주어진 반대급부만큼의 노동을 제공해야 한다는 생각에서는 크게 다르지 않지만, 이를 대놓고 내뱉지는 않는다. 문지방 위에 서 있지만, 군이 그 경계에 서 있다는 이야기를 할 필요는 없다. '문지방 위에 서 있으면 재수가 없다'라는 전통적인 인식이 있는 조직에서 대놓고 이를 드러낼 필요는 없기 때문이다.

국내 조직 사회에 퍼진 일터에 대해 달라진 인식은 지금 갑자기 생긴 트렌드가 아니다. 2010년대 중반 이후 꽤 오래전부터 시나브로 진행돼온 변화의 산물이다. 2022년 미국 젊은 세대 사이에서 유행한 '조용한 사직Quiet Quitting' 열풍이 불었지만, 우리나라 조직 사회에서 그리 새로운 일은 아니다.

2022년 7월 미국 뉴욕의 24세 엔지니어 자이드 펠린이 최초로 틱톡에 관련 영상을 올린 뒤 SNS로 급속히 퍼지게 됐다고 알려진 조용한 사직은 '주어진 일 이외의 것은 하지 않고 조용히 넘기겠다는 노동 기조'에 더 가까운 의미다.[81] 즉, 2010년대 중후반부터 우리 사회에 이미 유행한 "받은 만큼만 일할게요"와 큰 틀에서 다르지 않다.

조용한 사직은 2020~2021년 미국의 대표적인 조직 트렌드로 알려진 '대퇴사Great Resignation' 유행과는 다소 차이가 있다. 이 용어는 2021년 미국 내에서 자발적 퇴사율이 급등한 것을 분석한 다양한 해석 중 UCL 경영대학원 경영학과 부교수 앤서니 클로츠가 사용한 용어다. 코로나19 팬데믹이 2년 넘게 이어지면서 건강과 삶의 가치를 중요하게 생각하는 직장인들이 늘어나고, 미국 내 가계 금융 자산이 급등하면서 자진 퇴사를 하는 젊은 세대와 조기 퇴직을 하는 기성 세대가 늘어났다는 의미를 담고 있다.

미국 노동통계국BLS 보고서에 따르면 2021년 8월 한 달 동안 미국에서 무려 427만여 명이 퇴사했는데, 이는 2000년 12월 통계 작성 이후 최다 수치였다고 한다. 미국의 전체 퇴직률(전체 노동력 대비 퇴직자 비율) 또한 3.0퍼센트에 육박하는 수치를 보여줬다. 하지만 코로나19 이전에도 이미 미국 내 퇴사율이 최고치를 기록하고 있었다. 퇴사자 또한 미국 내 모든 산업에서 고르게 일어나기보다는 코로나19 사태와 관련성이 짙은 요식과 숙박업계에서 주로 일어났다는 점에서 이러한 대퇴사 유행은 지나친 일반화의 오류라고 보는 시각도 있다.[82]

조용한 사직이 실제 퇴사를 의미하지 않는다는 점에서 대퇴사 유행과 일맥상통하지 않는다는 것을 주목해야 한다. 하지만 두 현상 모두 일터에 대한 미국인들의 생각에 변화가 일어났다는 점에서 공통적인 면이 존재한다.

현시대의 젊은 세대 사이에서는 업무 범위 이상의 열정을 통해 나타나는 성과가 더 높은 승진과 더 많은 혜택으로 돌아올 것이라는 믿음이 붕괴하고 있는 것이다. 또한 조직 안에서 근무하지만 조직과 상사로부터 돌아오는 부당한 상황을 참지 않고 스스로 지켜야 한다는 '개인보호주의'가 새롭게 각인됐다. 따라서 문지방이라는 경계에 올라서서, 티 나지 않게 미래를 준비하는 태도가 자리 잡게 된 것이다.

태생적인 불평등(천운)에 대한 반대급부

돈이 없으면 니네 부모를 원망해

2016년 일명 '박근혜-최순실 게이트'로 불리는 국정농단 사건이 일어났을 당시, 최순실의 자녀 정유라가 SNS에서 남긴 "능력 없으면 니네 부모를 원망해. … 돈도 실력이야"라는 글이 공개돼 전 국민의 공분을 샀다. 하지만 정유라가 남긴 글은 2014년 SNS상에서 타인과 싸우는 과정에서 언급한 말이었다. 국민을 대상으로 한 선전포고는 아니었다. 정유라 입장에서는 다소 억울할 수 있다. 하지만 "돈이 없으면 너네 부모를 원망해"라는 말에 사람들이 공분한 것은 그 말에 화가 나면서도 딱히 반박할 수도 없었기 때문이다.

누구나 어린 시절, 어른들로부터 들었던 "노력하면 누구나 성공할 수 있어"라는 가르침을 믿고 자랐을 것이다. 하지만 지금의 젊은 세대는 사회에 진출하는 순간, 자신이 믿고 있던 가르침이 불가능한 신념이라는 것을 알고는 좌절하고 말 것이다. 물론 노력의 중요성은 몇 번을 강조해도 지나치지 않을 가르침이다. 하지만 똑같은 노력을 해도 출발선이 같지 않았을 뿐만 아니라, 소위 기회의 평등이 이뤄지지 않는 사회라는 것을 깨닫기까지는 그리 오래 걸리지 않는다.

아마도 인류 사회는 애초에 모두가 똑같은 출발선에 서 있지 않았을 것이다. 그동안 출발선이 흐릿했거나 흙먼지로 인해 잘 보이지 않았을 뿐이다. 하지만 지금은 출발선이 너무나도 선명해서 잘 보인다는 것이 문제다. 게임으로 따지면 똑같은 시기에 게임을 시작했는데 자신은 발가벗은 상태이고 상대방은 화려한 아이템을 갖춘 채 사냥을 시작하는 꼴이다. 그렇다고 게임 운영을 맡은 게임 매니저GM, Game Master에게 항의해봐야 "원래 이 세계가 그래요. 노과금 유저끼리 경쟁하시는 게 어떨까요?" 정도의 답변이 돌아올 뿐이다.

누군가는 전설적인 대학미식축구 감독 베리 스위처Barry Switzer의 말로 알려진 "어떤 사람들은 3루에서 태어났으면서도 자신이 3루타를 친 줄 알고 살아간다Some people are born on third base and go through life thinking they hit a triple"를 되뇌며 비판할지 모른다. 하지만 우리가 똑같은 관점으로 3루에 서 있는 누군가에게 당신이 잘나서 그 자리에 있는 것이 아니라고 심리적 타격을 줘봤자 달라지는 것은 없다.

금수저와 일반 수저의 차이를 확실하게 확인시켜주는 존재는 바로 대기업 오너의 자제들이다. 가족 승계 기업으로 분류될 수 있는 사기업 계통에서 일하는 일반인들은 소위 재벌의 힘을 절감한다. 표면적으로는 재벌의 3, 4세들도 일반 신입 직원들과 똑같이 사원부터 시작하는 과정을 밟는다. 그룹 입문 교육도 시간을 들여 똑같이 거친다. 기업 승계의 정당성을 인정받으려는 의도일지 모르겠다. 하지만 같은 집단에 소속된 어느 누구도 그들이 똑같은 시작선에 서 있다고 생각하지 않는다.

얼마 전, 대기업 총수의 자녀가 해당 그룹의 한 계열사에 신입 사원으로 입사했다는 뉴스가 보도됐다. 그 소식을 공유한 한 인터넷 커뮤니티에는 다음과 같은 댓글이 달렸다.

〈신입 사원 알고 보니 ○○○ 회장 장남〉

베스트 댓글 이번에 새로 입사한 ○○○ 신입 사원입니다. 다들 ○○○ 주임님이 회사에 금방 적응할 수 있도록 친절히 도와주실 거라 믿습니다. ○○○ 대리님 자리는 저쪽이니까, 홍길동 주임님께서 ○○○ 과장님 자리 정리하시는 거 잘 도와드리세요. 이따 오후에 업무미팅 있으니까 우선 오전 내로 ○○○ 차장님께 먼저 브리핑해주세요. 다시 한번 ○○○ 부장님의 입사를 축하드립니다.

똑같이 신입 사원으로 시작했는데 총수의 자녀라는 이유로 초고속 컨베이어 벨트에 타고 있다고 빗대어 말한 것이다. 여론의 비판을 의식했는지 재벌가에서도 필살기를 쓰곤 한다. 기업의 후계자가 입사하는 시점에 맞춰 승진 체계를 변경하는 것이다. 가령 패스트트랙Fast Track이라는 개념을 도입해 한 직급 승진하는 데 필요한 최소한의 시간을 4년에서 2년으로 줄여버리는 식이다. 그러고는 언론을 통해 자신들의 회사에서는 능력만 있으면 누구나 초고속 승진을 할 수 있는 기회가 살아 있다고 알리며 깨어 있는 기업인 척한다. 하지만 패스트트랙에 따라 승진할 수 있는 사람은 그룹의 후계자뿐이라는 사실을 누구나 알고 있다.

이러한 사기업의 불공정한 행태는 오너의 자녀뿐만 아니라 기업의 임원들에게서도 찾아볼 수 있다. 사기업 핵심 임원들의 자녀들도 종종 해당 회사에 입사한다. 대부분 공공연하게 알려진 사실이지만 쉬쉬할 뿐이다.

또 대관 업무에서도 불공정한 행태가 만연해 있다. 대관 업무란 기업이 우호적 경영 환경 조성을 위해 관을 상대로 벌이는 모든 활동을 의미한다. 그런데 대관 업무를 둘러싸고 수많은 불법 취업 청탁이 들어온다고 한다. 실제로 대관 업무를 담당하는 부서들은 기업과 관계된 고위급 인사나 유관 인사를 통해 입사 청탁을 수시로 받는다고 한다. 언론을 통해 몇 년에 한 번씩 등장하는 금융권 등의 일부 입사 비리들은 빙산의 일각에 불과하다는 말이다.

많은 사람이 이러한 대관 업무와 관련된 불공정 행태에 대해 목소리를 내는 것이 공정을 찾기 위한 합리적이고 효율적인 저항이라고 생각한다. 하지만 천운天運이라 불리는 태생적인 불공정에 대해서는 아무리 공정을 외쳐봤자 바뀌는 것이 없다는 것을 알고 있다. 즉, 오늘날 사람들은 태생적인 기회의 불평등에 대해서는 화를 낼지언정 받아들일 수밖에 없다는 사실을 알고 있다. 하지만 이렇게 불평등한 현실을 울며 겨자 먹기 식으로 받아먹어야 하는 지금의 상황은 예상 밖의 나비효과를 불러일으킨다. 그것은 바로 태생적인 불평등(천운)을 제외한 모든 형식의 외력을 철저하게 배격한다는 것이다. 부모를 잘 만난 덕에 모든 경쟁을 앞선 줄에서 시작하는 사람들에 대해 공격을 할 수는 없지만, 거기서 아껴둔 응축된 화력을 정당하지 않은 '운'을 만들어내는 사람에게 쏟아낸다.

가령 대학입시를 준비하는 과정에서 부모의 재력으로 최고급 과외를 받는 것은 어쩔 수 없는 일이지만, 부모의 경제력과 인적 네트워크를 이용해 대학원생들이 다 써놓은 논문의 제1저자 자리에 이름을 올리고, 유수 기업에서 인턴 생활을 할 수 있는 소위 '부모 찬스'는 절대로 용납할 수 없다. 이 두 사례의 핵심적인 차이점은 내력에서 발생하냐 외력에서 발생하느냐다. 부모의 재력이 그 자식의 자기계발 방식에 사용되는 것은 자본주의 사회 안에서 개인이 가진 '내력'으로 움직이는 상황이기에 비판만 할 수는 없다. 하지만 그러한 태생적인 부를 활용해 대학입시, 채용에서 부당한 영향력을 끼치는 행위는 절대로 용납해서는 안 되는 일이다.

그러한 의미에서 지금의 젊은 세대가 "돈이 없으면 너네 부모를 원망해"라는 말에 격노한 이유는 태어나는 순간 큰 부를 안겨

주지 못한 내 부모님에 대한 원망이 아니었다. 재력을 대학 부정 입학과 학사 비리에 활용했다는 부분에서 분노한 것이다. 우리는 이러한 분노를 제대로 이해하고, '부당한 외력'으로부터 영향을 받을 수 있는 부분을 원칙적으로 제한해 게임의 룰이 제대로 지켜 지고 있는지 관리해야 할 것이다.

부모보다 가난해지지 않는
세대가 되는 방법

버프 buff라는 단어가 있다. 주로 강화 효과로 번역되는데, MMORPG 게임 속 캐릭터의 능력을 상승시켜주는 보조 기술을 통칭하는 용어다. 20세기 중후반 한국 사회는 초고속 경제 성장의 버프 효과가 강하게 작용한 사회였다. 그 과정을 흔히 한강의 기적이라 부른다. 이는 제2차 세계 대전에서 패전한 독일이 우리처럼 분단을 경험했지만, 라인강의 기적을 통해 서독이 선진국으로 빠르게 도약한 것에 착안해 "6.25 전쟁을 치르고 국토와 인력이 넝마가 되어버린 한국도 그렇게 되어야 한다"고 역설한 데서 유래한 용어다.

1948년 한국의 국민총소득GNI은 약 2,000억 원이었다. 정부 수립 당시 공정 환율로 환산하면 1인당 국민총소득은 23달러에 지나지 않는다. 게다가 한반도는 1950년 6.25전쟁을 겪으면서 남과 북 모두 전방위적 타격을 입는다. 당시 국부의 4분의 1을 잃었고, 주력 산업이었던 면방직 산업은 괴멸적 타격을 입었다.

1953년 휴전 이후 1인당 국민총생산GNP 67달러라는 처참한 수치를 기록해 최빈국으로 불렸던 한국은 1996년 1인당 국민총생산 1만 3,138달러를 달성하며 OECD에 가입하기에 이른다. 비록 1997년 IMF 외환위기로 타격을 입기는 했지만, 약 40년이 넘는 짧은 시기에 폭발적인 경제 성장을 이룬 나라는 전 세계적으로 흔치 않다. 그런 이유로 우리는 당시의 경제 성장 과정을 한강의 기적이라 부른다.

물론 한강의 기적은 한국 국민들의 열성적인 노력과 헌신적인 희생 덕분이다. 내부적 노력과 열정, 성공에 대한 국민의 집념, 헝그리 정신과 뜨거운 교육열, 독재 정권의 강력한 개발 의지에 따른 선진국 모델의 벤치마킹 등이 주효한 요인일 것이다. 이 외에도 외부적인 요소, 즉 성장 버프를 받았던 사실을 무시하고 넘어갈 수는 없을 것이다.

먼저 한국 사회가 맞은 20세기 남북 분단의 상황은 민족적 비극이었지만 부정적 환경이 오히려 긍정적 성장 버프로 작용했다. 보통 독립한 나라가 가난해지면 사회주의를 받아들이려는 유혹에 이끌리기 쉽다. 하지만 한국은 6.25 전쟁 이후 반공의 영향으로 자연스럽게 공산주의의 반대편이었던 자본주의를 받아들이게 됐다. 또한 20세기를 지배한 냉전 체제가 자본주의 진영의 승리로 일단락되는 과정에서 미국을 중심으로 한 자본주의 진영의 지원을 얻는다.

당시 세계 경제도 한국의 경제 성장에 매우 우호적인 환경을 제공했다. 1950~2000년 사이에 세계 경제는 전체적으로 6.8배 성장했다. 1900~1950년 세계 경제의 실질 성장이 1950~2000년의 절반에도 못 미치는 2.7배에 불과했다는 사실을 참조할 필요가 있다. 전체적으로 높은 성장을 이루는 가운데 개별 국가의 성장을 담보하는 환경을 제공했다고 볼 수 있다. 세계 경제의 성장을 이끈 또 다른 중요한 요인은 세계 무역의 급속한 증대였다. 앞서 설명한 것처럼 1950~2000년에 6.8배의 실질 성장을 이룬 반면 동 기간 세계 무역은 무려 20배나 팽창했다. 다시 말해 세계 무역이 세계 경제 성장을 견인한 것이다. 이와 같은 배경 속에서 한강의 기적이 가능했다고 볼 수 있다.

초고도 성장이라는 시대적 환경 안에서 성장한 기성세대들은 한강의 기적이라는 향수를 잊지 못한다. 하지만 기적이란 본래 일어나기 어려운 일을 의미한다. 만약 더 이상 기적을 바랄 수 없는 상황에서 누군가에게 다시 기적이 일어나길 바란다면 곧 부당한 일을 만들어내기 마련이다.

'6.25 이후 부모보다 못 사는 최초의 세대'

'부모보다 가난한 MZ세대'

'부모보다 가난해질 것이 예상'

누군가는 지금의 청년 세대 혹은 MZ세대 혹은 지금의 젊은 세대 등 다양한 주어를 가져다가 오늘을 사는 젊은 세대가 부모보다 가난해진 것이 이미 확정된 것처럼 헤드라인을 뽑아내고 있다. 하지만 누구도 의심을 하지 않는다. 그렇다고 인정하는 것인지, 실제로 너무도 가난하다고 느끼는 것인지, 미래의 희망이 없다고 느끼는 것인지 살펴보도록 한다.

부모보다 가난한 최초의 세대라는 키워드를 본격적으로 대중 앞에 거론한 것은 장하성 교수였다. 2015년 그는 〈그랜드 마스터 클래스 - 빅 퀘스천〉의 강연에서 지금의 젊은 세대는 6.25 전쟁 이후 부모세대보다 더 못살게 된 최초의 세대가 될 것이라 진단했다. 그 이유가 무엇일까?

당시 그가 인터뷰에서 답한 내용을 한번 확인해보자. 그는 미래의 소득 주도 성장 정책의 창시자답게 "우리 경제의 문제는 소득 격차가 문제"라고 단언한다. 또한 "한국은 아직 미국, 유럽의 불평등처럼 자산 계층의 문제가 아니다. 버는 게 너무 없는 것이다. 경제가 성장한 만큼 임금을 주지 않는다"라고 지적한다. 왜 임금이 불평등해졌느냐는 물음에는 고용 문제라고 진단한다. 이어 "고용은 왜 불평등한가. 결국 기업 간의 불균형 문제"라고 답하면서 "국민 100명 중 20명이 실업자이며 80명 중 대기업을 가는 사람이 15명이다. 나머지는 다 중소기업을 간다. 그럼 꿈의 직장이라고 하는 삼성전자, 현대자동차는 100명 중 한두 명이 간다"고 설명했다.

또한 그는 "중소기업과 대기업의 임금 격차는 80년대에 10퍼센트, 90년대 초반에는 25퍼센트였다. 꾸준히 그 차이가 증가했다. 우리나라 100대 기업이 전체 고용의 4퍼센트가량을 차지하는데 전체 이익의 62퍼센트를 가져간다. 4퍼센트가 60퍼센트를 가져가는 것"이라면서 "중소기업이 전체 고용의 70퍼센트나 하는데 수익은 30퍼센트밖에 못 가져간다. 그러니까 임금의 차이가 생긴다"라고 지적했다.

끝으로 그는 "모든 청년들은 기성세대가 요구한 스펙을 쌓으면 꿈의 직장을 간다고 생각한다. 요즘 모두가 집단 최면에 걸린 것 같다. 긍정과 힐링의 최면, 죽자고 하면 된다고 생각한다. 그게 아니다"라며 "경쟁에서 이길 생각을 하지 말고 경쟁이 잘못됐다고 이야기할 줄 알아야 한다"고 강조했다. 즉, 경쟁하는 데 동참하지 말고 경쟁적인 사회 구조를 바꿔야 한다는 투쟁식의 제안을 한 것이다. 그러면서 미래에 대한 조건부 예언을 남긴다. "(만약) 그렇지 않으면 지금 젊은 세대는 6.25전쟁 이후 부모세대보다 더 못살게 된 최초의 세대가 될 것"이라고 말이다.

다시 말해 지금의 젊은 세대가 6.25 이후 부모세대보다 가난한 최초의 세대가 됐다고 단언한 것이 아니라 구조적 문제를 해결하지 않으면 최초의 가난한 세대가 될 수 있다고 말한 것이다. 즉, 우리 경제의 문제가 자산 격차가 아닌 소득 격차에서 비롯한다고 단언하고 있기에 그가 말한 부모보다 못한 세대의 기준은 임금에 국한된 것이기도 하다.

부모보다 가난한 세대라는 표현을 쓴 것은 장하성 교수뿐만이 아니다. 2017년 〈파이낸셜타임스〉는 2014년 달러 기준으로 밀레니얼 세대가 부모세대보다 경제 사정이 나쁜 이유를 다섯 가지 차트로 소개했다.[83] 그중 출생 연도별로 미국의 30세 자녀세대와 부모세대의 30세 시절 소득의 차이를 비교한 차트가 인상적이다. 자녀세대가 부모세대보다 많이 버는 비율은 1940년생의 경우 90퍼센트에 육박했지만, 1980년생 이후로는 반반의 확률인 50퍼센트로 떨어지고 있다. 해가 갈수록 기존세대보다 자녀세대가 높은 소득을 얻지 못한다는 증거는 될 수 있지만, 밀레니얼 세대가 최초로 부모세대보다 가난해진다는 명백한 증거는 되지 않는다.

또 하나의 증거를 보자. 2016년 미국의 글로벌 컨설팅 기업 맥킨지에서는 2005년과 2014년 사이 25개 선진국의 가계소득을 분석한 보고서를 내놓았다. 보고서에 따르면 인플레이션 효과를 감안한 실질 가계 소득이 증가하지 않은 가구는 65~70퍼센트에 달했다. 10년간 경제가 성장했는데도 가계 소득은 줄었다는 점에서 충격적 결과였다. 맥킨지는 이러한 경향이 지속된다면 현재 젊은 세대는 부모세대보다 더 가난하게 될 위험이 크다고 경고했다.

맥킨지에서 발표한 보고서에서 분석한 기간 이전의 10여 년(1993~2005년) 동안 실질 가계 소득이 증가하지 않은 가구는 2퍼센트 미만이다. 가계 소득을 세전 임금과 자본 소득 등 시장 소득이 아닌, 세금과 부조를 감안한 가처분 소득으로 보면 지난 10년간의 분석도 달라진다. 시장 소득은 줄었더라도 복지와 부조를 통해 소득을 보전해줬기 때문에 실제 삶의 질과 소비 수준을 결정하는 가처분 소득은 줄어들지 않은 가구가 75퍼센트를 넘는다.

더욱이 가계 소득이 낮아진 지난 10년 기간에는 1929년 경제 대공황 이후 최악의 경제 위기라는 2008년 글로벌 금융위기가 있었다. 즉, 지난 10년간의 가계 소득 감소는 80년 만에 처음 겪는 대위기를 반영한 결과다. 따라서 앞으로 지금의 현상이 지속되기보다는 느리더라도 완만하게 소득이 증가할 가능성이 농후하다. 부모세대와 자녀세대 간 격차를 평균 30년으로 가정해 1983년부터 1993년까지의 가계 소득 변화까지 추적하면 지난 30년간 가계 소득이 감소한 가구 비율은 더욱 낮아진다.[84] 즉, 데이터상으로는 자녀세대가 부모세대보다 반드시 가난해질 확률이 높다고 볼 수 없는 셈이다.

중간 결론을 내자면 지금의 밀레니얼 세대 혹은 그에 준하는 청년세대가 부모세대보다 더 가난해진다는 명제는 타당성과 가능성이 기준에 따라서 달라진다는 의미다. 무엇보다 가난을 어떻게 규정하는지가 관건이다.

가난은 사전적 정의로는 생활이 넉넉하지 못함을 의미한다. 넉넉지 못함이란 단순히 원하는 것을 가지지 못하는 것이 아니라 생존에 필요한 식료품, 위생과 보건, 의식주의 충족, 최소한의 교육 등 인간이 살아가기 위해 기본적으로 필요한 권리를 가지지 못하는 것으로 풀이된다.

공적 영역에서는 가난을 다룰 때 빈곤貧困이라는 표현을 주로 쓰며 절대적 빈곤과 상대적 빈곤으로 한 번 더 구분한다.

공적 영역에서 구분하듯이 가난을 절대적 가난과 상대적 가난으로 나눠서 살펴보도록 하자. 절대적 가난을 기준으로 본다면 현재 한국인들은 가난하다고 말할 수 없을 것이다. 1970년 이전에 한국에서 태어난 사람 중에는 절대적 빈곤을 겪었던 이들이 많다. 1960년대에는 국민 거의 모두가 하루 2달러 미만으로 연명할 정도였다. 하루 2달러 미만으로 생활하는 사람의 비율이 절반 이하로 떨어진 시기는 빨라 봐야 1976~1977년이다. 동 시기에 우리나라는 통일벼라는 생산성 높은 벼를 생산함으로써 보릿고개를 공식적으로 극복했다고 선포한다. 하지만 현재는 어떠할까. 한국은행이 발표한 〈2020년 국민계정(확정) 및 2021년 국민계정(잠정)〉 통계에 따르면, 2021년의 1인당 국민총소득은 3만 5,373달러다. 국민들의 실질적인 주머니 사정을 의미하는 1인당 가계총처분가능소득PGDI 또한 전년 대비 8.6퍼센트 증가한 1만 9,501달러로 나타났다.

그럼 상대적 가난을 기준으로 살펴보도록 하자. 상대적 가난을 논할 때는 조사기관이나 조사방법, 빈곤의 정의에 따라 기준이 달라진다. 우선 통계청 자료를 토대로 살펴보도록 하자. 통계청에서는 2년마다 세대 계층 이동 가능성에 대해 조사를 한다. 전 연령 중 계층 이동 가능성이 상대적으로 높은 집단은 20대이므로, 이들의 답변에 따라 그 사회의 성격을 가늠할 수 있을 것이다.

2021년 11월 통계청이 발표한 〈2021 사회조사〉 결과에 따르면 19세 이상 인구 중 본인 세대에서 개인의 사회·경제적 지위가 올라갈 가능성이 '높다'고 생각하는 사람은 25.2퍼센트에 그쳤다. 반면 계층 이동 가능성이 '낮다'고 생각하는 사람은 60.6퍼센트였다. 이 중 '비교적 낮다'라고 응답한 비율은 41.1퍼센트, '매우 낮다'라고 응답한 비율은 19.4퍼센트였다. 2019년 조사에서는 계층 이동 가능성이 낮다고 답한 비율이 64.9퍼센트에 달했다.

하지만 국민들이 계층 이동 가능성을 부정적으로 보고 있는 것과 달리 실제로 계층 이동의 가능성이 과거에 비해 크게 달라지지 않았다고 밝힌 연구 결과도 있다.[85] 한국사회학회 학술지 〈한국사회학〉에 실린 미국 펜실베이니아대학교 박현준 교수와 숭실대학교 정인관 교수의 2021년 논문을 살펴보면 1998년과 2018년 두 시기에 30~49세 남성을 대상으로 분석한 결과, 각각 계층 이동률이 모두 높았고 계층 이동 흐름 역시 여전히 유동적이라고 분석하고 있다.

논문의 저자들은 결론에서 "한국에서 세대 간 상대적 사회 이동은 줄어들지 않았다는 사실이 확인됐다"며 "계급의 가장 위쪽을 차지하는 서비스 계급의 세습 약화가 상대적 사회 이동의 증가에 기여하고 있다는 점도 고무할 만하다"고 평가했다. 이어 오늘날 위아래로 계층을 오가는 사다리가 끊어져가고 있다는 일반적 견해와 관련해서는 특정 집단의 경험이 미디어를 통해 확대 재생산되는 과정에서 형성됐을 가능성이 있다고 주장했다.

이처럼 여러 자료에서 다양한 의견을 제시하고 있는 상황에도 불구하고 수많은 사람이 지금의 청년세대가 과거의 청년세대보다 가난하다고 판단하는 이유는 1차적으로 부동산 때문이다. 실제 청년세대의 자가 주택 보유율을 수치로 살펴보면 2017년 21.1퍼센트, 2018년 20.4퍼센트, 2019년 18.9퍼센트, 2020년 17.3퍼센트와 같이 계속 감소하고 있다. 실제로 지난 5년간 수도권을 중심으로 부동산 가격은 급등했다. 분명 지금의 청년세대는 자신들이 뼈 빠지게 일하거나 만의 하나 로또에 당첨되더라도 서울에서 집 한 채 갖기 힘든 세상이 됐다고 인식하고 있다.

특히 한국 사회에서 소위 MZ세대가 부모보다 가난한 최초의 세대라는 오명을 얻게 된 것도 바로 부동산 문제가 한 원인이다. 오늘날 부동산 문제는 부자인 부모로부터 물려받지 않는 한 청년 스스로 해결할 수 없으므로 아무리 어릴 때부터 무엇이든 해낼 수 있다고 배웠더라도 불가능한 일이다. 게다가 현재 미혼의 남녀 청년세대는 각자의 인생에 가난의 시나리오를 하나씩 얹은 채 살아가고 있다.

먼저, 여성의 경우다. 우리 사회는 과거에 비해 상대적으로 여권이 신장된 상태이고 여성들도 자신만의 꿈과 커리어를 마음껏 펼칠 수 있게 됐다. 하지만 여성들은 현재의 상황이 타의에 의해 끊길 수 있다는 두려움을 갖고 있다. 만약 자신이 누군가와 사랑에 빠지고 축복 속에 결혼을 하더라도 출산이라는 과정을 거쳐야 한다. 임신과 출산의 고통을 넘고 나면 그다음에 더 큰 공포가 기다리고 있다. 바로 육아와 함께 자신이 그토록 꿈꿔온 커리어를 더 이상 이어갈 수 없을 것이라는 공포다.

　과거와 비교할 때 가사를 돕는 남성의 비율이 늘었다고 하지만 여성들은 궁극적으로 독박 육아라는 짐으로부터 자유로울 수 없다. 또한 출산 휴가와 육아 휴직 제도를 통해 경력 단절을 일부 이겨낼 수 있을지언정, 아이가 초등학교에 입학하면서부터 제기되는 엄마의 부재를 감당하지 못할 것이라는 두려움은 끝내 극복하지 못하는 경우가 많다. 더불어 한국의 K-시월드도 기본적으로 추가되는 고통 중 하나다. 이러한 젊은 세대의 공포가 집약된 결과물 혹은 대변체가 바로 《82년생 김지영》이다.

　한국 남성의 경우 출산과 육아의 1차적인 책임에서 약간 거리를 둔다고 해서 그들에게 공포가 없는 것은 아니다. 물론 여성들이 이견을 표시할 수는 있겠지만 남성들은 좀 더 고차원의 공포를 느낀다. 바로 가족을 위해 단순히 돈을 버는 기계가 되는 것에 대한 공포다. 이러한 공포가 표면화된 것이 아내에게 외면을 받으면서 그저 돈만 버는 신세라는 의미를 담은 설거지남 혹은 설거지론, 퐁퐁남이라는 유행어의 등장이다.

　《82년생 김지영》이 여성의 입장에서 느끼는 결혼의 공포라면 설거지남과 퐁퐁남은 남성 입장에서 느끼는 결혼의 공포다. 설거지론은 연애 시장의 약자인 남성이 연애 시장의 강자인 여성과 결혼하는 행위를 설거지에 빗댄 개념이다. 이때 주로 남자는 경제적 능력은 있지만 성적 매력이 전혀 없어 연애 시장에서 전혀 능력을 발휘하지 못하고 도태됐던 사람을 상징한다. 여자는 경제적 능력은 없지만 외모적으로 뛰어난 남자와 젊은 시절 연애를 즐기다 혼기가 차면 결혼을 해 경제적 안정을 취하는 사람을 상징한다. 이러한 두 사람이 결혼을 하게 되면 남자는 퐁퐁남, 설거지남, 혹은 전용 ATM이라 불리며 성관계를 대가로 경제적인 착취를 당한다는 주장이 있다. 설거지론은 이러한 결혼의 현실 혹은 자신이 경험하지 못한 공포에 대한 자조적인 풍자가 섞인 주장으로 2021년 인터넷 커뮤니티를 중심으로 크게 유행했다.

남성과 여성의 결혼에 대한 공포에서 상대 이성에 대한 과장된 편견이 다소 섞였을지 모른다. 따라서 서로에 대한 분노나 적개심을 제거한다면 이들이 가지고 있는 공포의 본질을 조금 더 냉정하게 들여다볼 수 있다. 그것은 바로 가난에 대한 공포다. 경력 단절이나 설거지론 혹은 퐁퐁남과 같은 개념으로 설명되는 결혼의 공포는 통상 결혼을 기점으로 본격적으로 대두되는 주거에 대한 고민과 함께 결합돼 '결혼은 곧 가난의 시작'이라는 등식을 만들어내기에 이른다.

여기서 지금의 젊은 세대는 가난을 피할 수 있는 유일하고도 자발적인 선택의 기회를 맞는다. 바로 미혼 상태에 대한 유지, 즉 비혼이다. 대다수 기성세대와 언론은 비혼을 철학적 개념으로 받아들이지만 실제 비혼은 경제적 문제에 따른 선택이다. 그리고 공정의 이슈이기도 하다.

현시대의 청년들은 비혼을 선택함으로써 과거의 시대가 만들어놓은 프레임 안에 들어가지 않음과 동시에 가난의 가능성을 피할 수 있게 된다. 이를 두고 개인의 정치/사회적 투쟁까지는 아니더라도 경제적 문제에 대한 합리적인 저항으로 설명할 수 있을 것이다. 또는 자신이 사랑하는 사람과 결혼을 하더라도 아이를 낳지 않는 선택을 함으로써 완벽하지는 않지만 과거의 시대가 맞춰놓은 프레임에 조건부 저항을 하는 경우도 있다.

인기 작사가 김이나는 MBC 〈라디오스타〉에 출연해 자신이 아이를 낳지 않은 이유를 밝혀 화제가 됐다. 그는 "저희 부부는 죽었다 깨어나도 자식을 가진 기쁜 우주를 체험해보지는 못하겠지만 아이 없이 부부끼리 사는 즐거움을 충분히 누리고 있다"라고 말했다. 당시 함께 출연한 게스트 김흥국은 "그러니까 우리나라가 저출산인 거 아니냐"라고 받아쳤지만 김이나는 "제가 국가의 숫자를 위해 아이를 낳을 수는 없지 않냐"라고 답했다. 이렇듯 젊은 세대가 아무리 노력해도 집을 살 수 없는 상황에서 정부가 국가의 생존을 위한 수단으로서 아이를 낳으라는 식의 통계학적 접근을 고수한다면 젊은 세대에게 거부의 자유를 사용할 기회를 줄 뿐이다. 그리고 그러한 젊은 세대의 선택들이 하나둘 모여 지금 우리 사회가 진정으로 고민하고 있는 전 세계 최저 출산율이라는 결과로 나타난 것이다.

2005년부터 현재까지 정부에서는 저출산을 막기 위해 천문학적 국가 예산을 지출했다고 밝혔다. 하지만 정부의 노력이 전혀 효율적으로 작동하지 않은 이유는 결혼을 가난이라는 지옥으로 넘어가는 시스템으로 받아들이는 지금의 젊은 세대의 마음을 전혀 이해하지 못하고 있기 때문이다. 젊은 세대의 결혼에 대한 각자 나름의 믿음의 고리가 끊어지지 않기 때문에 저출산의 문제가 악화일로 걷는 것이다. 단순히 출산 지원이나 주거 지원 같은 금전적 지원을 통해서는 출산율을 높일 수 없을 것이다.

2022년 새롭게 들어선 윤석열 정부에서도 110대 국정 과제 중하나로 돌봄과 관련한 대책을 내놓았다. 대표적인 대책으로는 육아 휴직 기간 확대와 부모 급여의 지급이 눈에 띈다. 육아 휴직 기간을 현행 1년에서 1년 6개월로 늘리고, 소득과 관련 없이 0세 자녀의 부모에게 월 70만 원, 1세 자녀의 부모에게 월 35만 원을 지급하고 2024년부터 각각 100만 원, 50만 원으로 확대한다는 내용을 담고 있다.

하지만 해당 소식을 전한 뉴스에 달린 "아. 아직도 왜 애를 안낳는지 모르는구나"라는 댓글이 정부의 헛발질을 잘 설명해주고 있다. 물론 이번 정부에서 내놓은 지원 대책은 많은 국가 예산이 투입되는 일이다. 비록 일시적이긴 하나 부모 급여를 월 100만 원 수준으로 지급하려면 꽤 많은 예산이 들어갈 것이다. 하지만 안타깝게도 두 배에 가까운 급여를 지급해도 실질적으로 출산율에는 도움이 되지 않을 것이다.

2020년 미국의 비즈니스 전문 잡지 〈CEO 월드〉에서는 신생아 사망률, 병원 보유율과 같은 복지 관련 점수와 학교 진학률, 문맹률과 같은 교육과 삶의 질 관련 점수를 총합해 전 세계에서 아이를 낳기 가장 좋은 나라를 선정했다.[86] 해당 조사에서 전 세계 1등을 한 나라는 바로 세계 최저 출산 국가인 한국이었다. 한국은 신생아 사망률이 낮고 병원의 수가 많다는 점, 문맹률이 낮고 미취학 아동이 거의 없다는 점, 그리고 학교가 많다는 점 등으로 높은 점수를 받아 전 세계에서 아이를 낳기 좋은 나라 1위로 선정된 것이다.

현재 한국은 전 세계에서 가장 긴 육아 휴직 기간을 보장하고 있다. 52주 동안 남/여 구분 없이 육아 휴직을 할 수 있는 나라는 없다. 심지어 새로운 정부에서는 1년 6개월까지 늘려줄 것을 예고하고 있는 실정이다. 하지만 정작 육아 휴직이 제아무리 길다 해도 과연 육아 휴직을 쓸 수 있는지를 잘 살펴봐야 한다.

나는 결혼해 두 딸을 양육하고 있다. 회사를 다닐 때 육아 휴직을 경험했다. 우리 가정은 저출산 예산의 대표적인 수혜자다. 하지만 정부의 혜택을 받은 입장에서 솔직히 말하자면 나는 이미 유리한 조건을 갖추고 있었기 때문에 저출산 대책의 수혜를 볼 수 있었다.

먼저 우리 부부는 운 좋게도 아이를 낳기 전에 주거와 소득의 안정을 갖추고 있었다. 그 덕분에 출산 지원금을 한 푼도 받지 않더라도 큰 고민 없이 출산을 선택했을 것이다. 더불어 남성인 내가 육아휴직을 쓸 수 있었던 것은 중소기업이 아니라 30대 그룹에 속한 기업의 계열사를 다니고 있었기 때문이다. 물론 현재 정부에서 내놓은 저출산 관련 대책들이 내 입장에서는 매우 고마운 혜택들이지만 반대로 주거와 소득의 안정을 갖추지 못해 출산 준비조차 어려운 사람들에게는 그림의 떡에 불과하다. 아이러니하게도 현재의 저출산 대책은 바로 이와 같은 새로운 격차를 만들어 내고 있다.

한편 2022년 한국보건사회연구원에서 내놓은 〈기혼부부 무자녀 선택과 정책〉 보고서에서는 여성의 교육 수준이 높을수록 자녀 출산 가능성이 높아진다는 결과를 제시하고 있다. 연구팀은 부부가 자녀를 낳지 않기로 한 선택에 영향을 주는 사회·경제적 변수를 알아보기 위해 통계청의 인구주택총조사 분석과 함께 결혼 1~7년 차 신혼부부 1,779명을 상대로 심층 면접 조사를 실시했다. 그 결과, 고등학교 졸업 이하 학력을 가진 여성이 대학교 졸업 이상 학력을 가진 여성보다 무無자녀를 선택할 확률이 높았다. 또한 여성의 월 평균 소득이 높을수록 자녀를 낳을 확률이 높았다.

연구팀은 "1970년대 이전에는 여성의 교육 수준이 높을수록 무자녀 비중이 높았지만 2000년대 이후부터 여성의 교육 수준이 낮을수록 오히려 무자녀 비중이 높아지고 있다"고 밝혔다. 또한 "통상 여성의 교육 수준이 높아지면 자녀 출산에 따른 기회 비용이 높아지기 때문에 무자녀를 선택하게 된다고 봤다"면서 "그러나 우리나라는 여성이 본인의 경력을 우선시해서 자녀를 낳지 않기보다는 양육비 부담 때문에 자녀를 낳지 않는 경향이 더 큰 것으로 볼 수 있다"고 분석했다. 여성의 학력이 높을수록 소득이 늘어나 부양 능력도 커지는 경향이 있기 때문에 출산을 선택할 확률

또한 높아진다는 해석이 가능하다는 설명이다.[87]

　그런데 여기에 한 가지 덧붙이자면 고소득, 고학력 여성들이 출산을 선택할 확률이 높은 이유는 그들은 육아 휴직을 사용하고 나서도 다시 온전히 돌아가 일할 수 있는 좋은 직장을 다니고 있기 때문이기도 하다.

PART 4

부당하지 않은
세상의 기본 원칙

부당하지 않은
시스템 찾기

포방터시장에서 일어난 일

서울시 서대문구에 홍은동이라는 동네가 있다. 홍은동이라는 이름을 들으면 웬만한 사람들은 곧바로 어디인지를 알아채지 못한다. 이는 지극히 정상적인 반응이다. 홍은동은 서울에 있는 대치동, 삼성동, 상계동처럼 대중에게 널리 알려져 있는 동네가 아니기 때문이다.

홍은동이라는 동네를 굳이 언급하는 이유는 내가 바로 이 동네에 살고 있기 때문이기도 하지만 잠시나마 전국적으로 동네가 유명해진 적이 있기 때문이다. SBS 〈골목식당〉에 '홍은동 포방터시장 편'이 방송을 탄 이후에 벌어진 일이다. 당시 포방터시장에 있는 여러 음식점이 소개가 됐지만 그중에서 한 돈가스집이 큰 화제가 됐다.

해당 프로그램의 진행을 맡은 음식연구가 백종원은 '돈카 2014'라는 상호의 돈가스집을 방문해 음식을 맛본 후 "여긴 (내가) 솔루션을 할 게 없겠는데?"라고 말하고는 "장담하는데 우리나라 돈가스 끝판왕이에요"라며 극찬을 쏟아냈다.

백종원은 오랜 기간 1천여 개가 넘는 프랜차이즈 매장을 운영한 음식 전문가다. 또 수년간 전국을 돌면서 음식점의 맛과 장사의 비결을 평가하며 대중적 호감도와 음식평에 대한 신뢰도를 높여왔다. 그런 그가 돈가스집에 "끝판왕"이라는 평가를 하자 방송 이후 유명 연예인과 먹방 유튜버를 비롯해 전국에서 수많은 손님들이 몰려들기 시작했다. 이후 돈가스집 '연돈'은 단숨에 전국구 맛집으로 등극했다.[88] 더불어 포방터시장 또한 전국에서 몰려드는 사람들로 인해 문전성시를 이루게 됐다.

포방터시장이 잠시 떠들썩했던 2018년 겨울 어느 날, 아내는 나에게 "포방터 돈가스집이 대박 나서, 아침 9시부터 선착순으로 표를 나눠준대. 전날 밤부터 수십 명이 표를 받으려고 몰려든다더라"는 소식을 전해줬다. 당시 나는 아내의 말에 허풍이 섞여 있다고 생각했다. 내 상식으로는 추운 겨울밤에 돈가스 하나를 먹겠다고 전날 밤부터 줄을 선다는 것 자체가 이해가 안 됐기 때문이다. 게다가 그 동네 주민인 나는 포방터시장이 번화가나 큰 대로변에 위치해 있지 않아서 접근성도 나쁘다는 사실을 알고 있었다. "그런데도 사람들이 새벽부터 수십 명이 기다린다는 말인가?"

나는 궁금증을 해소하기 위해 새벽에 직접 포방터시장을 찾아갔다. 2018년 12월 25일, 성탄절 새벽 5시에 기상해 집에서 5분 거리인 포방터시장으로 발길을 옮겼다. 포방터시장의 입구에 들어서면서 기껏 해야 10명 정도 기다리고 있을 것이라고 예상했지만 내 예상은 무참하게 깨지고 말았다. 돈가스집 입구부터 뒤쪽 골목까지 수십 명이 줄을 서서 기다리고 있었다. 그중에는 오랜 기다림에 대비한 듯 담요를 두른 채 대기하는 사람도 있었다. 한 명씩 숫자를 세어보니 족히 70명이 넘는 사람들이 겨울의 칼바람을 견디고 있었다.

더 놀라운 사실은 내가 현장의 상황을 간단히 담아 인스타그램에 업로드하자 험악한 반응들이 이어졌다는 것이다. 내 선배와 지인들은 "한심하다"는 댓글부터 "저러니깐 젊은 애들이 취직이 안 된다", "머리에 총을 맞지 않고서 어떻게 저런 행동을 할 수 있느냐" 같은 부정적 반응을 보였다.

당시 포방터시장 돈가스집을 찾아와 새벽부터 줄은 선 사람들이 모두 10~30대 청년들은 아니었다. 중간중간 40~50대 중년으로 보이는 사람들도 눈에 들어왔다. 하지만 얼핏 봐도 대다수 사람이 젊은 세대였다는 것은 분명한 사실 같았다.

이는 비단 포방터시장에서만 벌어지는 일이 아니다. 우리 사회에서 긴 줄 서기의 역사는 결코 짧지 않다. 애플이 신형 아이폰을 처음 출시하는 날 1호 개통자가 되기 위해 기나긴 줄을 서는 것을 비롯해 커피전문점 블루보틀이나 버거전문점 쉐이크쉑버거처럼 외국에서 인기를 끌었던 식음료 매장이 국내 매장을 처음 열면 수

많은 사람이 기나긴 줄을 서는 고생을 마다하지 않는다. 2022년에는 포켓몬빵이 재출시되면서 비슷한 상황이 벌어졌다. 포켓몬빵에 포함된 띠부띠부실을 얻기 위해 수많은 사람이 빵이 입고되는 시간에 맞춰 매장 앞에 줄을 서는 진풍경이 전국 곳곳에서 펼쳐졌다.

이처럼 긴 줄 서기 열풍이 자주 반복되고 있지만, 이를 바라보는 많은 사람의 시각은 여전히 삐딱하다. 비방의 수위는 내가 포방터 돈가스집 소식을 인스타그램에 올렸을 때와 비교할 때 결코 낮아지지 않은 듯하다. 게다가 비판의 칼끝이 대부분 젊은 세대에 맞춰져 있다. 간혹 대상이 확장돼 한국 사회의 현 세태를 비판하기도 하지만, 적어도 그러한 세태를 만들어낸 중심에 젊은 세대가 있다고 단정하는 점은 달라지지 않는다.

이러한 시점에서 줄 서기에 대한 좋고 나쁨의 가치 판단을 넘어 중립적인 관점에서 도대체 왜 줄 서기라는 행위가 끊이지 않고 이어지는지에 대해 생각해보면 좋겠다.

소확행의 진정한 의미

줄 서기라는 행위와 관련해 함께 떠오른 소확행이라는 신조어가 있다. 이는 '소소하지만 확실한 행복'의 축약어로 작지만 확실하게 실현 가능한 일상 속 행복 또는 그러한 행복을 추구하는 삶의 경향을 뜻했다.

소확행 小確幸은 일본 소설가 무라카미 하루키의 에세이《랑게르

한스 섬의 오후 ランゲルハンス島の午後》에 처음 등장한다. 하루키는 갓 구운 빵을 손으로 찢어 먹을 때, 서랍 안에 반듯하게 정리돼 있는 속옷을 볼 때 느끼는 행복처럼 바쁜 일상에서 느끼는 작은 즐거움을 소확행으로 표현했다. 소확행과 비슷한 단어는 또 있다. 스웨덴의 라곰Lagom이나, 덴마크의 휘게Hygge도 유유자적하고도 작은 즐거움에 만족하는 삶의 방식을 뜻한다.

국내에서 소확행이라는 단어가 유행의 정점을 찍었던 시기는 공교롭게도 포방터시장 돈가스집이 유명세를 탄 2018년과 같은 해였다.[89] 하지만 당시 소확행이라는 단어는 일상생활보다 언론 매체에서 더 자주 언급된다고 느끼는 사람이 많았다. 주류 언론과 관련 제품을 만드는 기업인들이 마케팅용으로 과하게 밀어붙이는 것 아니냐는 비판도 있었다.

더불어 가장 높은 이상을 향해 정진해야 하는 시기의 젊은 세대들이 담대한 목표나 꿈을 가지기 위해 노력을 하지는 않고 소소하거나 별것 아닌 대상에 필요 이상의 열정을 바친다는 식의 비판도 있었다. 사실 내 인스타그램에 달렸던 부정적인 댓글 또한 그러한 관점의 일부였을 것이다.

소확행에 대한 비판과 논란은 특정 세대가 추구하는 행복의 크기를 가늠하려는 시도에서 발생한다고 생각한다. 쉽게 말해 소확행에서 유독 '소'라는 의미에 집중해 논의를 전개하는 바람에 '작지만 큰 행복 vs. 작고 보잘것없는 행복'이라는 양극단의 논쟁이 펼쳐졌다고 본다. 사실 행복을 정하는 잣대와 기준은 개인에 따라 다를 수밖에 없다. 따라서 이러한 논쟁은 끊임없이 이어지는 평행선을 따라가면서 결국 답을 낼 수 없는 상황에 이를 것이다.

지금의 시대에 소확행이 유행하는 이유를 이해하려면 '소'가 아닌 '확'이라는 의미에 방점을 찍어야 한다고 생각한다. 소확행이라는 트렌드에 대해 부정적 생각을 가지고 있는 기성세대라면 '소'라는 의미에 집중해 젊은 세대를 바라보면서 겨우 음식점에서 10시간 넘는 소중한 시간을 허비하는 얼간이들이라는 프레임을 씌울 것이다. 하지만 '확'이라는 의미, 즉 '확실하다'라는 의미에 집중해 그들의 행위를 바라본다면 다른 관점이 열릴 것이다.

지금도 많은 사람이 행복을 얻기 위해 어떤 대상에 집중하는 경향을 보인다. 하지만 '확실하다'라는 의미에서 접근하면 '행복의 대상'이 아닌 '그들이 행복을 얻는 방식'을 마주하게 된다. 앞서 살펴본 사례에서도 확실한 행복을 얻는 방식으로 모두가 줄 서기라는 방식을 선택한 것을 알 수 있다.

기본적으로 줄 서기라는 행위는 수요와 공급이 일치하지 않았기 때문에 일어나는 현상이다. 더 정확히 말하면 수요가 공급을 앞서기 때문이다. 그런데 수요가 공급을 앞선다고 해서 모든 접점에서 줄 서기가 등장하진 않는다. 줄 서기가 나타나기 위한 또 다른 조건은 실시간real-time이어야 한다는 점이다. MIT의 리처드 라슨Richard Larson 교수는 줄을 서는 원리에 대해 "실시간 수요가 실시간 공급을 초과하면 줄이 생기게 된다"라고 설명한다.

인류 사회에서 줄 서기라는 기다림의 형태는 과거에도 등장했지만, 그 성격에 약간 상이한 부분이 있다. 대표적인 줄 서기는 과거 사회주의 국가에서 실시했던 배급과 관련이 있다. 구 소련 국민은 국가가 제공하는 생활 필수품을 얻기 위해 연간 400억 시간이나 줄을 섰다는 이야기도 전해진다. 약 3억 명의 인구 중에서 어린이와 노약자 등을 제외하면 1인당 연 200시간 이상 줄을 섰다는 분석이다. 특히 가정생활을 책임지는 주부들은 하루에 5시간 이상 줄을 섰다고도 한다. 게다가 배급을 받기 위해 줄을 서는 것이 일상적인 나머지 길거리에서 아무 줄이나 발견하면 이것저것 따지지도 않고 우선 줄부터 섰다는 말도 있다. 사회주의 계획경제를 상징하는 굴욕적인 단면이다.

현재 우리 사회에서 벌어지고 있는 줄 서기는 생존과 관련된 성격의 현상은 아니다. 줄 서기를 통해 얻는 재화가 필수재도 아니기 때문이다. 주로 한정품처럼 일정 시기가 아니면 얻기 힘들거나 나중에 얻더라도 수요가 넘칠 것으로 예상돼 먼저 얻는 게 이득인 대상에 한해 줄 서기를 하는 경우가 많다. 즉, 생존이 아닌 개인적 필요에 의해서 줄을 서는 것이다.

또 하나, 사회주의 경제체제에서 배급을 받듯이 무턱대고 줄을 서지 않는다는 특징이 있다. 현장에서 줄을 서더라도 정확히 공급이 끝나는 접점까지만 줄을 선다. 최근에는 줄 서기 애플리케이션이 등장해 온라인으로 줄 서기 예약을 함으로써 오프라인 줄 서기가 많이 대체되는 추세다. 예전처럼 무작정 줄을 서서 기다리다가 재료 소진 또는 품절이라는 소식을 듣고 실망하며 돌아서는 경우가 줄어들고 있는 것이다.

그 말인즉, 오늘날의 줄 서기 현상에는 목표를 달성할 수 있는 경우로 한정되는 경향이 있다는 것이다. 가령 2018~2019년에 포방터시장의 돈가스집에서는 매일 선착순 35팀으로 제공 수량을 제한했다. 일행을 감안할 때 70명 정도만이 서 있었던 것이다. 또 포켓몬빵을 사기 위해 매장 앞에 줄을 서는 경우도 혹시 몰라서 마냥 기다리는 것이 아니라 대부분 사전에 입고 수량을 파악해 확실하게 구매할 수 있다는 것을 알고 있는 사람들이 줄을 서는 것이다.

오늘날 벌어지고 있는 줄 서기 풍경들은 통제 가능성을 점차 중요하게 여기는 지금의 시대적 풍경이기도 하다. 하지만 한편으로 줄 서기를 통해 자신이 원하는 재화를 얻는 풍경은 오늘날 우리가 확실하게 통제할 수 있는 변수가 줄 서기 이외에는 태부족하다는 반증이기도 하다.

줄 서기의 새로운 규칙을 발견한 순간

공정함의 상징: 줄 서기의 기본 원칙

줄 서기를 좋아하는 사람은 세상에 아무도 없을 것이다. 줄은 선다는 행위는 대기라고 불리는 기다림이 필연적으로 발생하기 때문이다. 오늘날에는 번호표나 모바일 애플리케이션을 통해 예약 서비스가 등장해 다소 편리해지긴 했지만, 본질적으로 기다림이라는 가치가 사라지는 것은 아니다.

우리가 줄 서기 대열에 기꺼이 동참하는 이유는 줄 서기의 기본 원리를 받아들이고 있기 때문이다. 먼저 온 사람에게 먼저 서비스를 제공한다는 선착순 혹은 선입선출FIFO, First In First Out의 원리다. 이 게임에 들어온 사람들은 게임의 원칙을 크게 고려하지 않는다. 길게 생각할 것 없이 단순하고 직관적인 방법이기도 하고 모두에게 공평하게 적용되기 때문이다.

다시 말해 줄 서기는 모두에게 공평할 뿐만 아니라 방식 또한 정의롭다. 자신의 정치적 성향이 보수적이든 진보적이든 관계없이 감히 공정하다고 말할 수 있는 몇 안 되는 방식이다. 그래서 흔히 줄 서기를 가장 기본적인 사회 공정의 축소판이라고 부른다.

그런데 정작 우리는 줄 서기를 하면서 공정이라는 단어를 떠올리지 않는다. 그냥 줄을 서면서 자신의 차례를 기다리는 것이 너무나도 당연한 것이기 때문이다. 만약 이처럼 당연한 줄 서기의 원칙이 훼손되면 어떻게 될까. 그제야 사람들은 공정이 무너진 모습에 저항을 하게 된다. 줄 서기의 대표적이면서 유일한 반칙 행위가 바로 새치기다.

우리가 새치기에 화를 내는 것은 단순히 우리가 줄 서기라는 행위를 힘들어하기 때문이 아닐 것이다. 그보다는 줄 서기를 통해서 얻는 권리가 침해되기 때문이다. 줄 서기에 동참하고 있는 사람은 지루하고 달갑지 않은 기다림을 통해 권리의 정당성을 획득한 것이다. 이때 누군가 새치기라는 반칙을 한다면 자신의 정당한 권리인 우선권을 빼앗긴다고 느낀다.

흔히 사람들은 새치기라는 줄 서기의 반칙 행위가 절대 용인되지 않을 것이라 생각한다. 하지만 국가와 조건의 차이에 따라서는 약간의 차이가 발생한다.

먼저 국가마다 줄 서기의 규칙을 위반하는 행위를 참아내는 정도가 다르다. 전 세계에서 줄 서기의 규칙을 가장 엄격하게 적용하는 나라는 영국이다. 심지어 영국식 줄 서기라는 용어가 있을 정도다. 특히 테니스 4대 메이저 대회 중 하나인 윔블던 대회에서는 경기를 보러 온 관객들에게 줄 서는 원칙과 규정을 담은 책자를 나눠준다. 책자의 길이만 무려 29쪽이나 되며 심지어 '새치기 절대 금지'라는 문구도 있다고 한다.[90]

또 영국의 마트를 들른 외국인들이 놀라는 풍경이 하나 있다. 가령 마트 계산대 앞에서 줄을 서서 기다리고 있는데 자신의 앞에서 계산을 하던 고객이 제품을 잘못 가져오는 바람에 잠시 제품을 바꿔오기 위해서 자리를 떴다고 치자. 3~5분을 기다려도 그가 돌아오지 않을 때 과연 어떻게 행동하는 것이 합리적일까? 아마도 우리나라였다면 계산원이 물건을 가지러 간 고객의 계산 정보를 저장해두고 다음 고객의 물건을 계산해줄 것이다. 하지만 영국에서는 결코 그런 일이 일어나지 않는다. 5~10분이 걸려도 계산을 하던 고객의 순서이므로 그가 물건을 바꿔 올 때까지 기다려준다. 그리고 그 고객의 계산을 마친 후에 비로소 다음 고객을 맞는다. 그 정도로 영국에서는 줄 서기의 우선권을 철저하게 지키고 있다.

영국과 비교하면 우리나라는 비교적 줄 서기의 원칙을 칼같이 적용하는 나라는 아니다. 대표적인 예가 운전할 때 사용하는 비상 깜빡이와 관련이 있다. 흔히 비상 깜빡이라고 부르는 비상점멸표시등의 사전적 의미는 아주 긴급하거나 위급할 때 다른 차에 알리기 위해 켜는 등이다. 즉, 사고나 고장 등으로 차량을 운전할 수 없는 비상 상황에 사용한다. 관련 법령인 〈자동차 및 자동차부품의 성능과 기준에 관한 규칙〉 제45조에 따르면 "비상점멸표시등은 충돌사고 또는 긴급제동신호가 소멸되더라도 자동으로 작동할 수 있으며, 수동으로 점멸이 가능한 구조여야 한다"고 밝히고 있다. 즉, 사고가 나서 엔진이 멈춰도 비상점멸표시등만은 별도로 작동될 수 있어야 한다는 의미다.

미국·중국·독일 등의 대부분 국가에서는 비상등을 정말 비상 상황에서만 한정해 사용한다. 반면 우리나라에서는 추월했거나 길을 양보받았을 때 3~4회 정도 점등하며 미안하거나 고맙다는 표시를 하는 용도로도 사용한다. 국내 한 완성차 업체에서는 국내 소비자의 니즈를 적극 활용해 한 번 누르면 비상등이 세 번 깜빡이는, 이른바 원터치 매너 깜빡이를 선보이기도 했다.[91] 그런데 흥미롭게도 우리나라에서 대표적으로 활용되는 비상 깜빡이의 사용 방식이 줄 서기의 위반 행위인 새치기를 용인하는 문화로 둔갑하고 있다. 실제로 고속도로 출구 같은 상시 정체 구간에서 비상 깜빡이를 켜고 새치기를 하는 차량을 심심치 않게 발견하게 된다.

영국과 같은 나라에서는 차량의 진입 순서를 올바르게 지키지 않는 차량을 자신의 차량으로 들이받아버려 문제가 된 적이 있다. 그래서 한때 영국에서는 자국의 운전자가 유럽에게 가장 두려운 운전자라는 자조적인 평가를 하기도 했다.[92]

국가별로 줄 서기 문화가 다른 것처럼 줄 서기에 동참한 사람들이 처한 상황별 조건에 따라서도 원칙을 다르게 받아들이기도 한다. 1980년 미국의 심리학자 스탠리 밀그램Stanley Milgram은 뉴욕에서 새치기와 관련한 실험을 실시했다. 밀그램은 아르바이트 인원을 고용해 뉴욕 시내의 곳곳에서 줄을 서 있는 사람들 사이에서 새치기를 하도록 지시했다. 밀그램의 지시를 받은 실험자는 총 129개 줄에서 새치기를 실시했다. 실험에서 정한 규칙에 따라 앞에서 세 번째와 네 번째 사람 사이로 끼어들면서 "실례합니다, 저 여기에 좀 들어가겠습니다"라는 한마디를 거들었다.

과연 이처럼 점잖은 방식으로 새치기를 한 실험자는 얼마나 제지를 당했을까? 놀랍게도 고작 10퍼센트의 경우만 뒷사람들로부터 항의를 받았다고 한다. 세 번째와 네 번째 사이를 끼어들었다면 매우 과감한 새치기였는데도 뉴욕 시민 중 90퍼센트는 해당 반칙을 용인했다는 이야기다.

밀그램은 뒤이어 또 다른 조건의 실험도 실시했다. 이번에는 실험자 두 명을 동시에 투입했다. 한 명은 미리 줄을 서 있었고 다른 한 명은 바로 그 앞자리에 새치기를 감행했다. 새치기를 당한 실험자는 약속한 대로 전혀 항의를 하지 않았다. 이처럼 직접 새치기를 당한 사람이 항의하지 않자 뒷사람들 중에 항의하는 사람의 비율이 5퍼센트까지 떨어졌다.

실험 결과, 새치기라는 반칙 행위에 관대하지 않을 것이라 생각한 사람들도 일종의 심리적 계책의 영향을 받는다는 것을 알 수 있다. 가령 첫 번째 실험에서 새치기를 한 사람이 정중하게 "실례합니다, 저 여기에 좀 들어가겠습니다"라면서 양해를 구한 행위에 주목할 필요가 있다. 만약 아무런 양해의 말도 없이 무턱대고 줄 사이에 끼어들었다면, 10퍼센트보다 훨씬 더 높은 확률로 제지를

당했을 것이다.《설득의 심리학Influence : The Psychology of Persuasion》의
저자 로버트 치알디니Robert B. Cialdini는 이러한 사람들의 심리를
'상호성의 법칙'으로 설명한다. 두 번째 실험에서 제지를 당하는
비율이 5퍼센트까지 떨어진 것은 '사회적 증거의 법칙'으로 설명
할 수 있다. 이른바 군중 심리가 새치기라는 위반 행위의 묵인에
적용된 것이다.

하지만 심리적 계책이 늘 통한다고 볼 수는 없다. 만약 줄 서기
를 통해서 얻는 권리의 가치가 무엇과도 바꿀 수 없을 만큼 절대
적이거나 중요한 것이라면 상황은 달라진다. 예를 들어 자신이 너
무나 좋아하는 세계적인 가수가 있다고 생각해보자. 당신은 그의
방한 공연을 평생 한 번도 본 적이 없다. 때마침 그 가수가 우리나
라에서 공연을 한다는 소식이 들려왔고, 입장권을 선착순으로 배
부한다고 한다. 당신은 입장권을 받기 위해 사흘 전부터 노숙을
시작했다. 그런데 당신의 앞에 누군가가 나타나 "죄송합니다만,
제가 이 가수를 너무 좋아해서요"라면서 새치기를 시도하려 한다
면 어떤 마음이 들까?

실제로 영국 가수 U2의 콘서트장 앞에 늘어선 줄에서 실시한
실험인데, 사람들은 자신의 앞에 끼어들려고 한 얌체 새치기꾼과
자신의 뒤에 끼어들려고 한 새치기꾼을 모두 제지하며 줄 밖으로
내보냈다. 엄밀히 보면 자신의 뒤에 끼어든 사람은 자신에게 손해
를 끼친 것은 아니다. 충분히 모른 척하고 넘어갈 수 있었지만, 줄
을 서서 기다리는 사람 모두를 위해 잘못된 점을 함께 고쳐나가는

모습을 보인 것이다. 이처럼 새치기에 대한 제재의 강도는 줄 서기를 통해 얻는 권리의 크기에 종속되는 모습을 보인다.

줄 서기의 규칙이 복잡해질 때

줄 서기 규칙 엄수에 대한 차이가 국가마다 다르고, 줄 서기를 통해 얻는 권리의 크기에 따라서도 달라지지만, 줄 서기의 기본 원칙이 달라지는 것은 아니다. 모두에게 공평하게 적용되는 선착순의 원리는 한결같다. 이토록 단순한 원리는 줄 서기에 참여한 사람들에게 특유의 안도감을 가져다준다. 새치기를 제외한 다른 편법을 신경 쓰지 않아도 되기 때문일 것이다.

하지만 줄 서기가 주는 안도감은 기본적으로 한 줄 서기라는 대전제 안에서 형성된다. 대부분의 줄 서기는 한 줄로 이뤄지지만, 현실에서 이뤄지는 줄 서기의 형태가 모두 한 줄은 아니다. 심지어 여러 줄 서기 형태도 찾아볼 수 있다. 이러한 변칙적인 상황 때문에 혼란이 가중된다.

자동차 운전을 예로 들어보자. 자신의 차선 앞에 있는 차량을 따라 선형적 운행을 한다는 점에서 자동차 운전도 기본적으로는 한 줄 서기에 해당한다. 그런데 여러 차선이 하나의 차선으로 줄어들면서 차량의 한 줄 서기가 곧 여러 줄 서기로 변경되는 구간이 나타난다. 이처럼 차선이 줄어드는 구간을 병 bottle의 목에 비유해 병목구간이라 부른다. 그런데 병목구간에서는 어느 차선이 먼저 진입해야 하는지에 대한 명백한 기준이 없어서 병목현상이라

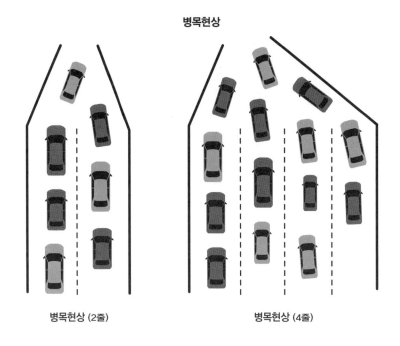

병목현상

병목현상 (2줄)

병목현상 (4줄)

는 정체가 일어나게 된다.

보통 두 개의 차선이 하나의 차선으로 좁아지면 순차적으로 한 차선에서 한 대씩 번갈아가며 진입한다는 암묵적인 룰이 존재한다. 실제 도로에서는 암묵적인 룰대로 순서가 잘 지켜지지 않는다. 서로 먼저 가려는 심리 때문이다. 게다가 3~4개 이상의 차선이 하나로 합쳐지는 고속도로 톨게이트 출구에서는 누가 먼저 진입해야 하는지에 대한 정의가 더욱더 불분명해진다. 고속도로 톨게이트가 상습적인 교통 체증 구간인 이유다. 게다가 서로 빨리

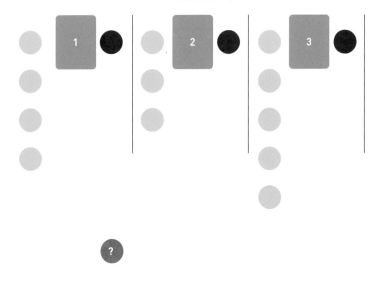

마트 계산대 앞에서

진입하려는 차들 사이에서 접촉사고도 일어난다.

여러 줄이 하나의 줄로 만들어지는 과정에 대한 공식적인 규칙이 없고 경찰 공무원의 도움 없이는 자체적으로 규율할 수도 없기 때문에 여러 줄 서기 현상에 따른 갈등은 곳곳에서 표면화되기 마련이다. 하지만 우리가 일상생활에서 목격하는 여러 줄 서기의 형태는 규칙이 없는 두 줄 서기가 아니다. 오히려 우리는 규칙이 있는 여러 줄 서기 형태를 더욱 자주 보게 된다.

대형마트에 가보면 포스POS기라 불리는 계산대가 두 기 이상 설치돼 있다. 복수의 계산대는 위 그림처럼 여러 줄 서기 현상을 만들어낸다. 이와 같은 대형마트의 줄 서기는 외형적으로 여러 줄 서기 형태를 띠고 있지만, 실제로는 각각 한 줄 서기의 원칙이 적용된다.

그런데 여러 줄이 존재할 경우, 사람들은 어느 줄에 서야 빨리 계산을 할 수 있을지 고민하게 된다. 앞의 그림처럼 1번 줄에 네 명, 2번 줄에 세 명, 3번 줄에 5명이 기다리고 있을 때 가장 합리적인 선택은 인원이 적은 2번 줄 뒤에서 기다리는 것이다.

여기서 변수가 작용한다. 각 계산대를 담당하는 계산원의 능숙도가 다를 수 있고, 각 손님의 카트에 담긴 제품의 양에 따라 계산 처리 속도도 달라진다. 심지어 앞 손님과 계산원이 실랑이를 벌일 수도 있다. 게다가 요즘에는 다섯 개 이하 상품만 빠르게 계산해주는 소량 전용 계산대나 고객이 직접 계산을 진행하는 무인 계산대도 있다. 선택지가 많아진 덕분에 물건을 잔뜩 사들고 빠르게 줄 서기를 마무리하고 싶은 소망을 이루기가 쉽지 않다. 그러는 와중에 간혹 자신보다 늦게 옆 줄에 대기를 하던 손님이 빨리 계산을 마무리하고 나가는 모습을 보며 속 쓰려하기도 한다.

마트에서 이처럼 고민을 하게 만드는 구조적인 이유가 있다. 여러 줄 서기를 하면 앞서 본 것처럼 수많은 변수가 발생하기 때문에 각 줄마다 대기 시간에 편차가 생긴다. 결국 각 줄별로 공평하지 않은 결과가 나타난다.

마트에서의 여러 줄 서기 문제는 다음과 같이 해결하면 된다. 계산대처럼 대기열을 처리하는 장소가 다수라고 해도 대기 줄 자체를 한 줄로 세우고 대기 인원을 처리가 완료된 계산대로 순서대

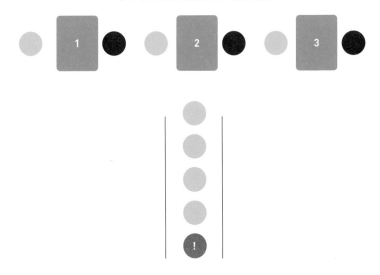

마트 계산대에서 공평할 수 있는 방법

로 이동시키는 것이다. 공항의 입국 심사대나 항공사 카운터, 그리고 번호표 뽑기를 통한 은행 창구를 떠올리면 이해하기 쉽다.

하지만 교통 시스템이나 네트워크 같은 대기 행렬을 효율적으로 통제해 올바른 의사결정을 돕기 위해 만들어진 큐잉 이론 queueing theory에 따르면, 이러한 방식의 한 줄 서기는 전체 효율성 측면에서는 그리 좋은 줄 서기 방식이 아니라고 한다.

예를 들어, 고객이 모두 한 줄로 서 있는데 여러 계산대 중 한 곳에서 고객과 계산원의 마찰이 생겨서 하염없이 딜레이가 발생하고 있다고 가정해보자. 그럼 대기 인원 모두에게 영향을 미치게 돼 전체의 대기 시간이 늘어나게 된다. 만약 여러 줄 서기였다면 딜레이가 발생하는 줄만 대기 시간이 늘어나기 때문에, 나머지 줄에 선 사람들은 영향을 받지 않는다. 따라서 전체적으로 환산했을 때는 여러 줄 서기가 전체 대기열을 빨리 처리하는 데 유리하다.

앞 계산대에서 딜레이가 발생한 상황에서 여러 줄 서기와 한 줄 서기를 선택하라고 하면 사람들은 어떤 방식을 선호할까? 대다수의 사람은 한 줄 서기를 선택한다. 이는 전 세계적으로 공통된 성향이라고 한다. 즉, 전체의 효율성보다 자신이 손해를 입는 것을 더 꺼리기 때문이다. 하지만 대형마트 같은 사업자 입장에서는 전체적인 효율성을 더 중요하게 생각할 수밖에 없다. 더구나 모든 고객을 한 줄로 세우게 되면 공간의 활용도에서 효율적이지 못하다. 그래서 여전히 많은 대형마트에서는 여러 줄 서기를 선호하는 것이다.

이 같은 현실적 문제를 감안해 현대인들은 다소 불공평하다고 느끼더라도 생활 곳곳에 숨어 있는 다양한 여러 줄 서기 현상을 감내하며 살아간다. 간혹 생활의 지혜를 동원해 자체적으로 효율성을 찾아내기도 한다. 예를 들어 한때 인터넷 커뮤니티에 퍼졌던 "출근길 2호선 지하철 앉아 가는 꿀팁"과 같은 것들이다. 글쓴이가 소개하는 팁에 따르면 신도림에서 강남으로 갈 때 앉을 자리가 없다면 반드시 안경, 에어팟, 백팩을 장착한 채 앉아 있는 남자 앞에 서야 한다고 한다. 앞서 말한 세 가지 아이템을 가진 사람이라면 대체로 구로디지털단지역에서 내리는 IT맨일 확률이 높다고 덧붙인다.[93] 지하철에서 방금 난 빈 자리를 맡기 위해 가방을 던진다면 얌체 같은 짓이라고 손가락질을 받겠지만, 이처럼 생활의 꿀팁 혹은 생활 속의 대기 행렬 이론에 따르는 행동이라면 어느 정도 정당하게 받아들여질 것이다.

또한 국가가 대국민 정책을 시행하거나 기업체가 고객 이벤트를 기획하고 운영할 때와 같은 상황에서 선착순으로 한 줄 서기라는 단순하고도 확실한 원칙이 힘을 발휘할 때가 의외로 많다. 하지만 앞서 살펴본 것처럼 제아무리 공정함의 총아라고 부를 수 있는 줄 서기라고 할지라도 두 줄 서기와 같은 단순한 조건이 더해지는 것만으로도 불편함이 뒤따르기도 한다.

대표적으로 우리나라에서 한때 시행한 에스컬레이터 두 줄 서기 캠페인이 실패한 이유를 살펴보도록 하자. 현재 정부에서는 공식적으로 에스컬레이터 한 줄 서기 문화를 권장하지 않는다. 하지만 에스컬레이터 한 줄 서기 문화, 즉 지하철역을 비롯한 공공장소에 설치된 에스컬레이터를 이용할 때 서서 갈 사람은 오른쪽으로 비켜서서 걸어갈 사람이 올라갈 수 있도록 왼쪽을 비워두는 문화가 사실상 암묵적인 룰처럼 자리 잡은 상태다.

에스컬레이터 계단이 애초에 두 사람이 설 수 있는 공간임을 감안하면 두 줄 서기가 표준이라 생각할 수도 있다. 하지만 한국 특유의 빨리빨리 문화와 인심이 혼합돼 마음이 급한 사람을 위해 한쪽 줄을 내어주는 문화가 생겨나기 시작했다. 급기야 2002년부터는 에스컬레이터 한 줄 서기 운동을 공식적으로 도입하기도 했다.

하지만 2000년대 중반 에스컬레이터 관련 안전 사고가 늘고,

기기 고장을 일으킬 수 있다는 의견 등이 대두되기 시작했다. 정부에서도 의견을 수렴해 2007년부터는 다시 에스컬레이터 두 줄 서기를 권장했다. 그런데 두 줄 서기 운동이 생각보다 별다른 효과를 내지 못하자 결국 2015년 9월에 정부에서는 9년 만에 다시 한 줄이든 두 줄이든 관계없이 걷거나 뛰지 않는 방식으로 캠페인을 변경하며 사실상 두 줄 서기를 권장하게 됐다. 하지만 2022년 현재 우리나라 어디를 가더라도 한 줄 서기 현상이 사라질 기미가 보이지 않는다.

많은 사람이 우리의 한 줄 서기 현상의 원인을 빨리빨리 문화에서 찾으려고 한다. 물론 한국인의 빨리빨리 문화가 한 줄 서기를 고집하는 데 영향을 미쳤다는 것을 부인하기는 어렵다. 하지만 에스컬레이터 한 줄 서기 문화가 꼭 우리나라에서만 벌어지는 현상이 아니라는 사실에 주목할 필요가 있다.

원래 에스컬레이터 한 줄 서기 문화가 태동한 것은 영국이었다. 2016년 〈가디언〉에서는 에스컬레이터에서 한 줄로 걸어가는 것이 영국의 오랜 전통이라고 보도했다.[94] 실제로 캐나다나 호주 등 영국의 영향을 많이 받은 국가에서는 에스컬레이터 한 줄 걷기가 당연하게 받아들여지고 있다. 한 줄 서기가 전 세계적 표준은 아닐지라도 미국, 캐나다, 중국, 일본을 비롯해 러시아, 프랑스, 독일, 이탈리아 등 일부 유럽 국가에도 한 줄 서기 문화가 정착돼 있다. 이렇듯 다른 나라와 비교해봐도 우리나라의 빨리빨리 문화에서 한 줄 서기 문화가 비롯했다고 보기는 무리가 있어 보인다.

그렇다면 에스컬레이터의 안전 사고를 초래할 가능성도 있고, 승객 운송에도 비효율적인 데다 세계 표준이나 선진적인 척도라고도 볼 수 없는 한 줄 서기 문화에 집착하는 이유는 무엇일까?[95]

그것은 두 줄 서기에 숨은 두 줄이라는 요인 때문이다. 한 줄이 있는 곳에서 한 줄 서기와 두 줄이 있는 곳에서 두 줄 서기는 얼핏 보면 똑같아 보이지만, 명백히 다르다. 두 줄 서기를 앞에 둔 사람들이 생각하는 일반적인 공평함이란 두 줄 모두 같은 속도로 진행되는 것이 아니다. 두 줄을 각각의 효용에 따라 나누고 각 효용을 나의 필요에 따라 활용하는 것이 더 유리하다고 판단한다. 또한 이미 한 줄 서기라는 옵션이 알려져 있고 문화가 정착돼 있는 상태에서는 불필요하게 다른 사람과 갈등을 빚을 수 있는 두 줄 서기를 고집하기보다 갈등의 요소가 덜 생기는 한 줄 서기를 따르는 것이 좀 더 경제적인 선택이 될 수 있다.

내가 서 있던 줄이 유일한 줄이 아님을 발견했을 때

나는 두 딸을 키우며 대부분의 시간을 가족과 보내는 덕분에 이런저런 에피소드가 많이 생기는 편이다. 나처럼 두 자매를 둔 부모라면 첫째와 둘째 모두에게 좋은 기억을 심어주고 싶은 마음을 이해할 것이다. 그런데 두 딸이 다툼이라도 할 때면 무의식적으로 어린 둘째를 위해 첫째에게 양보를 강요하곤 한다.

하루는 첫째와 둘째가 서로 다른 종류의 장난감을 가지고 놀고 있었다. 둘째가 첫째의 장난감에 손을 대자, 첫째도 둘째의 장난감을 가지고 놀겠다면서 손을 뻗었다. 하지만 둘째는 자기가 한 일은 생각지도 않고 언니에게 장난감을 빼앗겼다며 울고불고 부당함을 토해냈다. 나는 갈등의 상황을 진정시키려고 "그것 좀, 지연이(둘째) 가지고 놀게 해줘, 지아(첫째)야~"라고 외치는 우를 범했다. 내 말을 들은 만 5세의 첫째는 생존 DNA를 발동하며 조목조목 따지기 시작했다.

> 첫째 지연이가 먼저 내꺼 맘대로 가지고 놀았단 말야! 나는 왜 안 돼? 앙? (부들부들)
>
> 아빠 음… 지연이는 아직 애기잖아. 한번 가지고 놀게 해줘.
>
> 첫째 그런 게 세상에 어디 있어? 으아아앙! (통곡)

아직 공평하고 정의로운 세상에 대한 체계적인 교육을 받기 전인 아이들에게도 '준 만큼 받는다'라는 인과응보의 규칙은 기본적으로 탑재돼 있는 듯하다. 내가 첫째를 분노하게 만든 원인은 기본적으로 자신을 행동을 제어했다는 것이다. 더욱 화를 돋운 원인은 교육하지도 않았고, 기본적으로 받아들이기 힘든 새로운 규칙을 갑자기 들이댄 데 대한 분노일 것이다.

이와 같은 분노의 원인을 지금의 젊은 세대들이 느끼는 '부당함에 대한 예민함'이라는 풀이식에 대입해보자.

앞서 우리는 줄 서기를 통해 특정 규칙 안에서 공정함을 생각하는 방식을 이야기했다. 이는 공정이라는 어려운 개념의 단어로 설명하기보다 우리가 당연하게 받아들이는 상황에서 정당하지 않음을 느끼는 조건을 통해 공정의 개념을 확인해본 과정이다.

줄 서기라는 정상적인 행위를 하는 사람들을 가장 화나게 하는 것은 새치기라고 생각할 수 있다. 하지만 그보다 더 사람들을 화나게 만드는 것은 자신들이 알고 있는 기본적인 규칙 자체가 변화할 때일 것이다. 혹은 기존의 규칙 안에서 다뤄지지 않은 새로운 이면의 규칙이 밝혀졌을 때일 것이다. 첫째 딸이 장난감을 가지고 놀다가 어린 사람에게 배려해야 한다는 식의 새로운 규칙을 난생처음 듣고 분노했듯이 말이다.

지금의 젊은 세대는 곳곳에 만연한 새치기를 보며, 자신이 똑바로 줄을 서고 있어도 원하는 것을 얻지 못할지 모른다는 불안감과 절박함을 느끼다 못해 부당한 세상을 향해 사자후를 퍼부을 기세다. 그런 그들을 분노케 하는 또 한 가지 요인이 있다. 바로 자신들이 서 있는 줄 자체가 유일한 줄이 아니라는 사실이다. 앞서 소개한 것처럼 특정 기득권층에게 유리한 패스트트랙이 새로운 줄을 만들어내고 있기 때문이다. 입시 비리는 물론, 전 국회의원 아들의 50억 성과급 논란으로 대표되는 기득권층 자녀의 공기업 및 금융기관 취업 비리 등의 수많은 논란이 바로 새로운 줄에 해당한다.

그런데 공정이라는 규칙 자체를 파괴할 만한 새로운 줄들이 현시대에 새롭게 등장한 것이 아니라는 데 주목할 필요가 있다. 기득권을 위한 출세가도는 그동안 우리 사회에 공공연하게 존재했다. 현시대에 그 존재가 대중에게 드러나 새로운 줄로 인식될 뿐이다. 따라서 해당 사안들을 가리고 있던 연막이 사라지는 투명한 시대가 공정이라는 문제해결의 핵심이다.

오늘날 사람들은 영화 〈매트릭스〉에서 네오가 빨간약을 먹고 자신이 그동안 알지 못했던 진실을 알게 된 것처럼 이전부터 우리 사회에 존재했던 구조적인 불공정을 똑바로 바라보게 됐을 뿐이다. 즉, 특별하고 새로운 세대라서가 아니라 지금의 시대가 그들이 깨닫게 만든 것이다.

단, 일반인들이 서 있는 줄과 특정 기득권층이 서 있는 줄이 서로 붙어 있다는 점이 중요하다. 이전까지는 두 줄이 서로 붙어 있어도 안개에 싸여 서로의 존재를 인지하지 못했지만, 지금은 서로의 존재를 모두 확인하고 갑론을박을 펼칠 수 있는 시대가 됐다.

그들이 받아들이는
또 다른 방식의 줄 서기

영혼을 끌어모아서 비즈니스 클래스를 탄 날

성인이 되고서 간혹 여행이나 출장 목적으로 해외에 나갈 때면 간절하게 소망했던 것이 하나 있다. 운 좋게 좌석 승급이 돼 지긋지긋한 이코노미 클래스를 벗어나 한 번쯤 비즈니스 클래스를 타보는 것이다. 하지만 10여 년이 넘게 비행기를 타봤지만 행운은 쉽게 오지 않았다.

사실 인터넷에서 좌석 승급 방법을 찾아보기도 했다. 단정한 복장을 하고 티켓 발권 직원에게 친절하게 대하면 좌석 승급 확률이 높아진다는 이야기를 듣고 나 나름대로 노력해봤지만 오버 부킹이 된 적도 없고 내 좌석이 승급된 적도 없었다.

이후 유튜브 영상을 보고 내가 왜 이제껏 단 한 번도 좌석 승급의 행운이 없었는지를 알 수 있었다. 이코노미 클래스 중에서도 가장 저렴한 등급만 주로 이용하다 보니 애초에 승급이 이뤄질 수 없다는 사실에 좌절했다.

나는 더 이상 비자발적인 승급involuntary upgrade을 바라지 않게 됐다. 대신 큰마음을 먹고 지난 10여 년 동안 단 한 번도 쓰지 않고 영혼까지 끌어모아둔 마일리지로 좌석을 승급해보기로 했다. 조금 비싸지만 마일리지로 승급이 가능한 수준의 이코노미 클래스 등급으로 예매하고 마일리지로 좌석을 업그레이드해 인천-뉴욕 장거리 구간을 운영하는 A380 비행기를 탄 것이다.

내가 비즈니스 클래스를 타고 가면서 확인하고 싶은 것이 하나 있었다. 과연 비즈니스 클래스에서 승무원이 끓여주는 라면을 먹는 사람이 있는지를 확인하는 것이었다. 분명히 비즈니스 클래스 라면 이코노미 클래스와는 다르게 제대로 된 코스식 요리가 나온다는 것을 다들 알고 있을 것이다. 그런데 왜 평소에도 충분히 끓여먹을 수 있는 라면을 기내에서 먹는지 궁금했다. 평소 외국에 나가서 추가금을 지불하면서까지 소주를 마시는 한국인들의 행태를 이해하지 못하던 나이기에 기내에서 먹는 라면에 대한 궁금증을 해결하고 싶었다.

실제로 2013년 한 기업의 상무가 비즈니스 클래스에서 승무원이 라면을 주지 않았다는 이유 등을 내세워 기내에서 승무원을 폭행해 사회적으로 물의를 일으켰다. 일명 '라면 상무' 사건이다. 당시 한 시사평론가는 "비즈니스 클래스에서 라면을 왜 먹죠?"라고 일갈하기도 했다.

그런데 나는 이륙하고 얼마 후 이유를 정확히 알게 됐다. 보통 비행기가 이륙을 하고 나면 곧 현란한 코스형 식사가 나온다. 식사 메뉴도 푸짐하거니와 이것저것 주는 것도 많아 굳이 식사를 마치고 라면을 추가로 시킬 이유는 없었다. 하지만 식사를 마치고 암전이 살짝 드리우고 좌석을 뉘여 잠을 청하려고 하는 순간, 내 코를 자극하는 냄새가 났다. 분명 한국인이라면 누구나 바로 알수 있는 강렬한 냄새였다. 바로 라면의 향이었다.

나는 그제야 왜 사람들이 비즈니스 클래스를 타면 평소 같으면 찾지도 않을 라면을 찾는지 알게 됐다. 라면 냄새는 밀폐된 기내에서 너무나도 강렬하게 사람들의 코를 자극하고 있었다. 또 라면 맛을 아는 사람이라면 그 유혹을 결코 이길 수 없을 것이다. 결국 나도 승무원에게 라면을 요청할 수밖에 없었다. 한편으론 라면 맛에 익숙지 않은 외국인들이라면 고역일 것이라는 생각을 지울 수 없긴 했지만 말이다.

비행기: 차별이 가장 노골적으로 나타나는 공간

내 첫 비즈니스 클래스 비행 경험담은 기승전'라면'으로 끝나긴 했지만 이번 저술과 연결 지어 이야기할 만한 점이 있다고 생각한다. 흔히 사람들은 비행기 좌석을 보며 자본주의의 계급적 문제성을 가장 적나라하고 노골적으로 보여준다는 말을 종종 한다.

누군가는 단지 적은 돈을 냈다는 이유로 긴 비행 시간 동안 몸하나 겨우 뉘일 수 있는 좌석에 의지해 여행을 해야 한다. 또 조금이

나마 편히 가려고 시트 각도를 조절하려 해도 뒷사람의 눈치를 봐야 한다. 화장실도 눈치를 보기는 마찬가지다. 수많은 사람이 서로 화장실을 가기 위해서 대기를 해야 하고, 복도 쪽 좌석이 아니라면 옆 좌석 사람에게 연신 미안하다는 말을 반복해야 한다.

반면 돈을 더 많이 낸 누군가는 180도로 넘어가는 침대형 시트를 배정받고 호텔식에 버금가는 코스형 식사를 하며 다양한 와인을 비롯한 주류를 제공받는다. 심지어 비행의 최고 사치라는 라면을 간식으로 서비스받을 수도 있다. 따라서 이코노미 클래스만 수없이 많이 타본 사람들은 자연스럽게 비행기 내의 자본주의적 계급을 절감하곤 한다. 그리고 자신은 언제쯤 비즈니스 클래스에서 여행을 편히 해볼지 희망을 품곤 한다.

이코노미 클래스는 보통 캐틀 클래스cattle class라고 불린다. 소 떼를 몰아넣은 곳이란 뜻인데, 정말 말 그대로 소 떼를 몰아넣는 기분을 피할 수 없다. 지금은 그 나름대로 세련된 이코노미 클래스로 표현하지만 원래 명칭은 3등석이었다. 작은 커피 컵 사이즈를 톨Tall로 표현한 스타벅스의 전략과 다르지 않다. 하지만 경제적으로 절약을 의미하는 긍정의 표현이라 하더라도 현실은 달라지지 않는다.

명칭과는 반대로 이코노미 클래스가 처한 현실은 과거보다 각박해졌다. 1960~1970년대 미국의 항공기 사진을 보면 3등석도 나름 훌륭했다는 사실을 알 수 있다. 하지만 해가 갈수록 전 세계 항공사들은 점점 더 1등석에 차별화된 서비스와 화려한 환경을 제공하는 반면, 3등석은 더욱 초라하게 만들었다. 물론 그만큼 3등석의 가격을 경제적으로 낮춰 이전에는 항공 서비스를 이용하지 못했던 사람들이 항공 서비스를 이용할 수 있게 만든 긍정적인 효과가 있긴 하다.

사실 이코노미 클래스가 갈수록 더욱 이코노미컬해지는 이유는 항공사의 수익 때문이다. 〈이코노미스트〉도 "최근 기내에서 발생하는 빈부 격차가 커지고 있다"고 지적했다. 또 프랑스 경제학자 토마 피케티가 《21세기 자본》에서 현대 사회에서 벌어지는 부의 불평등에 대해 지적한 것에 빗대어 "피케티 항공이 아니냐"고 꼬집기도 했다.[96] 이처럼 3등석 이코노미 클래스의 각박한 환경은 승객들의 분노를 폭발시키는 촉매제가 되기도 했다.

2016년 미국 NBC 방송은 국제항공운송협회IATA의 자료를 인용해 2015년 전 세계 여객기의 기내 난동 건수가 2015년 1만 건을 돌파했다면서 나날이 그 수가 증가 추세에 있다고 보도했다. 영국 일간지 〈더 텔레그래프〉도 1994년도 기내 난동 건수는 1,132건에 불과했지만 약 20년이 지난 시점에 1만 건이 넘게 발생했다고 전했다.

미국 NBC 방송에서는 단순히 기내 난동이 증가했다는 사실에 주목하기보다 기내 난동의 원인에 대해 추적했다. 기내에서 무료로 제공하는 술이 큰 원인이라는 견해가 설득력을 얻지만, 탑승 전후 과음에 따른 기내 난동은 전체의 23퍼센트일 뿐이라는 〈더 텔레그래프〉의 내용을 인용했다. 미국의 비영리 단체인 트래블러스 유나이티드의 찰리 로차 회장도 "술은 기내에서 오래전부터 제공됐기에 최근 기내 난동 급증의 주요한 원인으로 생각하지 않는다"면서 "승객 개인의 좌석 공간이 좁다는 사실이 핵심 원인"이라고 주장했다.[97] 항공사들이 이윤 창출을 위해 넓은 프리미엄 클래스를 늘리고 기존 이코노미 클래스의 공간을 줄인 탓에 벌어진 일이라는 분석이다.

2016년 항공 좌석과 관련해 재미있는 논문 하나가 발표됐다.[98] 토론토대학교와 하버드대학교가 공동으로 발표한 논문은 비행 중 승객의 정신 상태가 비행기 안의 사회적 구조에 크게 영향을 받는다는 점을 연구했다. 가령 이 연구에서는 좌석 등급이 나뉘는 것만으로도 사람들이 자제력을 쉽게 잃는다는 것이 증명됐다. 즉, 1등석의 존재 자체가 기내 난동을 증가시킬 수 있다는 것이다.

연구진은 한 대형 국제 항공사의 비행 기록 수백만 건을 분석했다. 3등석(이코노미 클래스)만 있는 여객기는 1,000회 비행당 평균 0.14건의 기내 난동이 있었다. 그런데 1등석부터 3등석까지 좌석이 구분돼 있는 여객기는 1,000회당 기내 난동이 1.58건으로, 이코노미 클래스 전용 비행기에 비해 10배 이상으로 많았다. 특히 탑승구가 비행기 앞쪽에 있어서 3등석 승객이 1, 2등석 승객들 사이로 지나가야 하는 경우, 기내에서 말썽이 발생할 가능성이 더욱 높아진다고 연구진은 주장했다.

하지만, 연구 데이터가 언뜻 그럴싸해 보이지만 연구 방법론적으로 한계를 가지고 있는 논문이다. 이에 대한 비판 중 하나는

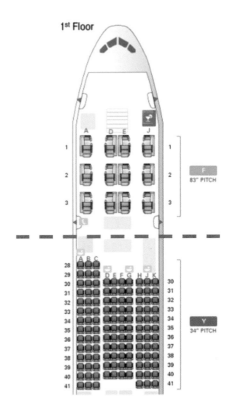

1등석 승객과 3등석 승객이 서로 마주쳤다는 독립 변수 하나만으로 기내 난동의 유의미한 차이를 설명한다는 점을 지적한다. 이후에도 많은 비판과 반박을 당하는 신세가 되고 말았다.[99] 상식적으로 생각해도 비즈니스 클래스를 지나쳤다는 것 하나만으로 기내 난동을 부릴 확률이 높아졌다고 말하는 것은 지나친 비약이다.

비즈니스 클래스와 이코노미 클래스가 함께 존재하는 비행기

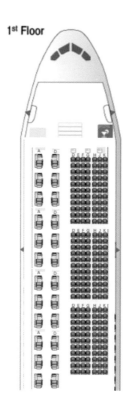

1st Floor

를 탑승해본 사람은 알겠지만, 비즈니스 클래스와 이코노미 클래스는 보통 철저하게 분리돼 있다. 비행기가 이륙하면 각 클래스는 커튼 등으로 구분이 되고, 클래스 간 이동도 제한된다.

또 비행기 구조에 따라 다르긴 하지만, 비즈니스 클래스와 이코노미 클래스는 탑승할 때부터 다른 출입구를 이용하기도 한다. 즉, 비행기 내에서 클래스 간의 계급 차이를 지속적으로 느낄 수 없는 구조다. 토론토대학교와 하버드대학교의 공동 연구에 높은 신뢰도를 부여할 수 없는 이유다. 하지만 단순히 비판을 하는 데 그치지 말고 다음과 같이 생각해보자.

실제로 운행 중인 비행기처럼 상위 클래스와 하위 클래스를 앞뒤로 나누거나 서로가 서로를 보지 못하게 폐쇄시킬 것이 아니라 앞의 그림과 같이 비즈니스 클래스와 이코노미 클래스를 같은 열의 왼쪽과 오른쪽에 나란히 배치하고 심지어 서로의 모습을 볼 수 있도록 개방해놓는다면 어떻게 될까?

이는 철저히 허구적 상상에 기반을 둔 시나리오다. 만약 이와 같은 조건으로 비행을 하게 된다면 어떤 일이 일어날지 쉽게 상상할 수 있을 것이다.

자. 1등석과 3등석이 혼재된 비행기가 이륙 준비를 한다. 1등석 승객이 먼저 탑승하고, 이후 3등석 승객들이 탑승한다. 좌석의 공간부터 천지 차이니 3등석 승객들은 기분이 갑자기 나빠질 게 뻔하다. 하지만 불편한 것은 1등석 좌석에 편히 앉아 있는 승객도 마찬가지다.

드디어 비행기가 이륙을 했다. 기장은 방송으로 승객 모두를 편안하게 모시겠다는 다짐을 전한다. 하지만 여전히 승객은 뭔가가 편안하지 않다. 이륙 후 첫 번째 식사 시간이 다가온다. 배식은 좌측과 우측 동시에 진행된다. 하지만 동시에 배식이 시작됐다는 것 말고는 좌측과 우측에 각각 제공되는 식사는 질과 양에서 차이를 보인다.

좌측 1등석 승객에게는 화려한 테이블 세팅과 함께 음식의 내용을 상세하게 적은 메뉴판이 전달된다. 이후 코스 요리 순서에 맞춰 애피타이저, 수프, 연어, 본 요리, 디저트 순으로 정성껏 서빙이 된다. 와인도 열 종류를 동시에 서빙한다.

반면 우측 3등석 쪽으로 무거운 캐리어를 끌고 온 스튜어디스가 고객에게 "치킨 오어 비프?"라고 묻는다. 승객의 선택에 따라 조그만 식판에 놓인 급식 수준의 음식이 전달된다. 3등석 승객이 주문할 수 있는 음료는 오렌지주스와 탄산음료가 전부다.

이러한 상황이 실제로 벌어진다면 기내에서 어떤 문제들이 발생하게 될까? 먼저 이코노미 클래스에 앉은 한 가족의 여행객 중한 아이가 자신의 부모에게 살짝 질문을 할 것이다. "엄마, 나도 연어랑 스테이크 먹을래! 안 돼?" 아이의 질문에 부모는 당황하지만 막상 아이를 위해 해줄 수 있는 것은 없다. 비행기가 이륙을 한 상태여서 클래스를 새롭게 구매할 수도 없다. 그렇다고 비즈니스 클래스의 식사를 추가로 제공받을 수 있는 것도 아니다.

이처럼 계급 차이를 직설적으로 드러내놓은 상태에서 이코노미 클래스에 앉은 사람들의 분노는 극도로 커져간다. 겨우 분노를 참고 있는 이들을 폭발시키는 기폭제가 하나 등장한다. 바로 K-라면이다. 첫 번째 식사에서 끓어오른 분노를 간신히 눌러 잠을 청하려 하는데 어디에선가 코를 찌르는 듯한 MSG 향이 풍긴다. 한국인이라면 누구나 아는 향이다.

상황이 이렇게 돌아가자 3등석에 앉은 사람들은 더 이상 참을

수가 없다. 수많은 사람들이 자신에게도 라면을 달라며 아우성을 치기 시작한다. 하지만 승무원은 기내 서비스 제공 매뉴얼상, 3등석의 승객에게는 라면을 제공할 수 없다며 양해를 구한다. 그러자 3등석 승객들은 폭발하고 만다. "나도 똑같이 돈을 내고 탔다고! 이 ×××야!" 결국 3등석의 승객들은 기내 난동을 넘어 기내 폭동을 부리기 시작한다.

이 같은 가상의 시나리오는 현실에서 일어나지 않는다고 생각할 것이다. 그러한 지적도 틀리지 않다. 비즈니스 클래스와 이코노미 클래스를 섞어서 배치해 갈등을 유발하는 바보 같은 항공사는 없을 테니 말이다. 그렇다고 해도 무조건 상상이라고 말하기도 힘들 것이다. 앞서 설명한 상황은 기내 안이라는 특수 상황을 가정했을 뿐, 지금 우리 사회에서 일어나고 있는 계층 문제를 그대로 보여주고 있기 때문이다.

돈으로 사는 줄 서기는 허락되는 이유

마이클 샌델은 《공정하다는 착각》의 결론부에서 "부유한 사람과 가난한 사람은 하루 종일 서로 마주칠 일이 없다"고 말했다.[100] 부유한 사람과 가난한 사람은 각기 다른 생활 방식을 가지므로 서로 다른 장소에서 일하고 쇼핑하며 즐기며 살아가고 있다. 또한 그들의 아이들도 서로 다른 학교에 다니고 있다고 말이다.

하지만 이러한 샌델의 평가가 지금의 상황을 모두 담아냈다고 말할 수는 없다. 현대 사회의 부유한 사람과 가난한 사람이 오프라인 공간에서 서로 얼굴을 맞대는 일이 많지 않더라도, 이미 서로 매일 함께 만나고 숨 쉬며 대화한다. 온라인이라는 공간이 있기 때문이다.

우리는 인플루언서라는 새로운 존재를 통해 과거에는 알지 못했던 금수저의 삶을 속속들이 알게 됐다. 특정 인플루언서를 통하지 않더라도 SNS상에서 해시태그(#)로 검색만 하면 플렉스flex 넘치는 삶을 간접 체험할 수 있다. 혹자는 온라인의 경험은 결코 오프라인의 경험을 대체할 수 없고, 이는 거짓된 경험이라고 평가절하한다. 하지만 모두 기성세대의 갇힌 시각에서 나오는 섣부른 판단이다.

올드 미디어와 뉴 미디어의 영역이 겹치면서 온라인의 플렉스 문화가 TV로 옮겨간 것도 이미 오래전 일이 됐다. 오늘도 수많은 연예인들이 자신의 샤넬백을 인스타그램 속 배경에 살포시 배치하고 한강뷰 아파트를 자랑하며 성공한 자의 여유를 자평한다. 《구독, 좋아요, 알람설정까지》의 저자 정연욱은 자신이 부자임을 알리면서 인정 욕구를 쟁취하는 부류를 물질파라는 이름으로 별도 분류하기도 한다.

이처럼 부유하고 행복한 모습을 거침없이 드러내고 심지어 예전처럼 부끄러워하지도 않는 온라인 속 동년배의 일상은 가끔 나를 채찍질하는 자극제 혹은 선망의 대상이 되기도 한다. 하지만 그들에 비해 보잘것없는 나의 속살을 들춰내는 역효과를 내기도 한다.

누군가는 내가 갖지도 못한 명품을 집 앞 편의점에서 삼각김밥 사듯 손쉽게 사는 현실, 금수저들이 금수저를 증명하면서 또 다른 막대한 부를 창출하고 있는 현실은 그 반대편에 서 있는 자신의 현실을 혐오하게 만든다. 앞서 본 가상의 기내 시나리오에서 라면을 달라면서 폭발하는 승객처럼 대놓고 분개할 수 있는 처지도 되지 못한다. 실제로 자신이 하위 계급이라는 사실을 자각한 사람들은 남을 공격하지 못하고 혼자서 감정을 폭발시키는 방식을 택할 뿐이다.

그런데 지금 펼쳐지고 있는 상황은 어느 날 갑자기 우리의 자본 계급이 바뀌어서 일어난 문제가 아니다. 그저 상위 계급이 먹는 라면 냄새를 이제야 맡게 됐을 뿐이다. 그동안 보이지 않았던 현실이 보이기 시작하고 그동안 느끼지 못했던 차별을 느낄 수 있게 됐을 뿐이다.

이러한 현실에 일부 공동체주의자들은 우리 사회의 차별적 현실을 그대로 받아들이지 말고 함께 저항하자고 외칠지 모른다. 그들은 금수저로 태어난 사람들이 오로지 자신의 힘으로 금수저가 되지 않았다는 진실을 모두에게 알리고 그들에게 겸손하라는 경종의 메시지를 날리자고 말한다. 또 남을 밟고 더 높은 곳으로 오르려는 우리의 욕망을 버리고 우리 사회의 거짓된 능력주의를 바로잡아 모두가 연대하는 공공의 선을 이루자고 힘주어 말한다.

하지만 공동체주의자들의 희망과는 달리, 현실은 반대로 움직이고 있다. 가령 2016년 롯데월드에서 줄을 서지 않고도 놀이기구를 탈 수 있는 매직패스 프리미엄 티켓Magic Pass Premium Ticket을 선보였을 때, 돈이면 다 가능하게 여기는 물질만능주의를 부추긴 다는 비판이 주를 이뤘다. 심지어 새치기를 하는 사람들의 죄책감 을 돈으로 덜어주는 마케팅이라고 지적하는 사람도 있었다. 하지 만 수년이 지난 지금, 롯데월드의 매직패스나 에버랜드의 큐패스 같은 프리미엄 티켓은 예매 오픈 즉시 사라지는 인기 상품이 됐 다. 출시 초반에 등장했던 비판은 얼마 못 가 사그라들었다.

경제학적 관점에서 추가 요금을 낸 사람에게 우선순위를 부과 하는 것은 가격 차별화 전략일 뿐이다. 이는 잘못된 행위가 아니 라 오히려 더 빠른 서비스를 받기 원하는 사람들에게 소정의 금액 을 지불해 경제적 효용을 높이는 경제적 행동이다. 앞서 살펴본 차별의 대명사 비행기 좌석에서도 좀 더 편한 서비스를 받기 원하 는 사람에게 상위 클래스를 더 비싼 가격에 판매하는 것 또한 가 격 차별화 전략에 해당된다.

그 말인즉, 현대 자본주의 사회의 구성원들은 매직패스와 같은 상품을 정의롭지 못하다는 비판적 시각으로 바라보기보다 더 높 은 가격을 주고 시간과 편리함을 사는 프리미엄 방식으로 받아들 인다.

앞서 모두가 같은 줄에 서 있는 상황에서 누군가는 부모 찬스를 써서 숨어 있는 새로운 줄에 서는 작태를 살펴봤다. 그리고 지금 의 젊은 세대들이 새치기하는 대상보다 부모 찬스를 쓰는 대상에 게 더 큰 분노를 쏟아낸다고 이야기했다. 누군가는 이렇게 매직패스와 같은 방식으로 새치기 티켓을 구입하는 것과 부모 찬스를 써서 쉽고 빠른 길로 가는 것이 무엇이 다르냐고 반문할지 모르겠다. 이 둘은 엄연히 다른 방식이다. 그 차이의 핵심은 자신이 성취할 수 있다는 믿음이다.

가격 차별화 전략으로 발생하는 비행기 안에서의 차별과 매직 패스, 그리고 그 외의 모든 구분은 차별보다는 차이라는 표현에 가깝다. 이러한 차이는 차별로 보일 수 있지만 자본주의 체제 안에서 더 나은 대우를 받고자 하는 욕망 혹은 특권을 성취할 수 있는 믿음에서 벗어나지 않는다. 그리고 적어도 이러한 것들은 사회적 합의를 통한 적법성이라는 갑옷을 입고 있다.

가령, 내가 한 도로에서 차를 몰고 가는 중인데 돈을 더 내면 바로 옆에 있는 더 빠르고 더 편한 다른 도로를 이용할 수 있다고 한다. 그러한 길을 가는 것은 정의로운 것일까? 적어도 부당하다고는 할 수 없을 것이다. 우리는 그 길을 고속도로로 부르고 있기 때문이다.

하지만 이와는 반대로 부모 찬스 같은 마법의 지름길은 사회적으로 합의가 되지 않았을뿐더러 내가 노력해서 성취할 수 있는 결과를 둘러싼 규칙에서 벗어난다. 따라서 부당하다는 말을 붙일 수 있다.

앞서 지금의 젊은 세대는 금수저로 태어나는 것과 같은 태생적인 불공정을 (탐탁지는 않지만) 어쩔 수 없이 받아들여야 하는 현실을 인정한다고 했다. 하지만 금수저가 더 많은 돈을 내고 편리함과 시간을 사는 것은 받아들일 수 있어도, 그러한 지위를 악이용해 자신이 노력해 얻을 수 있었던 가치까지 빼앗아가려 하는 것은 용납하지 않으려 한다.

PART 5

새로운 세대와
시대의 균형점

앞서 우리는 지금의 시대를 살고 있는 사람들이 유독 더 부당함을 느끼는 현실을 살펴봤다. 현재 우리는 또 다시 찾아오지 않을 한강의 기적이 끝난 저성장 사회를 살고 있다. 삶의 선형성은 파괴돼 두 개의 심장을 함께 돌려야 하는 상황이다. 그러한 사회에서 생존하기 위해 사람들은 모든 것을 제로 베이스에 놓고서 평등을 따질 뿐만 아니라 모든 것에 자격을 묻는다.

또한 디지털 환경 속에서는 필연적으로 미세한 차이를 느낄 수밖에 없고 비교의 범위를 무한대로 넓히는 결과를 낳는다. 더불어 태생적인 불공평함에 대해 속으로 울분을 토하면서도 자신이 영향을 미칠 수 있는 부분에 집중할 수밖에 없는 현실을 살아가고 있다.

특히 앞서 우리는 줄 서기와 같이 가장 공정에 가까운 방식을 어떻게 시스템에 접목할 수 있는지에 대한 거시적인 주장들을 살펴봤다. 마지막 파트에서는 큰 틀의 이야기보다 더 작지만 실용적인 대안에 대해 살펴보고자 한다.

도덕심이 아닌
시스템으로

새로운 시대에 맞는 새로운 신뢰

처음으로 돌아가보자. 2010년대 중후반부터 2030 청년세대와 공정이라는 개념이 함께 엮여 언론의 주요 지면을 장식하기 시작했다. 과거였다면 큰 반발이 일어나지 않았을 법한 사항들이다. 하지만 지금의 청년세대는 예상 밖으로 크게 반발하며 저항하는 모습을 보였다.

　애초에 공정 논란이 발생한 것은 청년세대의 반발을 예상하지 못한 탓일 것이다. 하지만 문제가 드러난 이후에도 기성세대는 청년세대의 반발을 두고 별것 아닌 문제에 과민하게 반발하고 있다고 평가했다. 혹은 정부와 기업의 진정성을 신뢰하지 못한다는 반응을 내놓았다. 이러한 반응으로 미뤄볼 때 기성세대와 청년세대의 차이는 믿음에 대한 태도라 볼 수 있다.

사회 구성원이 서로를 믿는다는 것을 신뢰trust라는 말로 대변할 수 있을 것이다. 하지만 앞서 말한 것처럼 현시대에서는 섣불리 누군가의 말과 행동을 믿고 행동할 수 없다. 기본적으로 지금의 시대를 사는 세대들이 말에 기반한 신뢰가 사라졌다고 느끼기 때문이다.

1970년대 미국에서 인기를 끌었던 SF 드라마 〈배틀스타 갤럭티카Battlestar Galactica〉가 2004년 NBC 유니버설 산하의 SF전문채널 Syfy에서 리메이크돼 방영된 적이 있다. 시리즈의 도입부에서 샤론 발레리라는 인물은 함장 윌리엄 아다마에게 질문을 던진다.

"내가 당신을 배신하지 않을 것이라는 것을 어떻게 알죠? How do you know that I won't betray you?"

다소 공격적인 질문에 윌리엄 아다마는 다음과 같이 답변한다.

"모르지. 신뢰란 그런 것이네 I don't. That's what trust is."

결국 둘은 극 중에서 서로에게 전적인 신뢰를 보내는 관계가 된다. 과연 윌리엄 아다마 함장은 어떤 의미로 신뢰란 원래 그런 것이라는 말을 꺼낸 것일까? 신뢰라는 말 자체가 믿음을 의미하는 것이기 때문에 신뢰에 의문을 제기하는 것 자체가 얼토당토않다는 것일까? 아니면 신뢰라는 것이 원래 맹목적이기 때문에 위험을 감수해야 한다는 의미일까?

아마도 둘 다 맞는 의미일 것이다. 신뢰란 기대와 위험이라는 양면성을 동시에 수반하고 있는 개념이다. 기대를 하기 때문에 그만큼 위험을 감수하는 것이다. 즉, 누군가를 신뢰한다는 것은 그만큼의 위험을 감수한다는 말이 된다. 반대로 위험을 감수하면서까지 누군가를 신뢰한다는 것은 그만큼 기대치가 높다는 말을 의미하기도 한다.

《신뢰 이동Who Can You Trust?》이라는 책을 쓴 옥스퍼드대학교 사이드경영대학원 초빙교수 레이철 보츠먼Rachel Botsman은 신뢰와 위험은 남매와 같으며, 우리를 확실성과 불확실성 사이의 틈새로 끌어당기는 놀라운 힘이라 평가한다. 또한 신뢰는 아는 것과 모르는 것을 연결해주는 다리이며, 미지의 대상과의 확실한 관계라는 설명을 덧붙인다. 그는 현대인들이 세상에서 신뢰가 사라졌다고 믿는 현상을 두고 신뢰가 사라진 것처럼 보이지만 실제로 사라진 것이 아니라 이동한 것일 뿐이라고 주장한다.

신뢰가 이동했다는 것은 다른 방식으로 변형이 됐다는 의미다. 가령 오늘날 사람들은 공영방송이 아닌 유튜브 속 사람들의 말을 믿는다. 국가와 제도에 대한 신뢰는 줄어든 대신 영향력 있는 개인에 대한 믿음이 늘어났다. 또한 중앙집권적인 금융계를 불신하며 분산원장 개념의 블록체인 시스템을 만들어냈다.

보츠먼은 신뢰라는 측면에서 인간의 역사를 크게 세 단계로 나눈다. 첫 번째, 지역적 신뢰local trust의 시대로, 모두가 서로 아는 소

신뢰의 변화

현재 위치

지역적 신뢰   제도적 신뢰   분산적 신뢰

규모 지역 공동체에서 살던 시대다. 두 번째, 제도적 신뢰institutional trust의 시대이자, 일종의 중개인 신뢰의 시대다. 이때는 신뢰가 계약, 법정, 상표 형태로 작동하면서 지역 공동체 안에서의 교환을 넘어 조직화된 산업 사회로 발전하기 위한 토대를 구축한다. 마지막, 분산적 신뢰distrubuted trust의 시대다. 보츠먼은 현재 우리가 이 시대의 초반을 지나고 있다고 주장한다.

하지만 우리의 신뢰가 제도적 신뢰에서 분산적 신뢰의 시대로 넘어가고 있다는 주장을 곧이곧대로 받아들이기는 어려울 것이다. 보츠먼이 분산적 신뢰의 대표적인 예로 뽑은 블록체인 시스템은 현재 시스템적 과도기를 겪고 있는 상태다. 또한 법과 계약에 기초한 조직화된 산업 사회 또한 아직 와해됐다고 보긴 힘들다.

특히 분산적 신뢰를 대표하는 블록체인 기술이 2008년 글로벌 금융위기 당시 은행 간 신뢰 부족 문제를 해결하기 위해 만들어졌

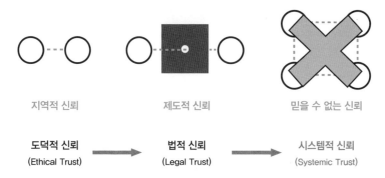

신뢰의 각 시대별 해법

지역적 신뢰   제도적 신뢰   믿을 수 없는 신뢰

도덕적 신뢰 → 법적 신뢰 → 시스템적 신뢰
(Ethical Trust)   (Legal Trust)   (Systemic Trust)

다는 점에 주목해야 한다. 오히려 서로를 신뢰하지 못하는 세상을 분산적 신뢰의 시대보다 상위 개념으로 봐야 한다고 생각한다. 즉, 여기서는 마지막 단계인 분산적 신뢰를 믿을 수 없는 신뢰unreliable trust로 바꿔 바라보고 그에 대한 적절한 해법을 찾고자 한다.

먼저 지역적 신뢰 단계에서 가장 유용하고 기초적인 해법은 도덕적 신뢰에 기대는 것이다. 즉, 개개인이 신뢰를 파기하기 않을 것이라는 도덕을 믿는 방식이다. 하지만 사람을 무조건적으로 믿는다는 의미는 아니며, 이러한 사회의 구성원들은 상호 간의 신뢰를 형성할 수 있는 요인인 개인의 성실도, 호의적인 태도, 개방성, 성과 지표 등을 통해 신뢰도를 간접적으로 확인한다. 과거의 소규모 지역 공동체뿐만 아니라 지금의 대규모 공동체에서도 계속 유지되는 방식이기도 하다.

다음으로 제도적 신뢰 단계는 복잡하고 거대하며 조직화된 지금의 산업 사회에서 활용되는 신뢰의 해법이다. 이 단계에서는 도덕적 방식으로 호소하기 이전에 법적인 계약 관계를 통해 상호 신뢰의 기틀을 마련하고 시작한다. 가령, 개인이 회사에 노동력을 제공하고 재정적 대가를 받기로 했다면, 도덕적 신뢰의 틀로 묶기 전에 법적 계약인 근로 계약서를 작성한다. 그리고 양측은 계약을 토대로 상대를 믿고 계약의 이행을 기대한다. 만약 불성실한 근로를 이행하거나, 계약된 기간에 임금을 제공하지 않는 경우처럼 어느 한쪽이 도덕적 신뢰를 파기한다면 법적 계약을 통해 근거로 분쟁을 해결하게 된다.

지금의 사회에서는 기본적으로 법적 신뢰와 도덕적 신뢰가 함께 맞물려 있다. 하지만 법적 신뢰가 선결되는 것을 정상적인 신뢰의 프로세스로 받아들이고 있다. 간혹 이러한 신뢰의 프로세스가 정상적으로 진행되지 않은 경우가 생긴다. 뉴스 사회면에 종종 등장하는 "편의점 아르바이트를 계약하면서 근로 계약을 작성하지 않고, 최저시급을 지급하지 않는 사건" 등이 대표적이다.

마지막으로 믿을 수 없는 신뢰의 시대다. 현재 한국은 법치국가로서 법에 기초한 계약적 신뢰를 유지하고 있다. 하지만 사실상 제도적 신뢰와 믿을 수 없는 신뢰의 과도기 단계에 있다고 볼 수 있다. 그 원인으로는 우선 법의 기초인 사법 당국에 대한 불신이 극심하다는 것이다. 또 천운으로 대표되는 태생적인 불공정으로 인해 서로의 출발선이 다르다는 인식이 팽배하다. 법적 제도로 해결하지 못하는 문제들이 산적하다는 것도 불신을 앞당기는 원인이다.

특히 법적 제도(법적 신뢰)로 해결되지 않는 문제들이 산적해 있다는 것이 문제다. 가령, 법적 제도를 강화해도 해결되지 않는 사회적인 문제 중 음주운전이 대표적이다. 통계적으로 봤을 때 음주운전에 대한 법적 처벌을 강화하더라도 획기적으로 유의미한 결과는 나타나지 않았다. 국내 교통사고분석시스템TAAS에 따르면, 2016년부터 2018년까지 음주운전 사고 건수는 연간 1만 9,000건 수준을 유지하다 윤창호법의 등장과 함께 음주운전 처벌 수위가 강화된 이후 2019년 1만 5,708건으로 다소 줄었다. 하지만 2020년 다시 음주운전 사고가 1만 7,247건으로 1,500건 이상이 증가했다.

또한 2022년 4월 한국교통안전공단에 따르면 2018~2020년의 최근 3년간 평균 음주운전 재범률이 약 44퍼센트 수준이다. 같은 기간 경찰청이 집계한 음주운전 재범률 또한 43~45퍼센트였다. 음주운전 열 건 중 네 건 이상이 이미 음주운전 전과를 가진 운전자에 의해 발생하는 셈이다. 마약사범 재범률인 30퍼센트대보다 훨씬 높은 수준이다.

음주운전은 남에게 피해를 주는 사고만 발생하지 않으면 괜찮다고 판단할 수 있는 문제가 아니다. 의학적으로 중독 상태로 진단할 수 있는 심각한 문제다. 하지만 한쪽에선 법적 처벌 수위와 통계 수치에 대한 인과관계를 명확하게 밝힐 수 없다는 점도 지적된다. 어느 정도의 상관관계만 판단할 수 있는 수준에 불과하다.

또한 2020년 이후의 수치는 코로나19 팬데믹의 영향으로 회식을 포함한 집단적 음주가 상당수 줄어든 상태에서 줄어든 수치임을 감안하면 법적 제도만으로 음주운전을 잡는 데는 무리가 있다는 분석이 가능하다.

앞서 살펴봤듯이 법적 처벌 수위를 무한정 끌어올리는 것 또한 실제적으로 불가능하다. 이러한 상황에서 단순히 음주운전을 하지 말자는 식의 대국민 교통 문화 개선 캠페인을 벌인다 해도 상황은 나아지지 않을 것이 자명하다.

결국 음주운전을 줄이기 위해선 법이나 운전자의 도덕심에 호소할 것이 아니라 시스템적인 신뢰를 구축하는 방법밖에 없다. 대표적인 방법이 음주운전 방지 장치의 도입이다. 시동 잠금 장치라고도 불리는 호흡 측정기를 차량에 설치한 후 운전자에게서 알코올이 감지될 경우 자동차 시동이 걸리지 않도록 제한하거나 주행이 불가능하도록 만드는 방식이다.

해외 선진국에서는 앞다퉈 시동 잠금 장치 장착에 나서고 있다. 미국은 1986년 캘리포니아주에서 세계 최초로 음주운전 방지 장치 법안을 채택했다. 현재 미국의 50개주에서 음주운전 방지 장치 관련 제도를 입법화했고, 버지니아주 등 25개 주에서는 모든 음주운전자에 대한 방지 장치 장착을 의무화했다. 호주의 빅토리아주도 2002년에 관련 법률을 제정해 음주운전 방지 장치를 의무화하고 있다. 스웨덴은 1999년 시동 잠금 장치 프로그램을 시범 운영하는 법률을 제정했다. 시범 사업 초기에는 개인 승용차를 대상으로 시행했으며 2003년부터는 사업용 운전자로 대상을 확대했다. 핀란드 역시 2005년 시범 운영을 시작해 2011년부터 통학버스, 공공기관 차량에 대해 장착을 의무화했다. 프랑스는 2010년부터 최소 8인 이상을 수송하는 차량과 통학버스에 반드시 시동 잠금 장치를 장착토록 했다. 미국, 스웨덴 등은 이 장치를 도입한 뒤 음주운전 재범률이 최대 90퍼센트 이상 감소한 것으로 파악됐다.

만 명이 아닌
만인을 위한 법

대한민국이 지옥보다 못한 나라인 이유

문 한국을 헬조선이라고 부르던데, 진짜 지옥이랑 비슷합니까?

답 아니요. 그것은 사실이 아닙니다. 진짜 지옥에서는 죄를 지은 자가 벌을 받습니다.

이는 2015년 한 트위터 계정에 올라온 글이다. 글 속 답변자는 지옥이란 본디 죄를 지은 자가 벌을 받는 곳인데, 한국에서는 죄를 지은 자가 벌을 받지 않으니 지옥보다 못한 곳이라는 자조 섞인 답을 하고 있다. 한국의 사법 현실을 지적한 글이라 생각한다.

중고등학교 학생들이 공부하는 교과서에서는 정의를 분배적 정의와 교정적 정의로 구분한다. 분배적 정의는 나라에서 발생하는 다양한 종류의 사회적 이익과 부담을 공정하게 분배하는 원칙과 관련이 있으며 기준이 매우 다양하다. 존 롤스의 정의론과 자유지상주의, 공동체주의자들의 논쟁이 바로 분배적 정의의 기준과 관련된 논의들이다.

교정적 정의는 부당한 피해 행위에 대한 불균형과 부정의를 법 집행을 통한 처벌로 바로잡는 것을 의미한다. 분배적 정의를 둘러싼 다양한 논의에 비하면 비교적 의미가 명징하다. 쉽게 말해 부당한 행위를 한 사람에 대해 처벌하는 것이다.

하지만 앞서 소개한 트위터 글에서 확인할 수 있듯이 우리나라에서 법 집행이 올바르게 이어지고 있다고 생각하는 사람들의 비율은 그리 높지 않다. 2020년 법제연구원이 개원 30주년을 기념해 발표한 연구보고서인 〈한국인의 법의식: 법의식조사의 변화와 발전〉[101]에 따르면 지난 30년 동안 우리 국민의 준법 의식 수준은 대폭 높아졌지만 법 집행은 국민의 눈높이를 따라가지 못하고 있다고 한다.

연구진은 준법에 대한 국민 인식이 10퍼센트대에서 70퍼센트대로 크게 상승한 반면, 법 집행의 공평성·공정성에 대한 긍정적인 평가는 60퍼센트대에서 10퍼센트대로 하락했다고 밝혔다. 특히 지난 2015년부터 2019년 사이에 우리나라에서 이뤄지는 법 집행이 불공평하다고 인식하는 비율이 57.9퍼센트에서 84.3퍼센트로 급격하게 증가했다.

대한민국 헌법 제11조에는 "모든 국민이 법 앞에 평등하며, 사

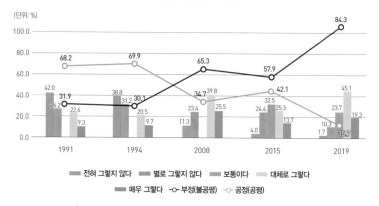

법 집행의 공평성 인식

(단위: %)

전혀 그렇지 않다 | 별로 그렇지 않다 | 보통이다 | 대체로 그렇다
매우 그렇다 | 부정(불공평) | 공정(공평)

회적 특수계급은 인정되지 않는다"고 명시돼 있다. 하지만 실질
적으로 이를 믿는 국민들은 극히 드물다는 말이다. 특히 대다수
국민은 권력이 있고 돈이 많은 사람들에게 법이 유리하게 적용되
고 있다고 생각한다. 또한 중대 범죄에 대한 형량 자체가 낮다는
것에 불만을 가지고 있다.

　돈 있는 사람은 죄가 없고, 돈 없는 사람은 죄가 있다는 의미인
유전무죄 무전유죄有錢無罪 無錢有罪를 굳이 언급할 필요는 없을 것이
다. 그만큼 우리나라에선 이미 고유명사가 됐기 때문이다.[102] 하
지만 우리나라의 법 집행에 대한 비신뢰 경향을 의미하는 또 하나
의 문장이 있다. 바로 "대한민국 법은 만인萬人에게 평등한 것이
아니라, 오로지 '만 명'萬名에게만 평등하다"라는 문장이다.

　그 배경에는 2004년에 터진 일명 '차떼기'로 불리는 불법 대선

자금 사건이 있다. 당시 대다수의 기업인과 정치인들이 1~2심 과정에서 감형을 받으며 솜방망이 처벌 논란이 일어났다. 이에 민주노동당 고故 노회찬 의원은 특권층에게만 유리하게 적용되는 법을 비판하며 만인이 아닌 만 명만 평등한 나라라는 말을 꺼냈다.

노 의원의 말은 우리 사회가 향후 더 공정한 사회로 나아가려면 시스템적인 신뢰를 만드는 것과 동시에 법적 신뢰를 회복하는 것이 무엇보다 중요하다는 사실을 알려주는 반대 표어와도 같다.

범털과 개털이란 구분이 존재하는 곳

우리나라 사람들은 불평등한 법 집행의 범위가 법원의 최종 판결까지일 거라고 생각하는 경향이 있다. 하지만 교도소의 복역 과정에서도 새로운 문제가 대두되고 있다.

언론에서 보여주는 범죄자들의 마지막 모습은 주로 법원에서 유죄를 받고 좌절하는 모습이나 포승줄에 묶여 교도소로 들어가는 모습이다. 간혹 우리는 권력의 정점에 서 있던 정치 권력자나 재벌들이 휠체어에 실려 포토라인에 서거나 죄수복을 입은 모습을 보며 그래도 최소한의 정의는 살아 있다고 생각한다.

이러한 직관적인 판단이 잘못된 것은 아니다. 죄가 있다고 결론을 내린 자에게 정의로운 법의 잣대로 유죄 판결을 했고, 교도소 복역이라는 형태로 소위 가진 자들의 신체적 자유를 구속시켰기 때문이다. 그들의 최후를 보며 사이다를 마신 것 같은 시원함을 느끼는 이유는 그들이 교도소에서 징역을 살면서 다른 죄 지은 자들처럼 정의롭고 평등한 대우를 받을 것이라는 가정 때문이다. 즉, 우리는 교도소 안에서 모두가 평등한 대우를 받을 거라 생각하지만, 사실 현실은 그렇지 않다.

SBS의 시사 프로그램 〈그것이 알고 싶다〉는 방송 1,000회를 맞아 "시청자들과 함께 공감하고, 분노하고, 때로는 그 힘으로 세상을 한 걸음씩 나아가게 하고 싶었던 역대 제작진 마음이 담긴 한마디는 아마도 '정의'일 것"이라면서 "우리 시대 정의의 현주소를 묻는 1,000회 특집을 준비했다"고 밝혔다.

1,000회 특집 3부작으로 다룬 〈대한민국에 정의를 묻다〉 중 1부에 다룬 이야기를 조금 나누고자 한다. 1부의 제목은 "담장 위를 걷는 특권"으로, 해당 방송에서는 죄 지은 인간이 법 앞에서 그 대가를 치르고 형벌을 받기 위해 투옥되는 교도소의 특권 현장을 고발하는 내용을 다뤘다.

그럼 담장 위를 걷는 특권이란 무슨 의미일까? 먼저 교도소에서 복역하는 죄수들이 입는 죄수복을 생각해보자. 우리가 학창 시절에 똑같은 교복을 입었듯이 그들에게도 똑같은 죄수복이 제공되고 있을까? 보통 사람이라면 당연히 그럴 것이라 생각한다.

하지만 죄수 중 돈이 있는 자들은 기본 죄수복 이외에 추가로 옷을 구입해 입을 수 있다. 겨울이 다가오면 돈이 있는 죄수들은 일정 금액을 교도소에 지불하고 따뜻한 솜옷을 추가로 지급받을 수 있다. 돈이 없는 죄수는 기본 죄수복을 입고 떨어야 한다. 일반적으로 모든 죄수가 추운 감옥에서 떨고 있을 것이라 생각하는 것과 달리 돈이 있는 죄수는 비교적 따뜻한 옷을 입고 추위를 난다. 옷뿐만 아니라 식사도 돈을 지불하면 기본적으로 제공되는 식사 이외에 사식을 먹을 수 있다. 심지어 편한 독방을 사용할 수도 있다.

이처럼 같은 교도소에 복역하는 재소자들의 사회에서도 한국 사회에서 문제시되는 계급이 존재한다. 그래서 돈이 있는 죄수와 돈이 없는 죄수를 부르는 별개의 말도 있다. 돈이 없는 자들은 개털, 돈이 있는 자들은 '호랑이 범'자를 붙여 범털이라고 부른다.

법무부의 로고송 중에 〈지킬수록 기분 좋은 기본〉이라는 노래가 있다. 검찰청, 대한법률구조공단 등 법무부 산하 부처와 공공기관 등에 전화를 걸면 대기할 때 흘러나오는 음악이다. 교도소에서도 자주 흘러나온다고 한다.

노래 가사 중에 "법은 어렵지 않아요. 법은 불편하지도 않아요. 법은 우릴 도와주어요. 법은 우리를 지켜주어요"라는 대목이 있다. 출소한 재소자들에 따르면 교도소 내에서는 종종 해당 가사를 고쳐서 부른다고 한다. 대표적으로 법을 돈이나 금, 힘으로 바꾸는 것이다. "돈은 어렵지 않아요. 돈은 불편하지도 않아요. 돈은 우릴 도와주어요. 돈은 우리를 지켜주어요"와 같이 말이다.

〈그것이 알고 싶다〉 제작진은 이러한 교도소의 현실을 알리면서 "교도소는 우리 사회 어떤 곳보다 평등하게 정의가 실현돼야 할 공간"임을 강조한다. "그러나 제작진에게 도착한 수많은 제보에 따르면 교도소는 어떤 곳보다 상대적 박탈감이 크게 느껴지는 공간이었다"라고 덧붙였다. 또한 "가진 자들은 일반 재소자들과는 달리 먹는 것도, 입는 것도, 바깥 사회와 접촉할 기회도 더 특별하게 누렸다"라고 전하며 "의료적 혜택을 얼마든지 누릴 수 있는 사람들이 있는가 하면, 죽기 직전에야 간신히 담장 밖으로 나와 삶을 마감하는 사람들도 있었다"는 교도소의 현실을 고발했다.

사형제도 찬성 비율이 오히려 높아지는 이유

사형 死刑 은 수형자의 생명을 박탈해 사회에서 영원히 격리시키는 형벌을 일컫는 말이다. 생명을 박탈하기 때문에 생명형이라고도 한다. 한국은 형법과 군형법을 비롯해 특정범죄가중처벌법, 성폭력특별법 등 많은 광의의 형법에서 사형을 형벌로 규정하고 있다.

한편 사형이 존재하는 모든 국가에서는 사형제 폐지 여론이 존재한다. 반대로 사형을 폐지한 국가에서는 사형제 부활의 여론이 존재한다. 한국도 사형 제도에 대한 존치 의견과 폐지 의견이 대립하고 있다.

현재 우리나라에는 사형 제도가 법정형으로서는 존재하나, 1998년 국민의 정부 출범 이후로 24년째 단 한 건도 집행되지 않았다. 국제적으로는 실질적 사형 폐지국으로 분류돼 있다. 그럼 우리나라의 사형 폐지에 대한 여론은 어떨까.

2022년 3월 〈머니투데이〉가 진행한 설문조사에서는 우리나라 성인 네 명 중 세 명이 사형제도 존치에 찬성한다고 밝혔다.[103] 이들은 대부분 연쇄살인 등 흉악범에 한해 실제로 사형 집행을 해야 한다고 답했다. 또한 응답자 1,007명 중 779명, 즉 77.3퍼센트의 응답자가 사형제도를 유지해야 한다고 답했다. 남성 응답자 501명 중 찬성한 사람은 77.2퍼센트, 여성 응답자 506명 중 찬성한 사람은 77.4퍼센트로 여성의 비율이 약간 높았다. 연령별로는 30대의 찬성 비율이 80.3퍼센트로 가장 높았다. 40대 78.8퍼센트, 60세 이상 76.5퍼센트, 30세 미만 76.0퍼센트 순이었고, 50대는 75.8퍼센트로 가장 낮았다.

사형제도 존치에 찬성하는 여론은 2009년 연쇄살인 피의자 강호순 사건으로 국민감정이 나빴을 때 실시했던 조사보다도 높아졌다. 당시 법무부가 한국리서치에 의뢰해 전국 19세 이상 성인 남녀 3,000명을 대상으로 실시한 전화 여론조사 결과, 사형제도를 계속 유지하자는 의견이 전체 응답자 중 64.1퍼센트로 나타났다.[104]

왜 실질적으로 사형 집행이 이뤄지지 않는 나라의 국민들이 사형제도에 대해 높은 찬성률을 보이는 것일까? 우리나라 국민이 이상하리만큼 잔혹하거나, 사형을 당하는 사람의 인권에 무색한 냉혈한이기 때문일까?

한국인이 사형제도에 찬성하는 여러 가지 이유가 있지만, 그중 가장 큰 이유는 우리나라의 법 집행이 합당하지 않다고 느끼는 사람이 대다수이기 때문이다. 구체적으로 말해 합당하지 않다는 의미는 우리나라의 법 집행이 범죄에 비례해 처분을 내리지 않는다고 생각하는 쪽에 가깝다.

촉법소년 제도 폐지의 목소리가 나오는 이유도 사형제도 부활을 찬성하는 논리와 맥락을 같이한다. 촉법소년은 형법 제9조에 정의된 형사 미성년자를 의미한다. 다시 말해 만 14세 미만이어서 형법에 따르는 책임 능력이 없는 것으로 간주되는 사람을 말한다.

현재 한국의 소년법은 피의자를 만 10세 미만의 범법소년, 만 10~14세 미만의 촉법소년, 만 14~19세의 범죄소년 등으로 나누고 있다. 그중 촉법소년은 형사 책임 능력이 없기 때문에 형법에 저촉되는 행위를 하더라도 형사처벌을 하지 않고, 가정법원에서 소년원으로 보내거나 보호관찰을 받게 하는 등의 보호처분을 판결할 수 있다. 촉법소년보다 어린 범법소년은 아예 보호처분이나 처벌을 내리지 않는다. 반면 범죄소년은 형사처벌이 가능하지만 살인과 같은 흉악 범죄를 저질러도 형량을 최대 20년으로 제한하고 있다.

이처럼 법적 특례를 규정한 소년법은 UN 아동권리협약에 기반을 둔 법으로, 반사회적 환경에 놓여 있는 소년법상의 소년을 처벌하기보다 교정하는 것을 목적으로 특별한 지위를 부여한 법률이다. 그리고 형법 혹은 형벌의 본질 중 예방형, 그중에서도 범죄자가 재범을 일으키지 않도록 교화하는 특별예방을 위한 법이다.

1953년에 제정된 소년법이 현실과 맞지 않는다는 지적과 함께 신체적·정신적 성숙, 날로 늘어나는 촉법소년 범죄 등에 따라 기준 연령을 낮춰야 한다는 여론이 높다. 특히 법 제정 당시와 비교해 같은 나이대 아이들의 체격이 월등해졌을뿐더러 받아들이는 정보의 양이 천지 차이기 때문이다. 또 최근 5년간 촉법소년의 범죄가 58퍼센트 급증하고, 강력 범죄도 같은 기간 35퍼센트 증가했다.

무엇보다 촉법소년들이 자신의 범죄가 처벌을 받지 않는다는 사실을 인지하고 있다는 점이 충격을 더하고 있다. 단순히 소년들의 극악 범죄가 늘어났다는 사실보다 법적 특례라는 프리패스권을 가진 소년들이 스스로 마치 대단한 권한을 가진 것처럼 범죄를 우습게 보고 있다는 사실에 많은 사람이 분노하고 있는 것이다. 실제로 촉법소년들은 살인을 저질러도 전과가 남지 않는다. 그들은 형법에 따른 형벌을 받지 않고 보호처분을 받기 때문이다.

하지만 촉법소년 제도에 대한 철폐 혹은 완화의 염원이 높아지는 근본적인 원인은 국민들이 피해자에게 초점을 맞추기 시작했기 때문이다. 실제로 살인과 같은 흉악범죄를 저지른 촉법소년들이 단지 2년간의 보호송치처분을 받는다면 과연 피해자의 아픔이 치유될 것인지에 대해 많은 사람이 관심을 갖기 시작했다.

이는 촉법소년 제도를 폐지하느냐 존치하느냐를 따지는 단순한 문제가 아니다. 법 문제를 국민 법 감정에 따라 바꿀 것인지와 같은 문제도 아니다. 과연 지금의 보호처분이 교화에 실질적인 도움을 주는 제도인지에 대한 고민이 무엇보다 중요하다. 그리고 현행 보호조치조차 제대로 이뤄지지 않는 환경에 대한 개선이 시급하다.

촉법소년이 받을 수 있는 최대 조치인 10호 처분은 소년원 2년 송치 처분이다. 하지만 실제로 2년을 다 채우는 경우는 거의 없다고 한다. 소년원에 자리가 없다는 것이 이유다. 소년원의 과밀화와 직원 부족 등을 해결하기 위해 현행 소년법에서는 임시 퇴원제도를 두고 있다. 즉, 교화가 됐기 때문이 아니라 자리가 없기 때문에 출소를 하는 것이다. 일본의 경우는 소년원 송치 제한 기간이 없는 대신 세밀한 중간 평가를 통해 교화 여부를 판단하고 제대로 교육이 됐다 싶을 때 임시 퇴원을 시킨다.

2018년 주광덕 당시 자유한국당 의원이 법무부로부터 제출받은 〈최근 5년간 소년원 수용률〉 자료에 따르면 여자 소년원 2개소, 남자 소년원 8개소를 포함해 전국 10개 소년원의 수용률이 129퍼센트에 달하는 것으로 집계됐다. 세부적으로 살펴보면 1,250명 정원에 1,612명을 수용하고 있었다. 같은 기간 성인 교정시설 수용률인 115.4퍼센트보다 높은 수치다. 특히 남자 소년원인 서울소년원은 164퍼센트, 여자 소년원인 안양소년원은 183.8퍼센트로 상황이 심각했다.

일본에는 소년교도소만 7개소, 소년원은 52개소가 있다. 한국에는 소년교도소가 1개소, 소년원이 10개소뿐이다. 인구 대비로 계산한다고 해도 턱없이 부족한 숫자다.

천종호 부산지법 부장판사는 《호통판사 천종호의 변명》에서 이런 현실에 대해 지적한다. "교정학 이론에 따르면 70퍼센트가 가장 적정한 수용 인원이고, 100퍼센트를 넘어가면 교정 효과가 없다. 10평짜리 방에 15명, 18명씩 소년범들을 몰아넣으면 다 한 패거리가 돼 출소를 하게 된다." 그는 "소년교도소가 한 개만 있을 경우 전국의 소년범들을 한곳에 모아 전국적으로 인적 네트워크를 형성하게 만들 가능성이 전혀 없다고 할 수가 없다"면서 "그러므로 형사 미성년자에 대한 처벌을 강화할 경우 소년교도소의 증설은 필수적"이라고 지적한다. 즉, 촉법소년의 연령을 하향화하는 것보다 인프라 자체를 개선하는 것이 우선돼야 한다는 말이다.

범죄에 비례한 처벌이라는 원칙과 관련된 문제 제기는 나이가 어린 촉법소년만을 대상으로 하지 않는다. 최근 노인 범죄에 대해서도 똑같은 논란이 일어나고 있다. 대검찰청이 펴낸 〈2021 범죄 분석〉 자료에 따르면, 지난 10년간 전체 범죄의 연령별 발생 비율, 즉 10만 명당 발생 건수 중 61세 이상 노인 범죄가 59.7퍼센트로 가장 많이 증가했다. 2012년 1,733.5건이었던 노인 범죄 발생 비율은 2014년 1,939.1건에서 2020년 2,218.9건으로 크게 늘었다.[105]

특히 65세 이상 고령층 범죄 중 살인, 강도, 방화, 성폭력 등 흉악 범죄 발생 비율은 2011년 10.2건에서 2020년 26.2건으로 꾸준히 증가세를 기록했다. 10년 동안 증감률만 144.8퍼센트에 달한다. 2020년 기준, 폭력을 비롯한 강력 범죄 42.5퍼센트, 교통 범죄 63.1퍼센트 등 다른 주요 범죄군의 증감률과 비교해도 월등히 높다.

무엇보다 고령 범죄는 나날이 흉포화되는데 법이 그 속도를 따라가지 못하고 있다. 2022년 법원은 "홀로 살아 외롭다"면서 19세 여고생을 자택으로 유인해 성추행한 70대 노인에게 벌금 700만 원을 부과했다. 또 길을 가던 9세 초등생을 성추행한 노인에게는 집행유예를 선고하기도 했다. 모두 유기징역 이상의 형량으로 규정한 범죄 유형이지만 피의자가 고령이라는 이유로 선처가 이뤄진 것이다.

심지어 2021년 4월 충남 태안에서 만 3세 여아를 강제추행한 피의자에게는 법원에서 징역 3년, 집행유예 5년을 선고했다. 13세 미만 미성년자 강제추행의 경우 통상 5년 이상 유기징역에 처한다. 하지만 재판부는 피의자가 70대 고령이라는 이유로 실형을 부과하지 않았다. 놀랍게도 당시 피의자는 동종 범죄로 집행유예 처벌을 받은 전력도 있었다.

한때 우리 사회에서는 생계형 범죄를 일으키는 노인에 한해 선처하기도 했다. 하지만 고령 시대가 열린 지금 단순히 나이가 많다는 것을 양형 기준의 참작 사유로 삼는 것은 적합하지 않다. 촉법소년 문제와 함께 범죄에 비례한 처벌이 교정적 정의의 기본 원칙에 맞는다는 기조를 잊지 말아야 할 것이다.

결과: 개인이 직접 복수를 하는 시대의 귀환

최근 한국에 만연해 있는 각종 사법 불신을 만들어낸 현상이 있다. 바로 사적 제재, 즉 사법을 통한 복수가 아닌 개인의 직접적인 복수가 늘고 있다는 것이다.

2021년은 학폭, 즉 학교 폭력의 폭로로 시끄러웠던 한 해였다. 학폭 이슈가 어제오늘의 일은 아니다. 유독 2021년에 학폭 문제가 연예계와 체육계를 넘어 사회 전반으로 확산된 데는 쌍둥이 배구선수의 SNS 활동이 큰 역할을 했다. 자매 중 한 명이 "내가 다아아아 터뜨릴꼬얌"이라는 말을 비롯해 여러 차례 게시글을 올리며 자신과 불화를 겪었던 한 선수를 저격하려 했다. 그런데 그것이 오히려 화를 부르고 말았다. 학창 시절 그녀에게 학폭을 당했던 피해자들을 자극한 것이다. 결국 역으로 학폭과 관련한 자신들의 과거가 밝혀졌다. 이 사건을 계기로 2021년에 학폭 연쇄 폭로가 이어졌다. 결국 대통령이 체육 분야에 대한 폭력 근절 지시를 내리게 됐고, 관련 제도의 개선까지 이어지며 뜻밖의 긍정적인 결과를 낳았다.

그런데 쌍둥이가 쏘아올린 작은 공이 이처럼 사회적으로 크나큰 충격을 주게 만든 숨은 공로자가 있었다. 사건과 직접적인 관계가 없는 제3자이지만 일련의 사건에 누구보다 크게 분노한 인터넷 시민, 즉 누리꾼들이다. 이들은 학폭과 같은 사건의 직접적인 피해 경험이 없을지라도 분노를 표시하고 비난을 퍼부었다. 또 예전처럼 방구석에 앉아 혼자 조용히 분노하는 것을 넘어 팀과 연맹에 책임 있는 대처를 요구하고 청와대에 청원을 올리기도 했다. 일부 배구팬은 온라인에서 모금을 해 트럭 시위를 벌이기도 했다.

일련의 흐름에서 주목해야 할 점은 사건의 직접적인 당사자가 아닌 누리꾼들이 피해자를 대신해 가해자의 죄를 묻고 있다는 점이다. 자기 일도 아닌 사건에 누리꾼들이 분노하고 비판하는 이유는 자신들의 개인적인 이익을 꾀하기 위함이 아니다. 누리꾼들은 과거에 학폭을 저지르고도 마땅한 벌을 받지도 않은 채 사회적 지위를 얻은 가해자가 제대로 된 사과도 한 적이 없다는 점을 지적하고 있는 것이다. 또한 가해자의 행위가 분명 상식 선에서 생각해도 비난을 받아 마땅한 행위라고 보기 때문이다. 누리꾼들은 만약 이를 그대로 둔다면 사회 정의에도 맞지 않기 때문에 이를 바로잡아야 한다고 생각해 행동에 나선 것이다.

이와 같은 누리꾼들의 행동은 마블Marvel의 슈퍼히어로 연합인 어벤져스Avengers의 행동 방식과 유사하다. 어벤져스는 복수자들이라는 뜻을 갖고 있다. 다소 험악한 어감이지만 기본적으로 그들은 자신의 개인적 원한에 대한 복수 차원보다 지구의 평화를 유지하고 정의를 유지하기 위한 목적에 한해 복수를 행한다. 이와 비슷한 의미에서 공공의 논란을 일으킨 자들에게 응징을 가하는 누리꾼들을 새로운 세상의 디지털 어벤져스Digital Avengers라 부를 수 있을 것이다.

디지털 어벤져스의 활동 사례는 학폭 사건 말고도 무수히 많다. 그만큼 사회적으로 공분을 일으키는 사례가 하루가 멀다 하고 터지고 있다는 말이기도 하다. 가령 최근 다섯 명의 학생들이 60대 여성에게 담배 대리 구매를 강요하다 폭행까지 저지른 사건이 있었다. 이후 국민적 공분을 일으키며 누리꾼들이 범인들의 신상 정보를 인터넷에 유포한 사건이 대표적이다. 또 2018년에는 배드파

더스라는 사이트에서 자녀의 양육비를 주지 않는 무책임한 부모들의 변화를 촉구하기 위해 신상 정보를 공개하기도 했다.

그런데 우리는 과연 그들의 응징 행위 자체가 정의로운 것인지에 대한 문제 제기를 할 수 있을 것이다. 먼저 복수의 의미부터 살펴보도록 하자. 복수를 뜻하는 영어 단어는 공적인 복수avenge와 개인적 복수revenge가 있다. avenge는 보통 정의를 실행할 목적으로 행하는 처벌이나 보복 등을 의미한다. revenge는 개인적 원한에 대한 보복을 의미한다. 문제는 정의 구현과 관련해 둘의 경계가 모호하다는 것이다. 자신은 정의 구현을 위해 응징 행위에 동참했다고 생각하겠지만, 자신의 의지와는 무관하게 응징의 정도가 지나치거나 본질이 달라지는 경우들이 있기 때문이다.

avenge와 revenge의 경계가 왜 모호한지를 이해하기 위해 〈어벤져스〉 시리즈를 예로 들어보자. 〈어벤져스〉는 우주 인구의 정화 계획을 세운 빌런 타노스를 막기 위해 최강의 슈퍼히어로들이 어벤져스라는 정의 구현 집단을 결성해 대항하는 과정을 그리고 있다. 어벤져스가 타노스의 계획에 맞서 무력으로 대항하는 과정은 개인적 감정에서 비롯한 사적인 보복이라기보다 정의를 실행할 목적으로 실행하는 보복이라 볼 수 있다.

하지만 각각의 캐릭터를 살펴보면 조금 달라진다. 〈어벤져스〉의 일원인 천둥의 신 토르는 타노스에 의해 자신의 아버지 오딘과 동생 로키를 잃고 만다. 적어도 토르만큼은 타노스에 대항하는 과정이 정의 구현의 차원보다는 사적 보복에 가깝다.

〈어벤져스: 인피니티 워〉에서 토르는 천신만고 끝에 타노스를 죽일 만한 힘을 가진 신무기 스톰브레이커를 얻은 후 "타노스를 데려와라Bring Me Thanos!"라고 외친다. 이때 수많은 관객이 사이다 같은 시원함을 느끼며 환호를 한다.

하지만 엄밀히 따져보면 토르를 움직인 힘은 정의 구현의 옷을 입고 있는 개인적 보복의 성격이 더 강했다. 그래서 토르는 타노스와의 결전에서 한 방에 머리를 노리지 않고 서서히 고통을 주기 위해 스톰브레이커를 심장에 박아버린다. 결국 타노스의 숨통을 끊지 못한 그는 대의를 이루지 못하고 패하고 만다.

이처럼 인간 사회에는 개인적 복수와 공적인 복수가 섞여 있다. 개인의 차원에서는 둘을 구분할 하등의 이유가 없을지라도 사회 전체적으로 보면 또 다른 문제를 일으키는 문제의 씨앗이 되기도 한다.

2021년 6월에 온라인을 떠들썩하게 만들었던 ○○은행 직원 불륜사건을 살펴보자. 해당 사건은 결혼식을 앞둔 예비신부와 직장 팀장 사이의 부적절한 관계가 원인을 제공했다. 예비신랑은 두 사람의 관계를 알게 된 후 증거자료를 모아 지인들에게 유포했다. 이에 대해 지극히 개인적인 일을 SNS를 통해 공개함으로써 사적 보복을 했다는 지적이 있었다. 또한 예비신랑이 사건 당사자들의 이름과 휴대전화 번호가 담긴 모바일 청첩장을 비롯해 두 사람의 카톡 프로필 사진을 공개하고 그들이 근무하는 은행의 직원 정보 까지 유포해 문제가 됐다. 결국 불륜 행위자가 수치심을 느끼는 사회가 돼야 한다고 생각한 예비신랑의 정의 구현 의도는 희석되고 자극적인 남녀의 사생활만이 남았다는 논란이 있었다.

한편 한국의 성범죄자와 같은 악성 범죄자의 신상 공개를 명분으로 만들어진 디지털 교도소는 애당초 공익을 위한 목적보다는 자신의 개인적 이익이 목적이었다. 신상 공개자 또한 자의적인 기준으로 선정해 선의의 피해자가 다수 나왔다는 것이 문제가 됐다. 결국 사이트는 폐쇄됐고 운영자는 1심에서 징역형을 선고받았다. 현시대의 새로운 복수자들이 정의로운 디지털 어벤져스가 아니라 오히려 정의와는 거리가 먼 디지털 리벤져스가 될 수 있다는 의미다.

이러한 행위들은 모두 누리꾼들이 자체적으로 행하는 응징일 뿐이다. 법으로 정한 사법 절차에 따라 정식으로 죄를 묻지 않았다면 법에서 금지하는 사적 제재이기 때문에 비판을 면할 수 없다. 이는 2005년 자신의 개를 데리고 지하철에 탑승한 한 여성이 개똥을 치우지 않고 내렸다가 누리꾼에게 응징을 당했던 개똥녀 사건 이후 지속적으로 제기돼온 비판이기도 하다.

수많은 언론과 전문가들은 직접 복수를 행하고자 하는 모든 누리꾼에게 소위 '인터넷 자경단'이라는 이름을 붙여줬다. 또한 누군가의 정의롭지 못한 행동이 아무리 괘씸하다고 할지라도 국가가 아닌 존재가 응징을 가할 수 없다는 사실을 지속적으로 강조해 왔다. 이러한 지적은 결코 틀리지 않다. 하지만 누리꾼들이 행하고 있는 방식의 옳고 그름의 문제가 핵심이 아니다. 그보다 왜 누리꾼들의 응징 행위가 줄어들지 않고, 오히려 더 늘어나고 있는지를 들여다봐야 한다.

먼저 인간 사회에서 복수라는 개념이 어떻게 변화했는지를 이해해야 한다. 복수의 사전적 의미는 원수를 갚는 행위 혹은 가해자에 대해 똑같은 방법으로 해를 돌려주는 행위(눈에는 눈, 이에는 이)를 의미한다. 그런데 사회적 동물인 인간은 부당하거나 부정한 행위를 하면 반드시 대가가 따른다는 인과응보의 개념을 증명해왔다. 즉, 인간 사회에서 복수는 날것 그대로의 정의를 의미한다.

영국 배스대학교 경영학과 명예교수인 스티븐 파인먼Stephen Fineman은《복수의 심리학Revenge》에서 인간이 왜 용서보다 복수에 열광하는지에 대한 연구들을 소개한다. 그의 답은 단순하다. 복수란 인간의 원초적인 본능이기 때문이다. 그에 따르면 "복수는 인간의 끈질기고 강력한 욕구 그 자체인 동시에 인간 본능에 숨어있는 정의 구현의 형태"다. 단지, 인간 사회가 문명화되면서 개인의 사적 복수 대신 국가가 공권력의 힘으로 복수를 대신해주는 형태로 발전했다고 말한다. 개인에 의한 직접적인 복수의 형태에서 국가에 의한 간접적인 복수의 형태로 변화됐다는 의미다.

18세기 이전만 하더라도 국가의 간접적인 복수는 개인의 직접적인 복수의 욕망을 성공적으로 대체해왔다. 당시까지는 국가에 의한 복수가 사적인 복수에 비견할 수는 없을지라도 죄를 지은 만큼에 해당하는 극형의 벌을 충분히 내리는 인과응보주의적 처벌의 성격이 강했다. 하지만 당시에 극형을 가했던 이유는 정의 구현 차원보다 국가의 미비한 치안 활동을 보완함으로써 범죄를 억제하려는 역할의 의미가 컸다.

18세기 이후 현대 사회로 넘어오면서 형사 사법 정의 개혁가들의 노력에 따라 사법 정의의 균형은 인과응보주의적 처벌에서 교화, 갱생, 회복적 사법 정의로 옮겨갔다. 파인먼은 이러한 현대 사회의 특징이 인간의 복수 본능을 충족시키지 못한다고 설명한다.

《총,균,쇠Guns, Germs, and Steel》의 저자 재레드 다이아몬드도 파인먼과 비슷한 의견을 내놓았다. 현대 국가의 사법제도가 국민들에게 사적 보복을 금지하는 대신 국가가 형법을 토대로 개인의 복수를 대신하고 있지만 목적 자체가 인과응보가 아니라고 지적한다. 국가의 사법제도는 사회적 안정을 유지하는 것이 목적이다 보니 개인이 원하는 정의 구현 욕망과 개인을 위한 위로 혹은 보상과 같은 개인적 이해를 충족시키지 못한다고 평가했다. 따라서 개인의 원한을 충분히 풀지 못하는 경우가 많아지면서 법에서 금지하는 사적 복수가 우리 사회에서 지속적으로 발생하고 있다는 것이다.

결국 이를 종합하면 국가는 제도적인 틀을 통해 인간의 직접 복수를 대체하고 있지만, 결국 우리의 복수 본능을 거세지도 못했고, 끓어오르는 복수 욕망 또한 충족시키지 못하고 있다는 것이다. 이런 상황에서 본능적으로 복수 DNA를 가지고 있는 현대인들이 할 수 있는 일이라곤 사이다 같은 개인의 복수를 다루는 영화나 드라마를 시청하는 것뿐이다. 법이 못 하는 일을 직접 해결해주겠다는 식의 사적 제재와 복수를 콘셉트로 삼은 창작물이 계속 만들어지는 이유도 이러한 배경 때문일 것이다. 대표적으로 최근에 방영된 SBS 드라마 〈모범택시〉와 tvN 드라마 〈빈센조〉가 사적 복수를 주요 모티브로 삼고 있다.

　그런데 문제는 사법 불신에서 비롯한 직접적인 테러가 드라마를 넘어 온라인, 현실세계에서 실제로 발생하고 있다는 점이다. 2022년에 발생한 대구 변호사 사무실 방화 사건은 민사소송 패소에 앙심을 품고 상대편 변호사를 해할 목적으로 저지른 방화 사건으로 추정된다. 당시 용의자를 포함한 일곱 명의 사망자가 발생하며 개인적인 복수의 심각성에 대해 논의하는 계기가 됐다.

조직 사회에서 부당함 논란을 줄이는 방법

2002년 한일월드컵 4강 신화를 이끈 거스 히딩크 감독이 선수 간의 위계 질서 문화를 타파하기 위해 반말을 쓰도록 지시한 것은 이미 유명한 이야기다. 당시 대표팀 최고참이자 주장이었던 홍명보 선수에게 "명보야! 밥 먹자"라고 반말을 날렸던 이천수 선수는 후일 자신의 유튜브 채널을 통해 그 일이 단순한 소문이 아니라 사실이었다고 고백했다. 그는 감독의 지시가 있었지만 실제 선수들 사이에서 행동으로 이어지지 않자 감독에게 잘 보이기 위해 자신이 나서서 반말을 한 것이라고 밝혔다.

당시 히딩크 감독은 대한민국 축구대표팀의 가장 큰 문제점이 수평적인 소통의 부재라고 파악한 듯하다. 이러한 문제를 해결하기 위해 그는 축구장 안에서는 모두 동등하니 대화를 할 때 서로 반말을 하고 이름을 부르라는 지시를 내린 것이다. 호칭이 곧 지위와 위계를 의미하게 때문에 자유로운 팀플레이를 위해 호칭에도 변화가 필요하다고 판단한 것이다. 21세기 한국의 회사 조직에 불어온 가장 큰 변화의 바람도 수평적 소통 문화를 강조한 호칭 문화의 변화였다.

호칭 문화의 변화는 직급 단순화의 방식으로 이뤄졌다. 가장 많이 사용되는 방식은 이름 뒤에 '님'이나 '씨'를 붙이는 방식이다. 그런데 '씨'라는 호칭이 우리 사회에서는 보통 상대를 하대하는 느낌을 주기 때문에 '씨'보다 '님'을 많이 쓰는 추세다. 2000년 CJ 그룹에서 가장 먼저 도입됐다고 알려진 '님'의 호칭 문화는 이후 가장 흔하게 사용되는 직급 단순화 방식이 됐다.

또 '프로', '매니저', 'PM'처럼 회사마다 의미를 부여해 정한 호칭으로 통일하는 방식도 있다. 가령 삼성전자는 프로라는 명칭을 사용한다. SK하이닉스는 기술사무직 전 직원을 기술리더technical leader 혹은 재능리더talented leader라는 중의적 의미를 담은 TL로 통일해 부른다. SK텔레콤은 직원들을 매니저로 통일해 부르고 있다. 외국계 기업이나 IT스타트업에서 선호하는 방식은 리키, 마린, 제니, 스테파니와 같은 영어 이름을 부르는 것이다.

하지만 기업에서 과감하게 직급 단순화를 시도했지만 실제 현장에서 제도가 제대로 정착하는 데 실패하거나 유명무실해지는 사례를 많이 볼 수 있다. 회사 안의 모든 직급 대신 '님'과 같은 하나의 호칭으로 통일하기로 했지만, 실제로는 부장 이하 사원급에서만 '님'이라는 호칭이 쓰일 뿐 임원들은 기존과 다를 바 없이

'상무님', '부사장님'과 같은 직급을 붙이는 문화를 버리지 못하는 사례가 대표적이다. 수평적 소통을 위해 시작한 제도였지만, 실제로는 부장급 이하에서만 이뤄지는 사례다. 기업의 별로 불리는 임원에게만은 특정 예우를 해줘야 한다는 생각이 깊이 박혀 있는지는 확인할 길이 없다. 이렇듯 전 직원의 호칭 파괴라는 공식적인 선포와는 달리, 소수의 임원급을 제외한 사원급만의 직급 파괴 현상을 많이 볼 수 있다.

그런가 하면 현장에서 직급 단순화를 창의적으로 발전시키는 경우도 있다. 가령 '님' 문화를 변형해서 사용하는 경우가 있는데, 위 직급에는 성을 붙여 '김○○님'으로 부르고, 아래 직급은 성을 뺀 '○○님'으로 부름으로써 수평적 직급 안에 수직성을 더하는 경우도 있다. '형님'과 '누님' 혹은 '선배님'도 결과적으로는 '님'으로 끝나니 '님' 문화에 포함된다는 창의적 논리를 펴는 경우도 있다.

국내 기업의 현실이 이렇다 보니 호기롭게 직급 철폐를 외쳤다가도 몇 년 만에 과거의 직급 체계로 회귀하는 사례도 적지 않게 발생하고 있다. 전설의 권투선수 타이슨의 유명한 명언처럼 "누구나 그럴싸한 계획을 갖고 있지만" 현실에서 펀치를 얻어맞은 후에는 생각이 바뀌는 법이다.

나이를 따지는 문화의 역습

우리나라의 대다수 기업에서 호칭 파괴라는 도전이 실패하는 이유는 단순히 CEO의 혁신 의지가 부족하거나 현장의 강력한 저항에 직면해서가 아니다. 호칭 파괴가 실패하는 궁극적인 원인은 결국 나이순으로 정해지는 강력한 서열 문화를 넘어서지 못하기 때문이다. 한국은 우리만의 독특한 나이 문화가 깊숙이 자리 잡고 있다. 기본적으로 우리나라에서 호칭과 위계는 나이순으로 이뤄진다. 회사와 학교를 비롯해 한국 사회의 어디를 가든 가장 먼저 "나이가 어떻게 되냐?"를 묻는다.

흔히 한국 남자들이 모이는 곳에서는 나이에 따른 서열이 정해지지 않으면 편한 관계가 이뤄지지 않는다고 말한다. 꼭 어른들의 세계에서만 통용되는 이야기는 아니다. 유치원이나 어린이집 앞 놀이터에서도 아이들은 처음 만나 가장 먼저 "너 몇 살이야?"를 묻는다.

하지만 이처럼 한 살까지 나이를 따지는 관습이 우리나라만의 고유한 문화는 아니었다. 이러한 문화가 유교 문화의 전통도 아니다. 유교 문화를 공유하는 동아시아에서도 한국처럼 한 살까지 나이를 따지는 관습은 없었다. 유교 사회로 불렸던 조선 시대에도 친구는 동갑인 사람이 아니라 뜻을 같이하는 사람으로 통했다. 〈오성과 한음〉으로 유명한 이항복과 이덕형도 동갑이 아니라 다섯 살 차이가 난다.

2019년 방영된 〈SBS스페셜〉 '왜 반말하세요? 편'에 출연한 서울교육대학교 오성철 교수는 현대 한국 사회의 나이 문화의 유래를 일제 식민지 시대의 관행에서 찾을 수 있다고 말한다. 이토 히로부미 내각의 초대 문부대신 모리 아리노리는 군대 제도를 사범 학교에 도입하기 위해서 1886년 〈사범학교령〉을 시행했다. 사범 학교에는 상급생과 교사의 명령에 절대적으로 복종하는 사범형 인간을 기르기 위해 나이와 위계를 철저하게 따지는 문화가 있었 다. 이러한 문화가 식민지 시대에 우리 사회에 그대로 복제됐고 해방 이후에도 정부의 교육 정책에 반영됐다는 것이다. 즉, 지금 의 나이 문화는 황국의 신민을 길러내기 위한 장치를 한국 국민을 길러내기 위한 장치로 받아들인 것으로, 일종의 일제의 잔재라는 것이다.

우리의 나이 문화가 일제의 잔재로부터 비롯됐다고 하더라도 일상생활에서 나이순으로 정해지는 호칭 문화 자체를 당장 철폐 해야 하는 악습으로 보기는 어려울 수 있다. 민주주의 한국 사회 에서 절대적 복종을 강요하는 기준은 되지 않기 때문이다. 하지만 나이가 많은 사람에게 절대적으로 복종한다는 나이 문화의 악습 은 대개 회사라는 조직 안에서 부활한다.

회사라는 조직은 위계질서를 갖추고 있기 마련이다. 위 계hierarchy란 공식적인 조직을 구성하는 구성원들 간에 상하의 등 급 내지 계층을 상정해 각 계층 간에 권한과 책임을 배분하고 지 시와 감독 체계를 확립하는 것을 의미한다. 많은 사람이 위계라는 단어 자체를 부정적으로 인지하지만, 사실 지시의 효율성과 안정 적인 통제를 위해 조직의 위계는 필수적인 요소다. 수평적 조직 문화를 만든다고 하더라도 위계가 완전히 사라지는 것은 아니다.

구조가 완화되는 것으로 봐야 한다. 즉, 위계질서 자체가 잘못된 것이 아니라 잘못된 위계질서가 문제라는 점이다.

조직 사회의 위계는 통상적으로 직급職級이라는 직무상 계급 구조 안에서 직무와 관련된 지시를 내리고 이를 따르는 질서를 말한다. 하지만 우리 사회의 많은 조직은 잘못된 서열 문화를 받아들이고 있다. 예를 들어 직무상 위계를 윗사람의 말에 절대적으로 복종해야 한다는 군대식의 절대적 상하 관계로 인식하고 있다. 이를 가장 잘 나타내주는 용어가 바로 부하 직원이라는 단어다.[106]

조직관리학에서는 군대의 계급과 사회적 서열을 업무와 구분하기 위해 직급이나 직책, 직위라는 개념을 발전시켰다. 조직 안에 위계가 존재하더라도 이를 사회적 계급으로 인식하지 않고 상호 간에 인간 대 인간으로 존중하면서 회사 내에서 서로의 위치를 존중해주는 것이 직급 체계의 핵심이다. 하지만 회사 안에서의 위계를 일종의 서열로 인지하는 사람들은 이를 확대해 사회의 서열로 인지하고 절대적인 복종을 당연한 것으로 여긴다.

이러한 잘못된 직장 내 서열 문화가 나이 문화와 연계될 때 문제가 발생한다. 직장 내 상사는 보통 부하 직원보다 나이가 많고, 부하 직원은 상사보다 어려야 한다는 우리 사회만의 등식이 대표적이다. 그래서 자신보다 나이가 많은 직원이 하급 직원으로 배치되면 지시에 어려움을 겪고, 또 반대로 자신보다 나이가 어린 상급 직원이 등장하면 불편함을 토로한다.

이 같은 직장 내 나이 문화는 뜻밖의 두 가지 부작용을 가져왔다. 첫째, 강제적 세대 교체다. 보통의 조직에서는 시간의 변화에 따라 조직원들의 세대 교체가 이뤄지는 것을 자연스럽게 받아들인다. 하지만 가끔 조직 안의 나이 문화가 강제적인 세대 교체를 만들어내기도 한다. 전형적인 오너형 대기업에서 이런 사례가 종종 나타난다. 오너의 자녀가 경영권을 승계하려는 시점에 맞춰 오너의 자녀보다 나이가 많은 세대에게 강제로 전배 혹은 퇴직 압박을 주는 것이다.

2000년대 중반 우리나라 굴지의 대기업 중 한 곳에서 3대 오너가 경영권을 승계하게 됐다. 그 과정에서 50년대생 임원들이 대거 퇴직을 한 사례는 경영계에서 많은 사람이 알고 있는 공공연한 소문이다. 또 2022년 한 중견 오너기업에서는 주요 부서의 70년대생 팀장들이 하루아침에 보직해임되는 일도 발생했다. 얼마 전까지 회사에서 중추적 역할을 맡고 있던 70년대생 팀장들이 하루아침에 팀원으로 강등되고 80년대생들로 물갈이가 되다 보니 전직 팀장들은 사실상 회사로부터 퇴직을 강요당한 것이라고 반발하기도 했다.

이러한 고참 팀장들의 일괄적인 퇴진에 대해 오너 일가의 경영권 승계 과정의 일부라는 소문이 무성했다. 젊은 오너가 자신보다 나이가 한참 많은 팀장들과 소통하는 것을 부담스러워했다는 말도 있었다. 이유가 무엇이든 팀의 실적이나 개인의 인사 고과와 관계없이 특정 나이대 이상을 배제하는 방식은 우리나라 특유의 나이 문화가 만들어낸 부당한 사례다.

한편 나이 문화는 구조적 차원에서도 우리나라만의 문제점을 하나 더 만들어낸다. 2010년도 초반, 내가 회사에서 글로벌VOC 업무를 담당했을 때 겪었던 일 하나를 공유하고자 한다. 당시 내가 담당한 업무 중 하나는 일본과 미국, 중국과 같은 거점 국가에서 들어오는 고객의 소리voc를 분석해 최고 경영층에 보고하는 것이었다.

그런데 각 국에서 나와 함께 일하는 현지 채용 인력 중 유난히 일을 깔끔하게 잘하는 인물이 있었다. 나카자와라는 이름을 가진 일본인 직원이었는데, 그는 일본에 있는 한국 주재원 밑에서 일본 전역의 VOC를 취합하고 분석하는 업무를 담당하고 있었다.

그가 담당하는 업무는 비록 높은 난이도가 요구되는 일은 아니었지만, 신입 사원 치고는 업무를 대하는 태도가 진지하고, 일을 처리하는 속도 또한 빠르고 군더더기가 없었다. 직접 얼굴을 본 적이 없지만 다른 나라에 있는 내가 알 수 있을 정도로 업무 역량이 높은 사원이었다.

그러던 어느 날, 일본 지사로 출장을 갈 일이 생겼다. 그동안 이메일로만 소통하던 나카자와 씨를 드디어 만나게 된 것이다. 나는 항상 일을 깔끔하게 처리해주는 그에게 감사의 인사를 전하고, 일본 사회 초년생들이 바라보는 한국 회사 문화에 대해서도 질문하고 싶었기에 그와의 만남을 기대했다.

하지만 일본 지사에서 그를 만나고는 정말 놀랐다. 내 기대와는 달리 나카자와 씨는 젊은 신입 사원이 아니라 중년을 훨씬 지나

노년이라고 부르는 것이 더 어울려 보이는 60대 사원이었기 때문이다. 그가 맡은 업무 자체가 주니어급 사원이 맡는 일이다 보니 나 스스로도 그를 젊은 청년으로 오해했던 것이다.

나카자와 씨와 이야기를 나눠보니 그는 원래 일본 중견 식품회사에서 오랜 기간 품질 안전과 클레임 분석을 담당하고 임원의 자리까지 올랐던 잔뼈 굵은 엔지니어였다. 하지만 세월이 지나서 50대 후반에 임원의 자리에서 내려온 후, 잠시 휴식을 취하다가 한국 식품회사에서 VOC 분석과 클레임 분석을 하는 직무 공고를 보고는 다시 사원/대리급으로 일하게 됐다고 했다.

당시 나카자와 씨를 보고 신선한 충격을 받았다. 국내에서 그와 같은 경우를 찾아본 적이 없기 때문이다. 나는 일본의 다른 현지 직원에게 50대의 나이에 퇴직을 하고 다시 말단급의 직급에서 일하는 경우가 있느냐고 물었다. 놀랍게도 나카자와 씨와 같은 사례가 그리 보기 드문 사례가 아니라고 했다.

미국이나 다른 나라에서 일하는 분들을 만나보고 느낀 것이 하나 있다. 외국에서는 자신이 원하는 일이 있으면 나이와 관계없이 지속할 수 있다는 점이다. 우리나라에서는 정년을 만 60세로 규정하고 있지만 미국과 영국, 캐나다, 그리고 호주 같은 나라에서는 정년제도 자체가 나이에 대한 차별이라는 이유로 폐지된 지 오래다. 판사나 조종사, 경찰과 같은 일부 전문직에 한해 정년제도가 유지되고 있긴 하다. 하지만 일반 회사에서는 월급을 일정 수준 조절해가며 일을 지속하는 인원을 적지 않게 발견할 수 있다.

일본의 경우도 원칙적으로는 정년을 60세로 정해뒀지만 2021년에 70세까지 취업의 기회를 제공하고 이를 보장하기 위한 노력을 의무화하는 등 정부에서도 제도 마련에 힘쓰고 있다. 실제로 기업의 시니어 인력 활용 노력을 통해 66세 이상 근로자가 일하는 기업 비율이 33퍼센트에 달할 만큼 노령자 고용에 앞장서고 있다.[107]

하지만 우리 사회의 회사 안에서 중년과 노년의 입지는 어떠한가. 한때 사오정(45세 정년)이나 오륙도(56세까지 일하면 도둑) 같은 말이 유행을 하더니 2000년대 초반에는 38세의 나이에 퇴직을 한다는 의미의 삼팔선이란 신조어도 등장했다. 이렇게 이른 나이에 퇴직을 하면 지금껏 쌓아온 업무의 전문성을 살려 일하기가 거의 불가능에 가깝다. 기껏해야 대기업에서 임원을 했던 인력 정도가 관련 중소기업의 상위 임원으로 자리를 옮기는 정도다.

나이가 들었다는 이유로 퇴직을 당하고, 또 나이가 들었다는 이유로 자신의 영역에서 다시 일을 하지 못하는 것이 새로운 기술과 트렌드에서 뒤처진 개인의 문제일 수도 있다. 하지만 유독 우리나라에서 이런 사례를 쉽게 찾아볼 수 있다는 점에서 우리가 그토록 민감하게 여겼던 나이 문화를 다시 한번 점검해볼 필요가 있다.

서로가 서로를 부당하다고 생각할 때

SBS 예능프로그램 〈써클하우스〉에서 '선 넘는 젊은 꼰대 vs. 선 긋는 요즘 MZ'라는 주제로 출근 시간과 관련한 젊은 세대와 기성세대의 갈등을 다룬 적이 있다. 해당 프로그램에서 국민 멘토 오은영 박사는 양쪽 모두에게 출근 시간의 기준이 일을 시작하는 시간인지, 회사에 도착하는 시간인지 물었다. 젊은 꼰대를 대표해 참석한 기성세대들은 출근 시간을 일을 시작하는 시간으로 선택했고, MZ세대를 대표해 참석한 젊은 세대들은 회사에 도착하는 시간으로 선택했다.

MZ세대 대표는 (질문의) 명제 자체가 이상하다고 지적했다. 그는 원래 출근 시간이란 말 자체가 회사에 도착하는 시간을 의미하며 그때부터 일하는 시간이라고 말했다. 그러자 기성세대 대표는 출근 시간은 근무를 시작하는 시간이며 만약 출근 시간이 9시라면 9시부터 이메일을 바로 확인할 수 있어야 한다고 반대 의견을 내놓았다. 이후 양측은 팽팽한 의견 차이를 보였다.

이 같은 갈등은 해당 방송에서뿐만 아니라 실제 조직 사회에서도 자주 발생하고 있다. 출근 시간의 기준에 대한 인식부터 다르기 때문에 각자 자신이 생각하고 있는 기준이 당연하다고 생각하면서 자신과 반대로 인식하고 있는 세대의 기준을 이상하다고 여긴다. 바로 이 지점에서 상대편이 부당한 행위를 한다는 인식으로 발전한다. 각 세대 간의 갈등은 바로 여기서부터 발생한다.

가령 취업 규칙과 계약서에 출근 시간을 9시로 분명하게 명시한 회사에서 "10분 먼저 출근해서 준비를 하라"라는 지시나 충고를 하는 선배 세대가 있다면 대다수 후배 세대는 부당한 연장 근로를 시킨다고 받아들인다. 반대로 9시가 출근 시간이라고 하니

8시 59분에 딱 맞춰서 출근해 정작 9시에 실시하는 회의에 참여하거나 이메일 확인과 같은 업무를 제대로 수행하지 못하는 후배 세대를 본 선배 세대는 후배가 근무 시간에 제대로 된 준비가 안 돼 남에게 피해를 주는 이기적인 행동을 하는 것이므로 부당한 행동이라고 여긴다.

이러한 갈등 안에서는 피해자와 가해자의 입장으로 나눠지는 것이 아니라 각자 자신을 피해자로 여기는 상황이 반복된다. 따라서 이러한 '부당함 vs. 부당함'의 갈등은 계속해서 발생하고 이러한 갈등이 특정 세대가 잘못 생각하고 있다는 식의 성급한 일반화의 오류로 이어진다. 하지만 이러한 갈등의 핵심은 각 세대의 다른 인식의 문제가 아니라 규정을 해석하는 문제에서 비롯된 것이다. 각자 처한 환경에 따라 규정을 해석하는 방식의 차이가 있을 뿐이다.[108] 따라서 서로의 인식을 바꾸라는 조언은 이들의 문제를 해결하는 길이 될 수 없다. 오히려 관련 규정을 명확하게 적용하는 것이 더 나은 해결책이다.

다행히도 오은영 박사는 규정의 해석을 명확히 해야 한다는 의미를 제대로 이해한 듯하다. 그녀는 "앞으로 출근 시간이란 용어를 바꾸면 된다. 출근 시간이 아니라 업무 시작 시간이라고 계약서를 쓸 때 바꾸면 논란이 없다"라고 타협점을 제안했고 양측의 패널들은 서로 고개를 끄덕이며 이를 받아들이는 모습을 보였다.

하지만 오은영 박사의 묘안은 겉으로는 타당해 보일 수 있지만 경영 현장에서는 실질적인 대안이 되기는 힘들어 보인다. 실제로 계약서에 9시를 출근 시간이 아닌 업무 시작 시간이라고 변경하더라도 여전히 해결되지 않은 문제가 있기 때문이다. 그 문제를 다음과 같은 물음으로 설명할 수 있다. "9시가 업무 시작 시간이면, 출근은 대체 언제까지 해야 합니까?"[109]

근로기준법 제50조 ③항에는 "근로시간을 산정함에 있어 작업을 위해 근로자가 사용자의 지휘·감독 아래에 있는 대기시간 등은 근로시간으로 본다(2012.2.1. 신설)"라고 규정하고 있다. 실제 근로 제공 시간이 아니더라도 근로자가 사용자의 관리감독하에 있는 대기시간 등을 근로한 것으로 본다는 것을 명확히 밝히고 있다.

이에 근거해 판단해보면 9시를 출근 시간이 아닌 업무 시작 시간이라 바꿔 불러도 9시보다 먼저 출근하라고 강제하기는 여전히 힘들다. 만약 9시가 업무 시작 시간이니 10분 먼저 출근하라고 강제하고, 8시 50분까지 출근하지 않을 시에 임금을 감액하거나 복무 규정 위반으로 불이익 처분을 가한다면 8시 50분은 시업 시간이 되기 때문에 그 시간부터 근로 시간에 포함되게 된다. 그리고 명시하지 않은 부분에 해당 제재 조치는 직장 내 괴롭힘 방지법에 의거해 분쟁이 대상이 될 수도 있다. 결국 오은영 박사의 묘안은 궁극적인 해결책이 될 수 없다.

부당함의 관점에서 출근 시간의 문제를 되짚어보도록 하자. 9시를 출근 시간으로 정해둔 기업에서는 10분 전이 아니라 8시 59분에 출근하더라도 법적으로 문제가 없다.[110] 만약 정해진 출근 시간보다 30분 전에 출근하도록 강제하는 것은 연장 근로를 시키는 것에 해당한다.

기성세대들이 K-직장에서 가장 흔하게 들어왔던 지시 사항 중 하나는 "최소한 30분 전에 출근해서 업무를 준비하라"라는 것이었다. 그리고 대부분 이를 충실하게 이행해왔다는 점을 생각해보자. 부당함의 관점에서 보면 기성세대들은 그들의 직장생활에서 최소 30분이라는 시간 동안 무상으로 추가 근로를 한 것이 된다. 어쩌면 현 상황에서 부당함을 가장 많이 당한 것은 젊은 세대가 아닌 기성세대일 것이다. 그렇다고 "내가 이렇게 너보다 많은 희생해왔으니, 너도 나의 길을 따르라"라는 식의 논조는 똑같은 부당함을 이어가라는 말과 다르지 않다.

이러한 문제는 법적인 선에서 끝나지 않는다. 예를 들어 9시를 오픈 시간으로 정해놓은 가게에서 출근 시간을 9시로 잡아놓으면 어떠한 일이 발생할까? 내가 겪은 사례를 공유하고자 한다. 하루는 아침에 커피를 사기 위해 아파트 정문 앞에 있는 커피전문점에 간 적이 있다. 커피집의 운영 시간은 "AM 09:00~PM 10:00"이었고 내가 도착한 시간은 오전 8시 50분이었다. 당시 매장은 불이 꺼져 있었고 가게 오픈을 준비하는 일손도 없었다. 나는 9시가 오픈 시간이니 잠시 기다리기로 했다. 8시 59분이 되자 직원으로 보이는 사람이 천천히 걸어와 가게 문을 열고 들어갔다. 하지만 정작 내가 키오스크로 커피를 주문할 수 있었던 시간은 오픈 시간인 9시에서 10분이 지난 9시 10분이었다.

만약 내 경험과 같이 개인 소비자를 상대하는 소매점에서 매장 운영 시간과 직원 출근 시간을 동일하게 정해놓아서 고객 클레임이 발생한다면 어떻게 해야 할까? 이 같은 상황에서 "젊은 사원들의 정당한 권리 쟁취로 생겨난 일부 간격에 대해 소비자 여러분들의 깊은 양해를 부탁드립니다"라고 말할 사업주는 아마도 없을 것이다.

이를 해결하기 위한 가장 이상적인 방법은 운영 준비 시간을 설정해두고 그 시간보다 먼저 출근을 하면 그때부터 근로 시간으로 인정해주는 것이다. 만약 9시에 오픈하기로 돼 있는 커피전문점의 운영 준비 시간이 20분이라면 출근 시간을 8시 40분까지로 정하고 이 시간을 근무 시작 시간으로 인정해주는 것이다. 이것이 근로기준법이라는 법적 울타리 내에서 명확하게 취할 수 있는 정공법이라고 할 수 있다.

그런데 만약 사업주의 입장에서 현실적으로 불가능하다면 어떻게 해야 할까? 그렇다면 차선책은 사전 소통의 방식밖에 없다. 애초에 사업장에 일어날 수 있는 현실과 법적 괴리에 대해 충분히 설명하고, 이에 대해 사전 합의가 된 사람과 일하는 방법밖에 없다.

여기서 잊지 말아야 할 점이 하나 있다. 개인 선택의 자유를 넘어서 "더 일찍 출근하라"라고 강요하는 것은 기성세대에게도 분명한 부당함이었다는 점이다. 더불어 법적 테두리 안에서 소통하는 것이 특정 세대를 위한 배려도 아니라는 점이다. 그동안 미처 밝혀지지 못했던 법적 권리가 명백히 수면 위로 드러나는 시대가 도래함에 따라 현실적 수정이 필요할 뿐이다.

그리고 사전에 충분히 소통하고 합의한 내용에 대해 오히려 젊은 세대가 더 충실히 이행을 한다는 점을 믿어야 한다. 가령 부득이하게 10분 먼저 출근을 해야 하는 사정을 듣고 합의한 젊은 사원이 노동청에 진정서를 내미는 최악의 상상은 실제로는 일어나기 어렵다는 것이다.

우리가 디지털로 세상을 인식하는데, 내 앞의 현실은 아날로그를 말할 때

우리들은 흔히 아날로그와 디지털을 전혀 다른 별개의 세상으로 이해하곤 한다. 가장 흔한 오류는 아날로그는 과거의 오프라인 세상, 그리고 디지털은 미래의 세상을 의미한다고 여기는 것이다. 하지만 이와 같은 대비적 표현은 엄밀히 말해 정확한 설명이 아니다.

아날로그analogue/analog는 연속된 신호를 의미한다. 우리가 거시적인 자연에서 얻는 신호는 대개 아날로그에 해당한다. 가령 빛의 밝기, 소리의 높낮이나 크기, 굴러가는 공의 속력, 바람의 세기 등이다. 반면 디지털digital은 아날로그와 같은 연속적 신호가 아닌, 특정한 최소 단위를 갖는 이산적離散的 수치를 이용해 처리하는 방법 혹은 그 표현 방식을 말한다. 디지털의 어근인 디지트digit는 손가락이나 엄지를 뜻하기도 한다. 최소 단위를 사용해 나타내는 것이 마치 손가락을 하나씩 꼽아 수를 세는 것과 비슷하다는 데서 따온 이름이다.

디지털이 21세기에 갑자기 등장한 새로운 개념은 아니다. 과거 나라에 병란이나 사변이 있을 때 불로 신호를 보냈던 봉화도 불을 켜고(1) 끄는(0) 식으로 표현한 것이므로 엄밀히 말해 디지털의 한 종류로 볼 수 있다. 짧은 발신 전류와 긴 발신 전류만으로 정보를 나타나는 모스 부호 또한 디지털이라 볼 수 있다.

아날로그와 디지털은 모두 연속된 시그널을 표현하는 방식을 의미하지만, 그중 정보를 정수로 표현하고 처리할 수 있는 시스템이 디지털이고, 정수로 표현하지 못하는 것이 아날로그 방식이다.

다만 디지털은 21세기에 컴퓨터 기술이 발달하면서 마이크로프로세서로 작동하는 전자기기와 관련된 용어로 더 많이 사용되고 있다. 현재 사용되는 대부분의 컴퓨터는 전류가 흐르거나(1) 흐르지 않는(0) 것을 기본 단위로 하는 디지털 방식으로 자료를 처리하며, 문서와 통계 자료뿐만 아니라 음성 자료나 영상 자료도 이산적인 값으로 처리한다. 그러한 발전 과정에서 카메라, 카세트, CD 등의 아날로그 매체가 2000년대 이후 디지털 카메라, MP3, 스마트폰 같은 디지털 매체로 전환됐다. 최근에는 디지털 신기술을 통한 NFT, 블록체인, 메타버스와 같은 미래의 신개념이 등장하면서 디지털은 새것, 아날로그는 옛것이라는 인식이 자리 잡게 된 것이다.

하지만 여전히 많은 사람이 PC와 스마트폰 속 세상이 디지털이고, 자연처럼 우리가 보고 만질 수 있는 현실 세계가 아날로그라고 생각한다. 하지만 실제로 꼭 그렇지는 않다. 가령 우리가 아날로그라고 생각하는 자연 현상 중에도 디지털인 경우가 있다. 예를 들어 빛의 밝기는 연속적인 양이라고 생각했다. 하지만 광전효과 연구를 통해 빛이 광자의 개수에 따라 결정되는 양이라는 것이 밝혀졌다. 또한 현대 과학이 고도화됨에 따라 우리가 아날로그라고 생각했던 시간과 길이의 개념조차 최소 단위가 존재하는 디지털일 가능성이 확인되고 있다.

놀랍게도 우리의 인식 자체도 점차 아날로그에서 디지털의 방식으로 변하고 있다. 그 인식의 변화가 실제 사회의 표현 방식에도 영향을 미치고 있다. 기존의 아날로그식 표현이 디지털 표현 방식으로 변경되는 사례는 우리 주변에서 쉽게 찾아볼 수 있다. 그중 하나가 횡단보도 신호등이다. 횡단보도의 신호등은 통행을 의미하는 녹색 신호와 통행금지를 의미하는 적색 신호로 나뉜다. 녹색 신호는 일정 시간이 지나면 곧 빨간불로 바뀐다는 것을 경고하기 위해 점멸 신호로 바뀐다. 사람들은 점멸 신호가 언제 끝나는지 알 수 없어 서둘러 길을 건너는 수밖에 없었다.

그런데 2008년 보행신호등 보조장치 표준지침이 재정되면서 횡단보도의 녹색 신호등에 잔여 시간을 표시해주는 보조장치가 달리기 시작했다. 잔여시간 표시장치는 아날로그식 표시 방식을 디지털식 표시 방식으로 바꾼 것이다. 최근에는 녹색 신호뿐만 아니라 적색 신호의 잔여 시간을 표시하는 방식도 등장했다.

2022년에 경기도 의정부시는 전국 최초로 횡단보도 신호등에 적색 잔여 시간 표시기를 도입했다. 휴대전화를 이용하느라 주변을 살피지 않는 스몸비(스마트폰과 좀비의 합성어)와 무단횡단으로 인한 보행자 사고를 예방하기 위한 취지다. 가끔 신호등 앞에서 짧은 기다림을 참지 못하고 무단횡단을 하는 사람들이 있다는 점을 생각하면 적색 잔여 시간을 초 단위로 알려주는 디지털적 변화 덕분에 무단횡단을 예방하는 효과가 있을 것으로 예상된다.

횡단보도 신호등의 변화는 시스템의 본질적 변혁의 시도라기보다 아날로그 방식으로 유지했던 방식을 디지털 표현 방식으로 바꾼 것뿐이다. 즉, 딱딱 떨어지는 숫자로 보여줄 수 있는 것을 실제로 보여줬을 뿐이다.

그러한 맥락에서 볼 때 디지털의 변화에 맞춰 최소 단위로 세상을 세밀하게 나눠 보는 데 익숙한 지금의 세대들이 우리 사회와 조직에 들어오면서 딱딱 떨어지지 않고 여전히 뭉뚱그려진 문화와 제도에 의문점을 제기하는 것은 이상한 일도 아니다. 특히 이들에게 회사 같은 조직 사회에서 여전히 나타나고 있는 명확하지 못한 평가 제도 및 보상들, 그리고 법 체계가 개선됐음에도 여전히 예전의 관행만으로 따지고 있는 직장 문화는 받아들이기 힘든 것들이다.

2018년에 본격적으로 시행된 주 52시간 근무제는 단순히 근무 시간 단축 이상의 의미를 우리 사회에 던지고 있다. 자신이 계약한 근무 시간만 근무해도 된다는 사실이다. 지금껏 우리는 정규

근무 시간을 넘어 매일같이 밤에 근무하던 것을 야근이라고 뭉뚱그려서 불렀다. 하지만 이제는 명확하게 초과 근무라고 부를 수 있다는 사실을 일깨워줬다.

오늘날 우리 사회에는 하루를 전체로 쉴 수 있는 연차 제도는 물론, 하루의 절반을 쉴 수 있는 반차와 2시간 단위로 휴가를 낼 수 있는 반반차 제도도 등장했다. 근무 시간 또한 주 40시간이라는 틀 안에서 본인이 직접 근무 시간을 1시간 단위로 설정해 나누는 유연근무제를 도입하는 기업들도 많아지고 있다. 종일 근무와 같은 아날로그식 근무가 최소 단위로 나눠지고 있는 것이다.

하지만 근무 제도와 휴식 제도의 세분화는 전체 직장 생활 중 일부일 뿐이다. 디지털 관점에서 보자면 아직도 조직 생활에는 안개가 자욱한 회색 지대로 남아 있는 요소가 많다. 명확하게 표현할 수 있음에도 뿌옇게 남아 있는 회색지대는 구성원들이 또다시 부당함이라는 표어를 들 수밖에 없게 만들 것이다.

관행이라는
종체적 부당행위

대한민국 사회에서 공정이라는 말을 꺼내 들기 전에, 필수적으로 거쳐가야 하는 관문이 하나 있다. 바로 '관행'이라는 이름의 두터운 관문이다.

관행慣行은 익숙하다는 의미의 관慣 자와 행하다는 의미의 행行 자가 합쳐져, 말 그대로 '오랜 기간 똑같이 하던 것들'이라는 사전적인 의미를 가진다.

하지만 우리 사회에서 관행이란 단어가 나타나는 순간은 보통 잘못된 사실이 드러나거나, 관료나 정치인들의 부패 행위가 적발됐을 때, 그리고 세상이 알지 못하는 자신들만의 꼼수로 남의 권리를 짓밟았음이 재수 없이 밝혀졌을 때다. 이처럼 부정하고 부당한 상황이 밝혀졌을 때 "이것은 사실 관행이다"라는 말을 입에 담는 것은 십중팔구 가해자들이다.

참 구차한 변명이다. 하지만 이 변명은 우리 사회에서 여전히 큰 힘을 발휘한다. 왜냐하면 오랜 기간 똑같이 해오던 버릇에 암묵적인 동의를 하는 동종업계 사람들이 대다수이기 때문이다. "관행이었다"는 마법의 문장이 나오는 순간, 신기하게도 수많은 사람들이 급격히 관대해진다.

그래서 여전히 관행이라는 단어는 평소 조용히 숨을 죽이고 있다가 세상이 시끄러워지면 가해자들에게 무료 변론의 기회를 제공한다. 특수활동비를 전용해 상납하다가 적발됐을 때, 조직 내 똥군기로 아래 사람을 학대하다 그들이 조용히 숨을 거둔 사실이 발각됐을 때도 관행은 멋지게 등장해 외친다.

"아~ 이거 다 예전부터 해오던 일이라고요! 왜 나만 갖고 그래?"

관행이라고 큰소리 치는 자들의 든든한 뒷배

간혹 가해자가 아닌 자들의 입에서 관행이라는 단어가 나올 때는 이치에 따져 합리적이지 않은 규칙에 대한 시정을 요구하거나, 불공정한 갑질 그리고 옳지 않은 부분에 대해 바르게 행동하라고 이의를 제기할 때다.

즉, 우리 사회에서 관행은 그저 예전처럼 해오던 일이 아니라, 총체적인 부당행위를 뜻하는 것이다. 여기에 감히 이슈를 제기하는 자들 또한 "익숙한 것을 버리고 새로워지세요"와 같은 충고나 조언을 던지고자 함이 아니라 "부당한 행위를 이제 그만 중단하세요" 정도를 이야기하는 것뿐이다.

하지만 여전히 누군가 관행이라는 악습에 이슈를 제기하면 "뭐 이 정도를 가지고" 혹은 "왜 나한테만 그래?"라고 눈을 흘기며 별일 아니라는 식으로 대응한다. 하지만 이러한 대응은 사실상의 경고에 해당한다. "더 이상 입을 나불거리면 재미없을 거야." 이 정도면 보통은 충분히 입을 닫기 때문에 눈을 흘기는 방식은 꽤 효율적인 전략이다.

하지만 간혹 이 무언의 경고를 알아먹지 못하는 바보 같은 소수가 등장하면 정치권에서 흔히 볼 수 있는 술수인 '메시지가 아닌 메신저를 공격하라'라는 무적의 전략이 등장한다. 그래서 그들은 이렇게 말한다. "니가 그리 잘났니?", "넌 평생 잘못한 거 없이 살았어? 한번 두고 보자."

관행이라는 부정과 비리를 고수하겠다고 하면서 그들이 오히려 큰소리를 치고 고개를 빳빳이 들고 서 있는 까닭은 바로 그들이 믿을 만한 뒷배를 가지고 있기 때문이다.

그것은 바로 다수의 침묵이다. 먹고 살기 힘든 세상에서 동종업계의 기쁨과 슬픔을 함께 공유하고 있는 이들의 침묵이 오늘도 관행이라는 관문을 지키고 있다. 그들도 관행이 잘못됐다고 인식하고 있기 때문에 결코 관행을 앞세우고 있는 가해자들이 앞장서서 두둔하지는 못한다. 하지만 자신도 언젠가는 지금의 관행으로 이득을 얻을 수 있기 때문에, 굳이 이슈가 일어났을 때 말을 보탤 필요가 없다. 그저 가만히 침묵을 지키고 있을 뿐이다. 하지만 이러한 개인의 침묵이 모여 다수의 침묵이 되고 이를 넘어 '침묵의 카

르텔'을 만들어낸다.

'법원의 전관예우 관행', '검찰의 기소 관행', '입법부의 예산 끼워넣기 관행', '언론의 받아쓰기 취재 관행', '기업의 불공정거래 관행', '돈 주고 상 받기 관행' 등등. 이것들이 다수의 침묵이 만들어낸 우리 사회의 대표적인 관행들이다. 특히 전관예우의 경우 법치주의의 근간을 해치는 부당한 정경유착 비리 혹은 불법 로비에 불과함에도 여전히 전직 관료에 대한 예우라는 아름다운 이름으로 사법 불신을 일으키는 주요 원인이 되고 있다.[111]

사회지도층이 속한 업계에서도 관행에 대한 자성이 아닌 다수의 침묵이 이어지는 상황이니 일반 산업계와 교육계를 막론하고 다수의 관행이 존재한다. 오히려 관행이 존재하지 않는 곳을 찾기 힘들 정도다. 이는 소위 고결한 문화로 인식되는 지식 분야에서도 마찬가지다.

문화 분야의 한 축인 출판계에서 간혹 나오는 말들을 빌려서 옮기자면, 출판은 모든 문화의 근간이자 지식 산업으로서 그 가치를 인정받고 국가적 차원에서 발전시켜야 한다고 말한다. 도서는 단순한 소비재가 아니라 국가가 책임져야 할 공공재라는 이야기도 나온다. 그만큼 출판은 단순히 자본주의 시각에서 사고파는 것을 넘어서는 가치를 지니고 있다는 뜻으로 해석된다.

나 자신도 출판계에 일부 발을 딛고 있는 상황에서 함께 일하는 업계가 무언가 특별하고 고귀하며 좋은 일을 하고 있다고 생각한다. 하지만 과연 우리 출판계는 본인들이 자유롭게 비판하는 자본주의적 시장보다 더 나은 자정 작용을 하고 있다고 자신 있게 말할 수 있을까?

IT기술 발전 등의 이유로 우리 사회의 사람들이 점차 책을 읽지 않으며 출판 시장은 점점 더 불황의 늪으로 빠지고 있으며, 출판계는 기존의 영세함을 벗어던지지 못하고 있다는 사실을 모르는 이는 많지 않을 것이다. 2017년에는 국내 2위 도서 도매업체인 송인서적이 부도 사태를 맞으면서 송인서적과 거래하던 국내 출판사와 서점이 연쇄적인 피해를 입는 일도 발생했다. 안 그래도 사정이 어려운 중소출판사 입장에서 이는 매우 힘든 상황이었을 것이다.

이러한 상황에 한국출판문화산업진흥원이 총판 부도로 인한 중소출판사의 어려움을 덜어주고자 국민체육진흥기금으로 '중소출판사 출판콘텐츠 창작자금 지원 사업'을 진행했다. 해당 사업은 5인 이하인 국내 중소출판사를 대상으로 한 편당 500만 원의 출판창작지원금을 지원하는 사업이다.[112]

단, 해당 지원 사업에 선정된 작품은 문화체육관광부가 고시한 출판분야 표준계약서를 사용해야 한다. 이는 기존 출판 계약 시 제대로 인세를 지급하지 않거나 2차 저작물을 매절하는 행위가 빈번하게 일어나다 보니, 정부지원금을 받아 출간하는 작품에 한해서라도 상대적으로 저작자 권익 보호 조항이 담긴 표준계약서로 계약을 이행하려는 것이었다. 만약 선정되기 이전에 출판사와 저자가 계약서를 작성했다고 하더라도 반드시 이 표준계약서로 바꿔서 다시 계약을 맺어야 했다.

그런데 이 '중소출판사 출판콘텐츠 창작자금 지원 사업'을 통해 500만 원의 지원금을 받고 도서를 출간한 한 출판사의 이야기를 해보려 한다. 출간 몇 년 뒤에 '인세를 미지급했다는 이유'로 해당 작품의 저자와 법적 분쟁이 시작되자, 돌연 당시 "정부 지원 사업 용도로 단지 제출용 계약서를 형식적으로 작성했다"며 의도적으로 허위 계약서를 정부에 제출했다고 밝혔다. 그리고 "이것이 출판계 관행이었다"는 말을 덧붙였다.

〈보조금 관리에 관한 법률〉 제40조 1항에 '거짓 신청이나 그 밖의 부정한 방법으로 보조금이나 간접보조금을 교부받거나 지급받은 자는 10년 이하의 징역 또는 1억 원 이하의 벌금에 처한다'고 명시돼 있는데도 불구하고, 공식적으로 "단지 출판계의 관행이었다"라고 밝혔다는 사실 자체가 놀라운 일이다. 그러나 진정 충격적이었던 것은 '형식적으로 허위 계약서를 정부에 제출하는 행위가 출판계의 관행'이라는 대담한 고백을 부정하는 출판인들이 없었다는 사실이다. 출판 적폐를 청산하라고 공식적으로 정부에 대항했던 수많은 출판단체 또한 출판계 관행에 대한 고백에 있어서는 다수의 침묵에 동참했다.

잘못된 관행 같은 것은 없다

2000년대 초, 국내뿐 아니라 해외 여러 나라에도 수출돼 많은 인기를 끌었던 MBC 특별기획 드라마 〈대장금〉에서 관행과 관련한 인상 깊은 장면이 등장한다.

제23~24화에서 최고 상궁이 된 한 상궁은 주인공 장금이를 출납나인으로 임명한다. 장금이는 각 처 소주방 식재료의 출납을 꼼꼼히 챙기는데, 각 처소 상궁들이 필요 이상의 재료들을 받아쓰고 남은 것은 자기들 멋대로 처분하는 것을 발견한다. 이렇게 빼돌린 재원으로 감찰 관원들에게 뇌물을 바쳐 빠져나가고 또 매관매직을 하고 또 다시 궁의 재정을 좀먹고 백성들은 부족한 재원을 채우기 위해 수탈되는 악순환이 벌어지고 있었다. 하지만 그들 입에서 나온 것은 관행이었다는 항변이었다.

결국 이와 같은 사실을 알게 된 한 상궁은 모든 상궁들을 모아놓은 자리에서 다음과 같이 말한다. "관행인 줄 알았다는 변명은 통하지 않소. 관행은 관행일 뿐, 관행이 옳은 것은 아니기 때문이오."

이 에피소드를 통해 알 수 있는 사실은 관행이 어제오늘 일이 아니라는 것이다. 그리고 또 하나는 그렇게 오랜 시간 동안 사라지지 않고 내려온 관행이라는 변명에 효율적으로 대응하지도 못했다는 사실이다.

그동안 우리 사회 곳곳에 남아 있는 관행들에 변화를 주자는 주장이 없었던 것은 아니다. "잘못된 관행과 인식을 바꿔야 한다", "관행을 당연시하는 문화를 바꾸자", "나쁜 관행을 바로잡자", "잘못된 관행을 뿌리뽑자"와 같은 주장은 지속적으로 이어져왔다. 하지만 '잘못된 관행을 어찌해보자' 식의 주장은 지금까지도 효율적이지 못했을 뿐 아니라 앞으로도 궁극적인 문제 해결에 한계를 보일 것이다. 애초에 잘못된 관행 같은 것은 없기 때문이다.

미국의 경영 저술가 사이먼 시넥Simon Sinek은 "인간의 뇌는 부정의 개념을 이해하지 못한다"라고 말한다.[113] 그의 주장이 전혀 새로운 주장은 아니다. 우리는 "코끼리를 생각하지 마"라고 하면 오히려 코끼리만 생각하게 된다는 사실을 익히 알고 있다. 이것을 관행에 대입해 생각해보면, "잘못된 관행을 없애라"라는 주장은 오히려 사람들에게 나쁘지 않은 관행 자체를 용인하게 만들 수 있다. 그렇기 때문에 나쁘고 잘못된 관행만 뽑아서 제거하자는 주장은 당장 눈에 띄는 이슈를 제거하는 데만 매몰될 수밖에 없다.

관행은 좋은 관행과 나쁜 관행으로 나눌 수 없다. 그러기에 이제는 잘못된 관행만을 뿌리 뽑는 것이 아니라 관행이라는 단어 자체를 감히 사용하지 말아야 할 필요가 있다. 사람들은 말의 힘을 곧잘 무시하고는 하지만, 세상은 곧잘 말에 의해서 움직인다.

현시대의 관행은 적폐란 단어와 동일하다. 적폐積弊란 오랫동안 쌓이고 쌓인 옳지 못한 경향이나 해로운 현상을 의미하며, 이것은 바로 우리가 과거 수년 동안 그토록 청산을 붙여서 함께 외쳤던 바로 그 부정의 언어다. 적폐에 좋은 적폐와 나쁜 적폐는 없다. 지금 시대에 관행을 외치는 사람은 단지 스스로 적폐임을 인증하고 있을 뿐이다.

여전히 관행을 외치는 이들에게 우리는 그것은 관행이 아니라 적폐에 해당하는 부정이나 비리, 불법행위라고 명확히 찍어줄 필요가 있다. 다수의 침묵 뒤에 숨어서 시간이 지나 덮히길 바라는 이들에게 단순히 양심의 가책을 느끼라는 수준을 넘어 법적 책임 혹은 경제적 책임을 지도록 해야 한다.

만약 자신이 하고 있는 지금의 행위가 기존부터 해왔던 정당한 일이었다고 생각한다면 관행이라는 단어를 쓸 것이 아니라 어떤 법령에 준해 문제가 없는 일이라고 답을 하면 된다. 또는 법으로 정할 수 없는 일이라면 조직이 정한 원칙에 합당한지, 구성원들의 권리와 의무에 준해 문제가 없는지를 이야기하는 것이 맞다.

가령 국제관습법國際慣習法이 국제적으로 용인되는 이유는 그것이 단순히 오래전부터 존재해왔기 때문에 아니라 국제 사회에서 보편적으로 승인돼 지속적으로 반복돼온 행위로서 각국의 묵시적인 합의에 의해 구속력이 있다고 믿어지기 때문이다. 즉, 오랜 기간 해온 일이라고 할지라도 구성원 사이의 법적 확신이 없다면 용인될 수 없다는 뜻이다.

더 이상 좋은 게 좋은 것이 아니다

이 같은 지적에도 여전히 우리 사회 곳곳에서 살아 숨 쉬고 있는 관행이라는 적폐 그 자체를 최종적으로 사라지게 하기 위해서는 먼저 없애야 할 두 가지 생각이 있다. 그것은 바로 '좋은 게 좋은 것'이라는 생각과 '본전 의식'이다.

먼저 《박완서 소설어 사전》에 따르면, '좋은 게 좋다'는 '다소 미흡하거나 석연치 않더라도 큰 문제가 아니면 적당한 선에서 타협을 하는 것이 서로에게 좋은 일이라는 말'로 정의된다. 이 말은 마치 웃자고 한 말에 죽자고 덤벼드는 사람에게 사용되면 가장 좋은 말 같지만, 실제로는 엄격하게 원칙이나 기준 같은 것을 복잡하게 따지지 말고 두루뭉술하게 넘어가자는 용례로 사용된다.

문제는 이 말을 입에 담는 사람들이 보통 사건의 가해자라는데 있다. 이 말은 단지 관행이었다면서 눈을 흘기는 자들과 동일한 자들이라는 것이다. 이들에게 원리 원칙 같은 것은 복잡하고 비인간적인 모습일 뿐이다. 좋은 게 좋은 것이라는 말을 좋아하는 사람들에게 법과 원칙, 상식 등을 따져 물으면 돌아오는 답은 "자네는 왜 이리 유도리가 없나?" 혹은 "좀 둥글둥글하게 살자"다. 부당하고 불합리하고 불공정한, 즉 '결코 옳지 않은' 상황에 대한 문제 제기를 하면 그저 그들은 문제의 논점을 피해서 문제를 제기한 사람을 인간미 없이 야박한 사람으로 모는 것으로 마무리하고자 한다.

좋은 게 좋은 것이라는 미명하에 적당히 타협한다는 것을 다른 말로 표현하자면 야합을 하자는 것이다. 야합野合은 결혼하지 않은 남녀가 들판에서 정을 통한다는 뜻으로 좋지 못한 목적으로 서로 어울린다는 의미로도 통용된다. 이 야합과 잘 어울리는 단어로는 범죄와 사기가 있다.

물론 좋은 게 좋다는 말이 등장하는 상황은 범죄나 사기까지 갈 것도 없이, 보통 (이 말을 쓰는 사람의 입장에서) 하찮고 보잘것없는 일들을 처리하는 과정에서 등장한다.

가령 아르바이트생이 일을 하다 보니 한두 시간 초과 근무를 하게 되어 초과 근무 수당을 요구하면 사장들은 "야, 겨우 한 시간 조금 더 한 거 가지고, 이렇게 야박하게 굴 거야? 일하기 싫었으면 그냥 갔어야지 내가 칼 들고 협박했어?"라고 말하는 식이다. 근로 계약서를 작성한 입장에서 칼을 들고 협박했든 협박을 하지 않았든 시간제 근로자는 근로 제공 시간에 따라 돈을 지급받는 것이 원칙이지만 그 원칙은 '좋은 게 좋은 것' 앞에서 무력화되기 십상이다. 보통 이렇게 가해자들은 하찮고 보잘것없는 일을 따지고 든다고 항변하지만 따지고 보면 그들 입장에서도 꼭 하찮고 보잘것없는 일은 아닌 것이다.

이런 사람들은 결국 원칙에 따라 일을 처리하더라도 '두고 보자'라는 식의 앙심을 품는다. 이들은 보통 말은 쿨하게 하지만 정작 표정은 어둡기 마련이다.

공무원 사회에 아직 관행이라는 이름으로 남아 있는 '시보떡 문화'도 이런 경우에 해당할 것이다. 시보試補는 공무원 임용 후보자가 정식 공무원으로 임용되기 전에 적격성을 판정받기 위해 일정 기간 거치는 공무원 신분을 말한다. 보통 6개월의 시보 기간이 끝나면 동료들에게 감사의 의미로 떡을 돌리는 관행이 자리 잡은 것으로 전해진다.

시보떡 문화는 블라인드 같은 기업형 익명 게시판이나 인터넷 커뮤니티에 시보떡과 관련한 젊은 공무원들의 불만 혹은 사례가 올라오면서부터 논란이 됐다. 한 인터넷 커뮤니티에는 "형편이 어려운 동기가 시보를 끝내고 백설기 하나만 돌렸더니 옆 팀의 팀장이 이를 쓰레기통에 버렸다더라"는 사연이 올라왔다. 어려운 사정에도 불구하고 관행을 따르다 괜한 상처를 입었다는 내용이다. 또 다른 부처 공무원에게 시보를 뗄 때 어떤 답례를 해야 하는지를 물어보는 글도 꾸준히 올라오고 있었다.

2021년 2월 국회 행정안전위원회 업무 보고에서는 시보떡 관행을 부정적으로 보는 의견이 압도적이라는 분석을 내놓았다. 당시 전해철 행정안전부 장관은 시보떡 문제에 대해 "확인해보겠다"고 답하고 "합리적인 문화가 조성될 수 있도록 노력하겠다"라는 개선 의지를 밝혔다. 하지만 불합리한 공직사회의 관행은 여전히 만연해 있는 것으로 나타났다.[114]

해당 논란에 벌어졌을 즈음, 지역 경찰로 임용된 친구에게 "너도 시보떡을 했니?"라고 물어보니 자신은 더 비싼 호두과자로 돌렸다는 말과 함께, 일을 시작하는 시기에 괜히 미움을 살 필요는 없다는 대답이 돌아왔다. '좋은 게 좋은 것'은 바로 이런 곳에서 힘을 발휘한다. 모두가 그저 따르고 있는 일이고, 따지고 보면 큰일도 아닌데 괜히 이런 곳에서 총대를 멜 필요 없는 것이다. 물론 이러한 선택이 비합리적이라고 볼 수는 없을 것이다. 관행에 반기를 들었다가 돌아오는 위험과 기존과 똑같은 행동을 했을 때 잃는 손해를 비교해봤을 때, 단연 전자가 위험이 더 크기 때문이다. 하지만 이러한 합리적 선택들은 결국 관행이란 이름의 부당함의 고리를 끊어내지 못하게 만든다.

작은 부당함에 동조하기 시작하면 그때부터 자연스럽게 따라

오는 것이 바로 '본전 의식'이다. 나중에 같은 길을 걷는 후배가 "이것은 옳지 않습니다"라고 반기를 든다면, '나도 다 했던 일인데'라는 생각이 들지 않을 수 없는 것이다.

일반인이 들었을 때 어처구니없다고 생각할 수 있는 공무원 세계의 '과장님 모시는 날'은 또 어떠한가. 과장님 모시는 날은 아직 지방자치단체에 남아 있는 공무원 문화로 상사인 과장에게 식사를 대접하는 것이다. 보통 국장까지 모시는 관계로 '국/과장 모시는 날'로 표기하기도 한다. 쉽게 말해 상급자인 과장급 직원과 8/9급 직원들이 동석해 점심 식사를 하는 문화가 있는데, 상급자가 아닌 하급자들이 비용을 모아서 내는 것이다. 1년에 한두 번 있는 일이 아니라 팀별로 돌아가면서 매일 사주는 것이어서 상급자 입장에서는 매일 점심을 얻어먹는 격이다. 일반 기업에서는 상급자가 밥을 사준다고 제안해도 탐탁지 않아 할 판인데, 상사와 밥을 먹는데 하급 직원들이 밥을 사서 대접까지 하고 있는 것이다.

물론 몇 명이 돈을 모아 상급자 모시는 것 정도는 별것이 아닐 수 있다. 혹시라도 싫다는 느낌을 내비치면 "아~내가 언제 사달라고 했나? 됐어 됐어. 근데 나도 예전에 다 했던 일들이라네"라는 말이 돌아올지도 모른다. 하지만 단지 오랫동안 해왔던 일이라고 무턱대고 계속 부당한 일을 되풀이해 나아갈 수는 없는 일이다.

인류의 수많은 문화, 종교에서 보편적으로 발견되는 '남에게 대접을 받고자 하는 대로 너희도 남을 대접하라'라는 가르침에서 유래한 황금률 Golden Rule은 "내가 원하지 않는 바를 남에게 행하지 말라"라는 의미였지, 취향이 다른 이에게 강요하라는 뜻은 아니었다.

좋은 게 좋은 것이라고 말하는 것 자체를 무조건 나쁘다고 문제 삼을 수는 없지만, 나에게 좋은 일이 반드시 남에게 좋은 일일 수는 없다. 남이 동의하지 않은 좋음을 강요하는 것은 일종의 폭력 그 이상 그 이하도 아니다.

다소 불편함이 생기더라도 누군가가 나서서 이 부당함의 고리를 끊어야 한다. 그렇지 않으면 부당한 문화와 그에 따른 본전 의식은 무한하게 돌게 될 것이다.

다행히 변화는 일어나고 있다. 2022년 한 지자체에서는 공무원 스무 명으로 구성된 주니어보드 워크숍과 간담회를 통해 조직문화 개선안을 내놓으며 대표적인 공직계의 악습이라고 꼽히는 국/과장 모시는 날을 없애고, 호칭도 수평적으로 통일해주고, 말뿐인 유연근무제도 현실적으로 정착시켜달라고 요청했다.

이에 대해 공무원 구성원 일각에서는 비록 이와 같은 개선안도 권고 수준에 그쳐 나중에는 결국 유야무야될 것이며, 국과장 모시는 날 정도만 실질적으로 사라질 것과 같은 쓴소리가 나오기도 했다. 하지만 냉소와 체념으로 끝나는 것이 아니라 이와 같은 작은 변화들에 대한 시도가 계속적으로 이어진다면 언젠가는 유의미한 변화가 나타나게 될 것으로 믿는다.

"공정하지 않다"라는 외침이 여러 차례 우리 사회를 훑고 지나가자, 우리 사회 각계각층에서 〈과연 공정fairness이란 무엇인가〉를 정의定義하고자 갑작스럽고 열띠게 움직였다. 하지만 공정이 무엇인지를 규정하고자 나선 많은 이들은 왜 갑자기 지금의 세대가 공정을 외치게 됐는지에 대한 간단한 이유를 생각하기보다 진정한 공정성fairness이 무엇인지에 대해 더 깊이 골몰하는 모습을 보였다.

전통적인 사회학자나 연구자가 아닌 내가 일반인의 시각으로 바라봤을 때, 지금의 젊은 세대들의 외침은 의외로 단순한 것이라는 생각이 들었다. 분명 젊은 세대들이 "공정하지 않다"라고 외쳤던 것은 사실이지만, 그들은 단지 자신의 감정이나 상황을 표현하기에 그보다 더 직관적이고 효율적인 언어를 찾지 못했을 뿐이다.

그러한 의미에서 그들이 이야기하고 싶은 것은 "이것은 옳지 않고, 부당하다"와 같은 단순한 구호였다.

공정 혹은 공정성으로 번역되는 fairness는 단순한 것 같지만, 복합적이면서 복잡한 단어다. 누가, 어떻게 공정을 정의하느냐에 따라 성격이 완전히 달라질 수 있기 때문이다. 공정은 평소 그 어디에도 적용할 수 있는 마법의 언어다. 따라서 누군가는 이를 고의적인 거짓말lie로 활용하기도 하고, 또 누군가는 이를 개헛소리bullshit로 인지하기도 한다. 지금 우리들 사이에서도 각자가 생각하는 공정의 기준이 다르기에 이를 두고 더 깊은 갈등을 만들어내기도 한다. 또 정치 성향을 기준으로 편을 나눠 상대 진영을 공격하는 날카로운 무기로 활용하기도 한다.

나는 그러한 전쟁에 참전하고 싶은 생각이 없다. 그러한 의미에서 나는 이 책에서 공정성fairness이 어떤 것인지를 감히 규정지으려 하지 않았다. 단지 내가 알고 있는 것은 공정성을 하나의 문장으로 정의하기는 거의 불가능에 가깝다는 것, 고로 완벽한 공정이라는 개념도 애초에 불가능하다는 사실이다.

공정성을 설명하기 위해서는 차라리 영국의 사회학자 브라이언 터너B. Turner와 같이 '기회의 평등', '결과의 평등', '조건의 평등', '본체적인 평등'의 다양한 관점으로 나눠 접근하는 것이 더 옳다고 생각한다. 오히려 내가 이 책을 통해 제안하고 싶은 것은 공정을 어려운 fairness로 규정지으려 노력할 것이 아니라 지금의 젊은 세대가 단지 '부당함'을 이야기하고 싶었다는 것을 제대로 알리고 이에 맞춰 우리가 당장 할 수 있는 것부터 고민해보자는 것이다.

먼저, 공정이란 단어는 경쟁이 있기 때문에 존재한다. 가장 단순한 수준의 공정을 고민할 때 스포츠 경기에 적용되는 룰을 떠올렸으면 한다. 모든 스포츠 경기는 경쟁이 필수이기에 각각의 경쟁에 적합한 규칙을 설정하는 과정이 필수적으로 선행돼야 한다. 이를 대입해 생각해보면, 우리는 하나로 통일된 공정성fairness을 정의하기는 어렵지만, 각각의 종목에 맞는 공정한 규칙fair rule을 만들어낼 수 있다.

스포츠 경기의 공정한 규칙은 간단하다. 첫 번째, '평등한 출발'이 보장돼야 한다. 두 번째, '반칙 없는 경쟁 과정'이 진행돼야 한다. 두 가지 기본 규칙 안에서 각각의 종목에 맞는 세부적인 규칙이 생겨난다. 하지만 세부 규칙들은 하나로 고착화돼 있지 않다. 경쟁 내/외부에 변화에 맞춰 개선돼 변화해간다. 가령, 시대의 변화에 맞춰 동등한 수준의 선수끼리 경쟁을 하기 위해서 체급의 기준을 변경하기도 하며, 축구 경기에서 정확한 판정을 위해서 VAR(비디오 보조 심판) 시스템을 새롭게 도입하기도 한다.

나는 스포츠 경기에 적용되는 기본적인 수준의 공정을 우리 사회에 접목시키려 노력하는 것이 효율적이라고 본다. 여기서 핵심은 두 가지다. 첫 번째, '반칙이 없는 경쟁 과정'을 만들어야 한다. 두 번째, 계속 변화해나가야 한다. 애초에 왜 공정이 우리 사회의 화두가 됐는지를 생각해보자. 바로 필드에서 뛰는 당사자들이 '반칙 행위'를 신고했기 때문이다. 혹은 문제를 일으킨 특정 행위가 지금의 시대에 맞춰 옳은지 옳지 않은지 제대로 규정돼 있지 않았기 때문이다.

올림픽 경기에 뛰는 선수들은 출발선에 서서 "이 경기가 진짜로 공정하게 진행될까?"와 같은 고민을 하지 않는다. 그들은 정해진 룰을 숙지하고 게임에 참여해 자신의 목표를 향해 내달릴 뿐이다. 게임 참가자의 입에서 "공정fair"이라는 단어가 나온 순간 그 게임은 이미 끝난 것이다. 우리는 삶 속에서 일어나는 경쟁에 적용할 온당한 규칙을 정하고 경쟁의 참가자들에게 규칙대로 게임이 진행될 것이라는 믿음을 줘야 한다. 시대와 세상의 환경이 변화하면 그에 맞춰 규칙을 개선해나가겠다는 믿음을 주는 것도 중요하다. 이러한 과정을 통해 어렵게 공정성fairness에 집착하기보다 단순하게 '타당한, 온당한'의 의미로 fair를 활용하게 될 것이다.

하지만 누군가는 이러한 공정에 대한 생각을 지극히 빈약하고 조야하다고 비판할 것이다. 그 비판에는 여러 이유가 있겠지만, 가장 쉽게 예상할 수 있는 비판은 "그러한 좁은 의미의 공정론은 결국 승자의 자만과 패자의 굴욕을 자아내는 능력주의의 함정을 피하지 못하는 것 아닌가" 정도일 것이다.

사실 현재 우리 사회에 자주 거론되는 능력주의에 대한 주된 비판의 중심에는 영국의 마이클 영이 만들어낸 메리토크라시 meritocracy가 있다. 본문에서 언급한 것과 같이 영은 자신의 저서 《능력주의의 출현The Rise of the Meritocracy》에서 능력주의 사회가 가져올 디스토피아를 그렸다. 그의 지적과 같이 능력주의에 기반을 둔 사회가 궁극적으로 문제가 없다고 말할 수는 없을 것이다. 실제로 능력주의는 계층에 따른 교육 불평등과 부의 세습, 패자에게 가혹한 사회 구조적 문제를 만드는 등의 오작동을 일으키고 있다.

그런데 여기에는 "우리 사회를 살고 있는 일반 사람들은 실제로 현대 사회의 중심이 된 능력주의 시스템을 어떻게 인식하고 있을까?"라는 물음이 필요한 것으로 보인다. 과연 사람들은 능력주의를 영이 제시한 메리토크라시와 같은 부정적인 암흑세계와 같은 개념으로 인식하고 살아왔을까? 아마도 그렇지는 않은 것 같다. 표준국어대사전은 '능력주의'의 개념을 '(명사) 학력이나 학벌, 연고 따위와 관계없이 본인의 능력만을 기준으로 평가하려는 태도'로 간략하게 설명하고 있다. 그뿐만 아니라 능력주의의 유의어라고 할 수 있는 실력주의實力主義 또한 정확히 위와 동일한 뜻을 나타낸다.

사전적 정의를 떠나서라도, 실제로 우리 사회를 사는 많은 수의 사람은 능력주의 중심의 사회를 딱히 부정하거나 거부하지 않는다. 그들이 능력주의의 세상을 받아들이고 있는 이유는 능력주의 시스템 그 자체를 완벽하게 생각해서라기보다 단지 이 시스템이 출생에 따라 부당하게 서열이 정해지던 과거 신분사회보다는 낫다고 생각하기 때문이다.

이 지점에서 또 누군가는 그것이 바로 '능력주의 신화'라고 비판하겠지만, 우리 사회 안에서의 '노력으로 신분을 성취할 수 있는 믿음'은 생각보다 깊게 그리고 강하게 자리 잡고 있다. '노력으로 신분을 성취한다'고 했을 때 많은 사람들은 고려와 조선 시대에 존재했던 과거 제도를 떠올릴 것이다. 원칙적으로 과거제는 천민을 제외한 양인 모두에게 응시 자격을 주었기 때문에 평민도 자신이 가진 능력을 통해서 지배 엘리트인 양반이 돼 출세를 할 수 있었다. 하지만 실제 양인의 대부분은 과거 공부에만 전념할 만큼 자급자족하지 못했기 때문에 과거를 볼 응시 자격을 갖추기가 힘들었다. 또한 양반 신분은 원칙적으로 세습되지 못했지만 실제로는 세습적 성격이 강해서 양반의 자손들은 그 능력을 증명하지 않더라도 양반의 대우를 받을 수 있었다. 즉, 과거의 사회에서는 형식적인 능력주의 시스템을 갖추고 있었다고는 하나, 실제로는 출생에 따른 신분이 인생의 절대적인 영향을 미쳤다.

재미 역사학자인 황경문 호주 캔버라대학교 교수는 자신의 저서 《출생을 넘어서》에서 조선의 오랜 세습적 신분 제도는 19~20세기 근대화를 겪으면서 붕괴됐으며 그 자리로 태생적 신분과 관계없이 새로운 집단이 상층 엘리트로 진입하게 됐다고 말한다. 그 중심에는 중인과 향리, 서얼과 같은 '제2의 신분 집단'이 존재했다. 이들은 출생이라는 '약속된 미래'를 넘어서 신분을 성취할 수 있는 믿음을 증명했다고 말한다. 또한 이와 같은 변화는 궁극적으로 대한민국 사회의 '지위 의식'이라는 집합적인 의식을 만들어내는 데 영향을 미쳤다고 주장한다. 물론, 그의 주장을 곧이곧대로 받아들이지는 않더라도 과거 세습적 신분 사회를 겪은 우리 사회에 있어서 태생적 출생을 넘어 노력으로 지위를 상승시킬 수 있는 믿음이 강력하게 존재하고 있다는 것은 사실에 가깝다.

적어도 우리 사회에서는 2010년대 후반에 등장한 메리토크라시보다 '학력이나 학벌, 연고 따위와 관계없이 본인의 능력만을 기준으로 평가하려는 태도'라는 뜻으로 '능력주의'를 받아들이고 있는 것이 맞는다. 이는 출생뿐만 아니라 학벌이나 연고를 의미하므로 이를 종합하자면 '적폐'를 거부하고, 오로지 자신의 능력으로 이룬 객관적 성과를 기준으로 평가하겠다는 것을 의미한다. 즉, 실제로는 능력주의보다 업적주의에 더 가깝다. 그렇기 때문에 이제 와서 "당신이 지지하고 있는 능력주의는 잘못된 태도"라고 말하는 것은 마치 자본주의 사회 타파하자는 급진적 주장과 동일하게 들릴 수 있다.

그렇다고 해서 우리 사회에서 살아가는 젊은 세대를 마치 능력주의의 화신이라도 되는 것처럼 평가하는 것은 합당하지 않다. 각박한 경쟁에서 승리하고자 불철주야 노력하는 모두가 패자들에게 경멸의 시선을 보내는 것은 아니다. 그들은 단지 경쟁에 있어서 개인의 선택과 그에 따른 노력에 가중치를 부여하고 있을 뿐이다. 그러한 의미에서 지금의 젊은 세대가 가지고 있는 정의론은 진보 자유주의자 중에 한 명인 로널드 드워킨Ronald Dworkin의 '자유주의적 평등론'의 주장과 닮았다고 볼 수 있다.

드워킨은 개인의 선택의 결과로 발생한 불평등에 대해서는 공정한 것으로 본다. 가령, 비트코인에 전 재산을 투자했다가 파산

한 사람에게 보상을 해줄 이유는 없다. 하지만 개인이 선택하지 않은 불운에 대해서는 사회적 보상이 필요하다고 본다. 지금의 젊은 세대들 또한 선천적으로 장애를 가지고 태어났거나 빈곤하게 태어난 이들에게는 복지를 제공하는 것에 반대하지는 않는다.

능력주의가 지배하고 있는 사회를 궁극적으로 정의로운 사회라고 말할 수 없다. 나 또한 그러한 능력주의를 지지하지 않는다. 하지만 우리가 동시에 받아들여야만 하는 하나의 냉혹한 현실이 있다. 그것은 자원이 한정돼 있는 세상에서 누군가는 승자가 되고, 또 누군가는 패자가 된다는 사실이다. 그 안에서 우리가 당장 할 수 있는 것은 승자가 되지 못한 이들에게 또 다른 기회를 줄 수 있는 사회를 만드는 일이다. 그와 더불어 우리가 만들어야 하는 또 하나의 중요한 길은 한 게임의 승자가 다른 영역을 침범하는 일을 막는 것이다. 예를 들어, 부를 가진 사람이 그 부를 이용해 부당한 권력을 획득하거나, 정치 권력을 가지게 된 누군가가 그를 이용해 남들보다 쉽게 부를 얻는 일을 막아야 한다.

서울대 김범수 교수는 본인의 저서 《한국 사회에서 공정이란 무엇인가》에서 공정은 개인의 성공을 위한 경쟁의 기준이 아니라 우리 모두가 함께하기 위한 공존의 조건이라는 관점을 제시한 적이 있다. 그의 말처럼 공정이 '공존의 조건'이라면 우리에 중요한 것은 "공정이란 무엇인가?"라는 질문보다 "공정을 어떻게 실현할 수 있는가?"라는 질문이 될 것이다.

우리는 하나의 언어로 공정성을 정의하긴 어렵지만, 세상을 조금 더 공정하게 만드는 일은 가능하다. 그를 위해 가장 먼저 필요한 것은 나와 의견이 다른 상대방을 무조건 배척하지 않고 인정해야 하는 부분은 인정하는 것이다. 가령, 우리 사회를 여전히 뜨겁게 달구고 있는 젠더 갈등 문제에 있어서도 서로에게 거울을 비추는 행위로 사태를 영원히 악화시키는 선택을 잠시 중단하고 서로 인정할 것을 인정하고 다음의 논의로 넘어가야 한다고 본다.

남자들은 대한민국 사회에서 여전히 성폭력 강력 범죄 피해자 중 90퍼센트 이상이 여성이란 사실을 인정해야 한다. 이런 사실을 무시한 채 '세계 치안 국가 1위'라는 국가별 상대성과 남성이 당하는 살해 범죄 비율을 반박 자료로 내밀 것이 아니라 여성의 불안감을 어떻게 함께 고민하고 개선할지를 담대하게 모색해야 한다.

반대로, 여성들도 부당한 세상을 바로잡기 위해 시작한 페미니즘 운동이 지금 현실에서는 급진적인 면만이 강조된 채 도리어 남성들을 옥죄고 있는 도구로 인식된다는 것을 인정해야 한다. 모든 페미니즘 옹호가 잘못됐다는 말이 아니다. 단지, 남성을 잠재적 범죄자가 아닌 함께 문제점을 해결하는 동반자로 받아들이는 태도가 필요한 것이다.

우리는 함께 세상의 부당함에 저항하고 있는 사람들이다. 그 점을 잊지 말고 함께 살아가자.

주

1 크레이그 프로일이 만든 밈이 어떻게 시작됐고 흘러가게 됐는지를 정리한 해외 블로그(출처: https://medium.com/@CRA1G/the-evolution-of-an-accidental-meme-ddc4e139e0e4)

2 티스토리 블로그의 글에서 밝힌 에피소드에서 영감을 받아 내용을 추가한다(출처: https://gonghyun.tistory.com/1288).

3 이 문제는 이후 시간이 지날수록 추가적으로 수없이 많은 설정이 더해졌다. 전통적 철학의 영역 밖, 예를 들어 신경윤리학에서도 이 문제를 비중 있게 다루기도 했다. 하지만 더 깊이 들어가면 내용이 끝없이 이어질 수 있으므로 기본 가정에 대한 논점만 이야기할 수 있도록 하자.

4 '무지의 베일(veil of ignorance)'이라고 부른다. 이는 존 롤스의 공정으로서의 정의에 있어서 핵심 개념에 해당하지만, 이 단어를 설명하는 것이 이 책의 논지에 크게 도움이 되는 내용이 아니라고 판단해 본문 중 설명은 생략했다.

5 공평과 공정의 차이를 묻는 네티즌의 질문에 국립국어원은 "공정이 공평을 포괄하는 개념으로 돼 있습니다"라고 답한다. 공평이 기계적인 수평이고 공정이 공정한 분배를 뜻하냐는 추가적인 물음에는 애매하게 답하고 있다. 법적으로는 잘 모르겠지만, 그렇게 판단되니 이해한 대로 써도 괜찮다고 생각한다(출처: 국립국어원, https://

www.korean.go.kr, 2009. 11. 25.

6 출처: https://blog.naver.com/rhkddnjs85/221378185194

7 단, 이 장관은 경찰대 출신이 경위에 임관될 때 "어떤 시험을 거치지 않았다"고도 했
   는데, 이는 고시처럼 시험을 거치지 않았다는 점을 강조한 것으로 보인다. 이 장관은
   사법시험에 합격해 판사로 임용된 점이 반영된 것으로 시험을 보지 않고 특정 지위를
   획득한다는 것을 불공정의 핵심이라고 생각하는 듯하다.

8 "명문대 나와 군대 다녀와도 9급 '순경' vs 대학만 졸업하면 6급乙 '경위'"(머니투데이,
   2022. 7. 31. https://n.news.naver.com/mnews/article/008/0004777274?sid=102)

9 불필요한 정치적 찬반 논란을 방지하게 위해서, 어떤 정권에서 어떤 문장을 이야기
   했는지를 밝히지 않고, 순서 또한 섞어놓았다. 주로 대통령 취임사에서 문장을 발췌
   했다.

10 제1회 청년의 날 기념사(출처: 대한민국 정책브리핑, www.korea.kr)

11 "회사 승인을 받지도 않고 '무단결근'한 직원은"(중기이코노미, 2022. 4. 1. https://
   www.junggi.co.kr/article/articleView.html?no=28489) V : 임금 처리와 관련해서 근로
   제공이 없는 경우 무노동 무임금 원칙에 따라 무단결근시 임금지급 의무가 없으며,
   심한 경우는 해고까지 당할 수 있다. 실제 판례를 보면, 연속 3일 동안 무단결근한 경
   우(대법원 1991. 3. 27. 선고 90다15631 판결), 5일 이상 무단결근한 경우(대법원
   2002. 12. 27. 선고 2002두9063 판결), 한 달에 7일의 무단결근한 경우에 있어서 해고
   가 정당하다고 본 사례(서울고등법원 2003. 7. 25. 선고 2003누5008 판결)가 있다.

12 "무단결근 직원에 대한 조치방안"(출처: 딜로이트노무사사무소, https://www.
   delightlabor.com/information/?q=YToxOntzOjEyOiJrZXl3b3JkX3R5cGUiO3M6Mzo
   iYWxsIjt9&bmode=view&idx=11648779&t=board)

13 이는 논란의 여지가 있을 수 있다. 실제 법무법인에서 특별채용이 드문 일도 아니고
   표면적으로 한바다의 대표는 '뛰어난 스펙의 신입 변호사를 놓친 것은 실수'라고 인
   정하기 때문이다. 하지만 필자의 판단이 아닌 극 중 전개로 봤을 때, 한바다의 대표 한
   선영이 라이벌 태산의 대표 태수미의 혼외자식을 폭로하기 위한 의도가 있었음을 여
   러 차례 내비쳤으며(7화/15화), 우영우의 아버지 우광호 또한 이러한 옳지 않은 의도
   를 알고도 자신의 딸을 이용할 생각으로 데려간 나쁜 후배와 결탁을 해서라도 우영우
   에게 기회를 주고 싶다고 언급했다. 이를 이상이 없는 채용이라고 표현할 수는 없을

것이다.

14　한선영이 이미 블라인드 게시판의 저격글 작성자가 권민우라는 것을 알고 있었을 수도 있다. 사실 많은 사람이 극 중 블라인드가 팀 블라인드(Teamblind, Inc.)가 운영하는 익명 커뮤니티 애플리케이션 블라인드(Blind)라고 생각하지만, 실제로는 한바다의 사내 홈페이지 속 익명 게시판에 불과하다. 블라인드 앱은 "정말 익명인가요?"라는 사용자의 질문에 운영사가 "블라인드 직원도, 대표의 며느리도 여러분이 누구인지 모릅니다."라고 답할 만큼 철저한 익명 보장 시스템을 갖추고 있다. 하지만 사내 익명 게시판의 경우는 말만 익명일 뿐, 관리자가 실제 작성자를 알고 있는 경우가 대다수다.

15　인신공격의 오류(라틴어: Ad hominem, Argumentum ad hominem)는 발화자의 말 자체가 아니라 그 말을 하는 발화자를 트집 잡아 그의 주장을 비판하는 오류다. 논리학에서는 발화문을 발화자로부터 독립시켜 평가해야 하지만 이를 어겨 발생하게 된다.

16　"예전만 못한 9급 공무원 인기… 경쟁률 6년째 뚝, 사연은"(매일경제, 2022. 3. 2. https://www.mk.co.kr/news/society/view/2022/03/196624/)

17　"'공무원 제쳤다' 우리나라 청년·청소년 선호 직장 1위는?"(JTBC, 2022. 1. 19. https://news.jtbc.co.kr/article/article.aspx?news_id=NB12043444)

18　다만, 2021년 조사와 기존 조사와 다른 점은 조사 대상 연령(청소년)이 13~29세에서 13~34세로 바뀌었다는 것이다.

19　실제 월 근로시간 174시간(하루 8시간)에 근로기준법에서 보장하는 유급 주휴일 35시간을 더한 209시간으로 계산한 것으로, 연봉으로 따지면 2,297만원에 해당한다.

20　"초임 9급 공무원 월급, 최저임금보다 10만원 많다?"(한국경제, 2022. 7. 19. https://www.hankyung.com/society/article/202207190508Y)

21　"'역시 공무원했어야'… 국민연금 55만원 vs 공무원연금 237만원, 왜?"(매일경제, 2021. 8. 14. https://www.mk.co.kr/news/economy/view/2021/08/787984/)

22　"공무원 채용 응시율 늘었지만, 신임 공무원 퇴직도 늘었다"(고시투데이, 2021.10. 12. http://gositoday.com/news/view.php?no=958)

23　2021년 공직생활실태조사(국가승인통계 공표용 보고서) (2022.03.24. https://www.kipa.re.kr/site/kipa/research/selectBaseView.do?seSubCode=BIZ017A002&seqNo=BA

SE_000000000000672)

24 단지, 차이가 있다면, 지방공무원법 제49조에 "다만, 이에 대한 의견을 진술할 수 있다"라는 추가 의견진술권 서술이 담겨 있을 뿐이다. 국가공무원법에서 최초 제정 당시(1949년 8월 12일)에는 이러한 의견진술권이 담겨 있었으나, 1963년 4월 17일에 종전 국가공무원법을 폐지하고 새로이 제정된 국가공무원법(제57조)에서부터 삭제됐다.

25 "[현장에서] '시키는 대로만 하는 것'이 공무원 숙명이라고요?"(한겨레신문, 2022. 5. 8. https://www.hani.co.kr/arti/society/schooling/1043346.html)

26 "복종과 상명하복이 언급되는 국가와 사회가 근대적인가?"(법률신문, 2021. 9. 2. https://m.lawtimes.co.kr/Content/Info?serial=172510)

27 "근로계약서에 '상관에게 복종한다'고 써 있다?"(잡플래닛, 2021. 3. 18. https://www.jobplanet.co.kr/contents/news-1373)

28 "대학생 절반 '대기업 갈래요'…中企 선호도는 더 떨어져"(ZDNet Korea, 2020. 6. 11. https://zdnet.co.kr/view/?no=20200611095746)

29 "중견기업으로 향하는 구직자들. '49.4% 중견기업 선호한다'"(인크루트, 2014. 10. 30. https://news.incruit.com/news/newsview.asp?newsno=432838)

30 "대학생 절반 '대기업 갈래요'…中企 선호도는 더 떨어져"(ZDNet Korea, 2020. 6. 11. https://zdnet.co.kr/view/?no=20200611095746)

31 "조현아 부사장 사건 처음 알려진 '블라인드 앱'… 대한항공, 직원들 신규 가입 차단 의혹"(조선비즈, 2014. 12. 09. https://biz.chosun.com/site/data/html_dir/2014/12/09/2014120903173.html?main_news4

32 "'내가 월급 축내는 민폐상사라고?' 50대가 조직에서 버티는 법"(매일경제, 2021. 6. 1. https://www.mk.co.kr/news/business/view/2021/06/529012/)

33 "'10년차→20년차, 임금 확 올라' 뿌리 깊은 호봉제… 韓 임금 체계의 역사[임금4.0시대]"(아시아경제, 2022. 6. 1. https://view.asiae.co.kr/article/2022052606562929409)

34 "MZ세대가 민감한 '이것', 게임을 보면 그들의 회사생활이 보인다. MZ세대 사용 분석서"(출처: 유튜브 '바이브VAIV' 채널, 2022. 3. 25.)

35 "남북한이 전쟁 없이 평화적으로 공존할 수 있다면 통일은 필요 없다."라는 문항을 5점 척도로 측정(1=전혀 동의하지 않음; 2=별로 동의하지 않음; 3=보통; 4=다소 동의; 5=매우 동의)하며, 이 문항에 대한 긍정 응답(다소 동의함, 매우 동의함)을 "평화 공존 선호", 부정 응답(전혀 동의하지 않음, 별로 동의하지 않음)을 "통일 선호"로 코딩한다.

36 "젊은세대 '통일 선호' 18.6%⋯정부 'MZ세대 통일의식' 고민"(동아일보, 2021. 11. 15. https://www.donga.com/news/article/all/20211115/110248421/1)

37 "남북 이산가족 상봉 추이"(e-나라지표, http://www.index.go.kr/potal/main/ EachDtlPageDetail.do?idx_cd=1696)

38 "통일비용 150조 vs 3100조⋯ 저성장 한국엔 '축복' 될 수 있다"(서울신문, 2018. 10. 04. https://www.seoul.co.kr/news/newsView.php?id=20181005028001)

39 출처: 두산백과 두피디아, 두산백과, https://terms.naver.com/entry.naver?docId=1215 768&cid=40942&categoryId=31645

40 "준비했던 독일도 통일비용 20년간 3000조원"(중앙일보, 2010. 09. 16. https://www. joongang.co.kr/article/4434876#home)

41 "통일세 도입엔 아직 냉랭⋯ 75% 지갑 연다면 年10만원 이하"(서울신문, 2018. 7. 17. https://www.seoul.co.kr/news/newsView.php?id=20180718005005)

42 성한경, 〈남북한 경제통합의 효과〉, 대외경제정책연구원, 2014. 12. 30. (출처: https:// www.kiep.go.kr/gallery.es?mid=a10101010000&bid=0001&list_no=1982&act=view)

43 한국 사회의 투명도를 명확하게 나타낼 수는 없지만, 여러 가지 역사적 사건으로 이를 추정해볼 수 있다. 1970년은 전태일 열사가 22세의 나이에 노동자의 열악한 현실을 알리고자 정부와 자본 기업들에 근로기준법을 준수할 것을 요구하며 근로기준법 법전과 함께 분신자살한 해다. 이는 곧 한국의 노동운동이 변화하는 기점이 됐고, 이후 제도와 시스템의 많이 개선됐지만 2020년 현재도 완벽한 사회가 이뤄지지 않았다고 말할 수 있다. 여기서 우리가 주목할 것은 전태열 열사가 근로기준법을 만들어달라고 요구한 것이 아니라는 점이다. 그는 근로기준법을 준수하라고 외쳤다. 당시에도 이미 근로기준법이 있었지만, 이를 투명하게 지키지 않았다는 것을 의미한다.

44 "한국, 작년 스마트폰 보급률 세계 첫1위⋯ 67.6%"(연합뉴스, 2013. 6. 25. https:// m.yna.co.kr/view/AKR20130624202600017)

45 "선생님들 '폰카 무서워'"(중앙일보, 2006. 7. 3. https://www.joongang.co.kr/article/2342258#home)

46 2011년 3월 28일, 초·중등교육법 시행령 개정을 통해 학생에게 직접 폭력을 가하는 체벌이 금지됐다. 이 또한 2010년에 가학적인 교사 폭행을 촬영한 동영상이 공개됐기 때문이다.

47 SKT는 NATE, n.TOP, june, ⓜPlayOn, KT는 magicN, 멀티팩, fimm, SHOW, LG U+는 ez-i, 다운타운, OZ lite, OZ life24 등의 버튼을 활용했다.

48 "예전에는 미세먼지 없었다?…80~90년대는 더 심했다"(SBS, 2018. 4. 19. https://news.sbs.co.kr/news/endPage.do?news_id=N1004704814&plink=COPYPASTE&cooper=SBSNEWSEND)

49 "미세먼지만큼 해로운, 무심코 내뱉는 미세 차별"(한겨레, 2020. 10. 3. https://www.hani.co.kr/arti/society/rights/964258.html)

50 "장애인에 대한 고정관념, 편견 만드는 표현 삼가야"(출처: 국가인권위원회, https://www.humanrights.go.kr/site/program/board%20/basicboard/view?&boardtypeid=24&currentpage=138&menuid=001004002001&pagesize=10&boardid=609920)

51 "주식거래계좌 수 경제활동인구 넘어서… 사상 첫 3000만개 돌파"(한국경제, 2020. 3. 11. https://www.hankyung.com/economy/article/2020031117007)

52 "2021년, 증권가 MZ세대 점령… 투자성향 공격적 '고위험 고수익'"(뉴스투데이, 2022. 1. 1 https://www.news2day.co.kr/article/20211231500009)

53 소설가 김영하는 tvN 〈유퀴즈온더블럭〉에 출연해 자신이 MBTI를 신뢰하지 않는 이유로 자의적인 선택에 의해 유형을 나누는 테스트의 특성을 언급하기도 했다.

54 즉, 한국에서 유행하는 대부분의 MBTI 테스트는 정식 테스트가 아니다. 일반인들이 사용하는 MBTI 테스트는 대부분 16personality이라는 플랫폼을 활용하고 있다. 기업군에서는 정식 라이센스를 가지고 있는 MBTI 협회에 의뢰해 테스트를 진행해야 한다.

55 e나라지표-병역판정검사 현황(통계청, https://www.index.go.kr/potal/main/EachDtlPageDetail.do?idx_cd=1718)

56 2021년 국방일보가 장병 852명을 대상으로 '휴가'를 주제로 설문 조사한 결과에 따

르면, 군 장병들이 휴가 때 가장 듣기 싫은 말은 '요즘 군대 편해졌다'(16%)로 밝혀지기도 했다.

57 "5년 만에 '모병제 찬성' 35% → 43%…'여성도 징병' 46%"(한겨레, 2021. 05. 28. https://www.hani.co.kr/arti/politics/assembly/997112.html)

58 "MZ세대 여성 73% '성차별 여전'… 남성 69% '역차별이 더 문제'"(서울신문, 2021. 07. 18. https://www.seoul.co.kr/news/newsView.php?id=20210719005007)

59 1에 가까울수록 해당 국가는 남녀 성평등에 가깝다.(Global Gender Gap Report (2021), https://www.weforum.org/reports/global-gender-gap-report-2021/)

60 "한국 사회에 구조적 성차별, 진짜 없을까?"(시사IN, 2022.03.28. https://www.sisain.co.kr/news/articleView.html?idxno=47013) *해당 기사에서 세계경제포럼(WEF) 미디어 담당자 클로에 라루크 씨와 인터뷰한 내용을 참조했다.

61 김창환, 오병돈. (2019). 〈경력단절 이전 여성은 차별받지 않는가?: 대졸 20대 청년층의 졸업 직후 성별 소득격차 분석〉. 한국사회학, 53(1), 167-204.

62 "법원 구내식당 '밥 앞의 불평등'"(경향신문, 2021. 4. 19. https://www.khan.co.kr/national/national-general/article/202104191903001)

63 "김명수 대법원장 '판사 전용 식당 없애라'"(경향신문, 2021. 5. 2. https://n.news.naver.com/article/032/0003072191)

64 "교수 식당이 대학을 죽인다"(경향신문, 2022. 6. 15. https://www.khan.co.kr/opinion/column/article/202206150300065)

65 〈가우스전자〉 시즌1 9화, "기성남 차장의 법인카드"(https://comic.naver.com/webtoon/detail?titleId=335885&no=9&weekday=mon)

66 "'교수인 거 알아. 왜 나한테 반말해?'… 반말하는 교수에게 반말하는 대학생의 카톡 대화"(출처: 인사이트, 2020. 9. 12. https://www.insight.co.kr/news/303501)

67 한 정치인에 대한 개인적인 공격을 위해 드는 예시가 아니기에, 이름을 정확히 명시하지는 않았다.

68 1996년 '예술 장르가 점점 다양화되는 추세에 맞춰 각 예술 분야 원로 예술인들의 예술 창작 활동을 지원하기 위해' 대한민국예술원법 개정안을 통해 회원 수를 기존 75명에서 100명으로 늘렸고, 동시에 1997년부터 수당을 매월 60만 원에서 100만 원

으로 인상했다(연합뉴스, 1996. 12. 13. https://n.news.naver.com/mnews/article/001/
0004084305?sid=103).

69 "피아니스트 백건우, 단색화 거장 박서보는 왜 '예술원' 회원이 아닐까"(조선일보,
2021. 12. 11. https://www.chosun.com/national/weekend/2021/12/11/5WFDTKTQ
G5DLTOPLCO6QVQRAHI/?utm_source=naver&utm_medium=referral&utm_
campaign=naver-news)

70 "예술원도 학벌타파… 경력 20년이상으로 완화"(서울신문, 2004. 11. 16. https://
n.news.naver.com/mnews/article/081/0000020862?sid=100)

71 "백건우 탈락 논란, 예술원에 무슨 일이"(동아일보, 2014. 7. 5. https://www.donga.
com/news/article/all/20140704/64959040/1)

72 "이기호 작가 '이 분이 왜 예술원 회원이지'라는 의문, 불만이 상당하다"(세계일보,
2021. 9. 18. http://m.segye.com/view/20210917503466)

73 "문인들 '대한민국예술원법 전면 개정해야'"(KBS, 2021. 8. 25. https://news.kbs.
co.kr/news/view.do?ncd=5264231&ref=A)

74 "예술원은 꼭 존재해야 하는가?"(중앙일보, 2021. 09. 09. https://www.joongang.
co.kr/article/25005601)

75 이북5도특별법 제4조. 이북5도 정치, 경제, 사회 분야 정보 수집 및 정책 연구

76 해당 캐릭터가 현대자동차의 PPL이 아니겠냐는 시각이 있었지만, 하하 본인이 밝힌
바로는 PPL이 아니라고 한다.

77 "선거 앞두고 급했나… '다주택 종부세 완화' 꺼낸 민주당"(한국경제, 2022. 5. 16.
https://www.hankyung.com/politics/article/2022051694721)

78 "보유세 경감 드라이브에 '일시적 필요vs거래세 낮춰야'"(이데일리, 2022. 2. 27.
https://www.edaily.co.kr/news/read?newsId=02105766632234784)

79 퓨리서치센터 측은 물질적 풍요(material well-being)가 반드시 돈(money)이라고 단
도직입적으로 말하기보다 삶의 안정성과 질, 그리고 전체적인 삶의 조건을 하나로 묶
어서 비율을 코딩했다고 밝혔기 때문에 반드시 물질적 풍요를 돈이라고 해석하기는
어렵다.

80 "코리아 미스터리… 한국인 19%, 가족보단 돈이 중요"(신동아, 2021. 12. https://shindonga.donga.com/3/all/13/3055397/1)

81 "MZ세대의 '조용한 퇴사' 국내 상륙…회사 향한 일침인가, 부적응인가"(시서저널, 2022. 9. 15. http://www.sisajournal.com/news/articleView.html?idxno=246373)

82 "'대퇴사 시대'에 대해 우리가 잘못 알고 있는 사실"(BBC, 2021. 11. 7. https://www.bbc.com/korean/international-59166485)

83 "Trends in Absolute Income Mobility Since 1940"(NBER, https://www.nber.org papers w22910)

84 "6.25 이후 최초로 부모보다 못살게 된 청년세대"(주간동아, 2017. 2. 17. https://weekly.donga.com/List/3/all/11/850964/1)

85 "한국 사회 세대 간 계층 이동, 20년 전보다 감소하지 않아"(세계일보, 2021. 9. 26. https://www.mk.co.kr/news/culture/view/2021/09/915468/)

86 "RANKED: The World's Best Countries For A Child To Be Born In, 2020"(CEOWorld, https://ceoworld.biz/2020/02/20/ranked-the-worlds-best-countries-for-a-child-to-be-born-in-2020/#:~:text=South%20Korea%20has%20been%20recognized,placed%20second%20and%20third%2C%20respectively)

87 "고소득 고학력 여성일수록 아이 낳을 확률 높다"(조선일보, 2022. 6. 7. https://www.nocutnews.co.kr/news/5768023)

88 2018년 11월 방송 기준으로 이름은 '돈카2014'였다. 2019년 1월에 상호가 변경됐다.

89 소확행은 취업포털 사이트 인크루트가 두잇서베이에 의뢰해 남녀 2,917명을 대상으로 한 설문조사에서 28.8%로 2018 올해의 유행어 1위를 차지했다.

90 "After you: the psychology of queues and how to beat them – video explainer"(Guardian, 2018. 6. 4. https://www.theguardian.com/science/video/2018/jul/04/after-you-the-psychology-of-queues-and-how-to-beat-them-video-explainer)

91 우리나라뿐만 아니라 일본에서도 '생큐해저드'라는 이름으로 사용한다. 일본에서도 많은 외국인이 처음에는 이를 이상하게 받아들였다고 한다. 2017년 중국의 미디어 진르터우탸오(Jinri Toutiao)에서 "일본인이 추월 후에 비상 깜빡이를 켜는 의미는 무엇

인가"라는 제목의 기사까지 나왔으니 말이다.

92 "Totally off queue"(Guardian, 2003. 2. 9. https://www.theguardian.com/uk/2003/ feb/08/britishidentity.comment)

93 사실 〈수도권 지하철 호선별 앉아서 가는 법〉과 같은 글은 2010년도부터 꾸준히 공유 돼 왔었다. 하지만 이 '2호선 꿀팁'이 특히 공감을 받은 이유는 구디역 IT맨의 현실을 너무도 잘 꼬집었기 때문이다. https://www.instiz.net/pt/2214990

94 "'한 줄 걸으면 더 밀려' 영국도 에스컬레이터 두 줄 서기로"(스포츠경향, 2016. 6. 15. https://sports.khan.co.kr/bizlife/sk_index.html?art_id=201606152241003&sec_ id=560901)

95 중국에도 한 줄 서기에 대한 비판이 있는 모양이다. 중국에서는 2008년 베이징 올림 픽을 기점으로 한 줄 서기 캠페인을 펼치며, 문명적인 문화로 선전했었다. "에스컬레 이터 '한 줄 서기' 과연 문명적인 행동일까?"(인민망, 2018. 5. 14. http://kr.people. com.cn/n3/2018/0504/c203281-9456539.html)

96 "'하늘 위 빈부격차', 이코노미석 승객의 상실감은 왜 더 커지나"(시사저널, 2017. 4. 14. https://www.sisajournal.com/news/articleView.html?idxno=167581)

97 "급증한 기내 난동…'술'이 아닌 '좁아진 좌석'이 원인"(헤럴드경제, 2016. 12. 31. http://mbiz.heraldcorp.com/view.php?ud=20161231000031)

98 Katherine A. DeCelles and Michael I. Norton, 〈Physical and situational inequality on airplanes predicts air rage〉, PNAS, 2016. (https://www.pnas.org/doi/abs/10.1073/ pnas.1521727113)

99 "Statistical Modeling, Causal Inference, and Social Science", https://statmodeling.stat. columbia.edu/2016/05/03/ahhhh-ppnas/, Roger Giner-Sorolla, "Linear controls are not enough to account for multiplicative confound effects on air rage", PNAS, 2016., https://www.pnas.org/doi/abs/10.1073/pnas.1607914113

100 마이클 샌델, 《공정하다는 착각》, 함규진 옮김, 와이즈베리, 2020. p.351

101 이유봉, 김대홍, 〈한국인의 법의식: 법의식조사의 변화와 발전(The Study on Consciousness of Laws in Korea: Evolution of the Consciousness Survey on Laws by KLRI)〉, 한국법제연구원, 2020. 6. 30., https://www.klri.re.kr/kor/publication/1933/

view.do

102 2012년 영국의 경제지 〈이코노미스트〉는 "Yujeon mujwai mujeon yujwai"라고 전하며 한국에서 유전무죄 무전유죄가 고유명사처럼 쓰인다고 언급하기도 했다. "Minority report", The Economist, 2012. 2. 11. thttps://www.economist.com/finance-and-economics/2012/02/11/minority-report

103 "사형 찬성자 95% '흉악범 집행해야'… 77.3% '사형제 유지' 응답"(매일경제, 2021. 9. 15. https://news.mt.co.kr/mtview.php?no=2021091513225493871)

104 "법무부, 사형제 찬반 여론조사 '찬성 64%'"(아시아경제, 2009. 2. 23. http://www.asiae.co.kr/news/view.htm?idxno=2009022309244010057)

105 "흉악범도 '고령'이면 선처 … '양형 판단기준 바꿀 때 됐다'"(한국일보, 2022. 6. 24. https://m.hankookilbo.com/News/Read/A2022062313100001341)

106 영미권에서도 조직 사회의 최고 책임자나 상사를 표현하는 보스(boss)라는 표현이 있지만, 상급자에게 대한 절대적인 복종을 의미하는 것은 아니다. 하급 직원을 부하라고 표현하지도 않는다.

107 "65세 넘는 '현역' 확 늘렸다… 정년 해법 된 일본 재고용"(매일경제, 2022. 3. 27. https://www.mk.co.kr/news/world/view/2022/03/276327/)

108 앞서 디지털 환경에 더 친숙한 환경에서 자란 90년대생과 00년대생과 같은 '디지털 네이티브'에 대해 살펴봤다. 그들은 단순히 디지털 기기에 익숙한 것이 아니라 기본적인 사고 회로와 세상을 바라보는 프리즘 자체가 디지털의 특징과 유사하다는 특징을 갖는다. 디지털 환경에서는 명확하게 0과 1로 세상을 나눈다는 사실에 기인해 생각해본다면, 9시 출근이라고 정확하게 명시가 돼 있는 규정 안에서 가장 합리적인 선택은 8시 59분에 출근하는 것이다. 1분 단위로 세상을 보는 관점에서는 더 일찍 출근을 할수록 손해의 단위가 커지는 것이다.

109 해당 방송에서도 오은영 박사에 묘안에 양측 모두 기꺼이 박수를 치고 화답하는 모습을 보였지만, 방송 당시의 자막을 보면 미묘한 차이가 있음을 확인할 수 있다. "출근 시간은 실무를 시작하는 시간. (단, 도착 시간은 노터치)"라는 자막이 방송에 덧입혀졌다. 결국 도착 시간의 변화가 없는 것이다.

110 출근 시간을 근무 시작 시간이라는 용어로 바꿔도 마찬가지다. 대법원 판례(대법 1992.9.22.92도1855)에 따르면 "일반적으로 출근 시간은 근무 장소에 도착하는 시간

으로서 작업 준비 시간을 거쳐 작업에 착수하는 작업 게시 시간과 같지 않다"라고 판시하고 있다.

111 차성안. (2020). 〈해외의 전관예우 규제사례와 국내 규제방안 모색 (1)〉. 사법정책연구원 연구총서, 2019. *그동안 사법부는 전관예우의 존재 자체를 인정하지 않았는데, 이 대법원 사법정책연구원 보고서를 통해 처음으로 전관예우 문제가 심각성까지 지적했다.

112 연간 100편 이상을 선발하며, 2022년에는 총 120편을 선발하여 지원한다. 한국문화출판진흥원 이외에도 세종도서 선정 및 구입 지원 / 우수출판콘텐츠 제작 지원도 매년 진행하고 있다(출처: 한국문화출판진흥원 홈페이지).

113 Simon Sinek, 〈How to Stop Holding Yourself Back〉, https://www.youtube.com/watch?v=W05FYkqv7hM

114 "장관까지 나서 없앤다는데… 공무원 65% '시보떡 아직 있다'"(뉴스원, 2021. 10. 8. https://www.news1.kr/articles/?4456159)

그건 부당합니다

초판 1쇄 인쇄 2022년 10월 17일 | 초판 1쇄 발행 2022년 11월 20일

지은이 임홍택

펴낸이 신광수
CS본부장 강윤구 | 출판개발실장 위귀영 | 출판영업실장 백주현 | 디자인실장 손현지
단행본개발팀 권병규, 조문채, 정혜리
출판디자인팀 최진아, 당승근 | 저작권 김마이, 이아람
채널영업팀 이용복, 우광일, 김선영, 이채빈, 이강원, 강신구, 박세화, 김종민, 정재욱, 이태영, 전지현
출판영업팀 민현기, 최재용, 신지애, 정슬기, 허성배, 설유상, 정유
영업관리파트 홍주희, 이은비, 정은정, 이용준
CS지원팀 강승훈, 봉대중, 이주연, 이형배, 이우성, 전효정, 장현우, 정보길

펴낸곳 (주)미래엔 | 등록 1950년 11월 1일(제16-67호)
주소 06532 서울시 서초구 신반포로 321
미래엔 고객센터 1800-8890
팩스 (02)541-8249 | 이메일 bookfolio@mirae-n.com
홈페이지 www.mirae-n.com

ISBN 979-11-6841-415-0 (03320)

와이즈베리는 참신한 시각, 독창적인 아이디어를 환영합니다.
기획 취지와 개요, 연락처를 bookfolio@mirae-n.com으로 보내주십시오.
와이즈베리와 함께 새로운 문화를 창조할 여러분의 많은 투고를 기다립니다.